Rethinking
Reconstructing
Reproducing

*

"精神译丛"
在汉语的国土
展望世界
致力于
当代精神生活的
反思、重建与再生产

*

Geschichte der Philosophie
von Thomas von Aquin bis Kant

Martin Heidegger

精神译丛·徐晔 陈越 主编
海德格尔集

[德] 马丁·海德格尔 著 黄瑞成 译

哲学史：从托马斯·阿奎那到康德

西北大学出版社

国家社会科学基金重大项目
"《古典拉丁语汉语大辞典》编纂"
(项目号:16ZDA214)阶段性成果

马丁·海德格尔

目 录

引 言 本讲座课程预告：哲学作为现象学存在论 / 1
 一、本讲座课程预告 / 3
 二、科学的形而上学概念与庸常的形而上学概念 / 13
 三、自然的发现和数学物理学的建构 / 17
  （一）对自然的科学发现和存在论思索 / 17
  （二）数学的新含义 / 20
 四、研究的四个难题：存在——自然——人——真理 / 23
 五、哲学的概念和方法 / 25
  （一）哲学作为关于存在的批判科学 / 25
  （二）哲学作为现象学存在论 / 26
 六、前科学的和科学的生存 / 29
  （一）与工具世界的环顾交往和科学研究 / 29
  （二）环顾发现转变为理论活动 / 31
  （三）主题化作为客体化的可能性条件 / 36
 七、实证科学与哲学 / 39
  （一）实证科学源于哲学 / 39
  （二）存在者指向的实证科学和哲学作为关于存在的
    批判科学 / 40
  （三）哲学作为先验哲学 / 43
  （四）在哲学的开端处一种方法性思索的必要性 / 45
 八、哲学作为现象学存在论 / 47

（一）何为现象学？　/　47

（二）关于现象概念　/　51

九、总结　/　52

第一部分　托马斯·阿奎那　/　55

十、任务与文献　/　57

十一、生平与著作　/　59

（一）生平　/　59

（二）研究进程　/　63

（三）托马斯·阿奎那著作版本　/　63

（四）某一条目的方法论框架　/　66

十二、Quaestiones disputatae de veritate［关于真理的辩难］　/　67

（一）一般特征　/　67

（二）quaestio prima de veritate［关于真理的第一问］的奠基性含义　/　69

（三）比较 De natura generis［《论属的本质》］中的划分原则　/　75

（四）对超越之物的先验演绎模式　/　78

十三、veritas［真理］(adaequatio［符合］)的存在论意义　/　79

（一）真理的三个定义　/　79

（二）存在论的基本难题：人的认识的存在方式　/　84

（三）第一哲学作为神学　/　88

（四）适合(adaequatio［符合］)作为真理的基础　/　90

十四、重复　/　94

十五、上帝与恶的原因 / 95

十六、永恒与时间 / 101

 （一）规定永恒之本质的途径：永恒高于时间，超越
   时间 / 101

 （二）界定永恒与时间 / 108

 （三）哲学的无——神性 / 113

十七、感官的真理与虚假之物的存在 / 118

十八、总结 / 122

十九、Univocatio［单义性］——aequivocatio［歧义性］——
  nomen analogum［类比名称］ / 125

二十、上帝存在的证明：中世纪存在论的真正基础 / 131

 （一）一般特征 / 131

 （二）逐一论述 quinque viae［五路证明］ / 136

 （三）证明中对存在论难题的误判 / 140

二十一、善与至善 / 145

二十二、托马斯人类学的决定性特征 / 149

第二部分　勒内·笛卡尔 / 155

二十三、弁言：以四个视角为定向 / 157

二十四、生平——著作——版本 / 159

 （一）传记资料 / 159

 （二）主要著作 / 160

 （三）版本 / 161

二十五、笛卡尔与拉·弗莱什 / 162

二十六、关于沉思的方法建构 / 165

二十七、第一沉思 / 167
　（一）绝对可靠的认识的标准 / 167
　（二）怀疑之进程 / 168

二十八、第二沉思 / 171
　（一）"我在"之真理性 / 171
　（二）对精神之本质的限定 / 173

二十九、第三沉思 / 180
　（一）总体规则：清楚明白的经验通过我的精神获得 / 180
　（二）证明上帝的存在作为任务 / 182
　（三）理念的分级 / 183

三十、第四沉思 / 193
　（一）谬误之难题 / 193
　（二）回顾到目前为止的进程 / 197

三十一、第五沉思：上帝的存在再证 / 197

三十二、第六沉思：论物质性事物的现成之在 / 200

三十三、对笛卡尔的总结 / 203
　（一）res cogitans[思维之物]在存在论上的不确定性 / 203
　（二）通过可靠性来先行规定 / 204
　（三）指示生存着的此在的存在状态 / 206
　（四）笛卡尔遮蔽此在的原因 / 207

第三部分　巴鲁赫·德·斯宾诺莎 / 213

三十四、生平——著作——版本 / 215
　（一）传记资料 / 215
　（二）著作 / 216

（三）版本 / 218

三十五、Ethica Ordine Geometrico demonstrata[《以几何学法则证明的伦理学》]泛论 / 220
 （一）斯宾诺莎存在论的基本意图 / 220
 （二）著作结构 / 221

三十六、Ethica, pars prima[《伦理学:第一部分》] / 223
 （一）存在论的基本概念 / 223
 （二）逐一论述八项定义 / 225
 （三）几条典型原理 / 231

三十七、Pars secunda: De natura et origine mentis[《伦理学:第二部分:论心灵之本性和来源》] / 234

三十八、Tertia pars: De origine et natura affectuum[《伦理学:第三部分:论情感的本质和来源》]（激情） / 236

三十九、Quarta pars: De servitute humana seu de affectuum viribus[《伦理学:第四部分:论人的奴役或论情感的力量》] / 240

四十、Quinta pars: De potentia intellectus seu de libertate humana[《伦理学:第五部分:论理智的潜能或论人的自由》] / 243
 （一）对情感的规定 / 243
 （二）amor intellectualis Dei[对上帝的理智之爱] / 247

第四部分　戈特弗里德·威尔海姆·莱布尼茨 / 249
 四十一、生平,著作 / 251

（一）对莱布尼茨的形而上学的介绍之错综复杂 / 251

　　（二）生平,著作,版本 / 252

四十二、学说概观 / 255

四十三、单子论存在论的基本特征 / 260

　　（一）基本倾向 / 260

　　（二）自然之存在论的取向的单子论进路 / 261

　　（三）单子作为形而上学的着力点 / 264

　　（四）实体性之单子论结构 / 267

　　（五）我们理性认识的两个基本原理与两种真理 / 271

　　（六）普遍和谐 / 274

四十四、神正论 / 277

第五部分　迄今为止考察过的形而上学通过克里斯蒂安·沃尔夫及其学派的哲学努力直至康德的前批判时期所产生的影响 / 279

四十五、弁言 / 281

四十六、克里斯蒂安·沃尔夫 / 282

　　（一）生平 / 282

　　（二）著作 / 284

　　（三）沃尔夫的理论哲学 / 285

四十七、克里斯蒂安·奥古斯特·克鲁西乌斯
　　　　（1715—1775） / 289

　　（一）限定形而上学的任务 / 289

　　（二）上帝存在的证明问题 / 291

　　（三）符号性认识 / 293

（四）过渡到康德 / 295

四十八、过渡到存在问题发端之难题 / 296

附　录 / 299

增补 / 301

编者后记 / 349

译后记 / 354

引 言
本讲座课程预告：
哲学作为现象学存在论

Anzeige der Vorlesung.
Philosophie als phänomenologische Ontologie

一、本讲座课程预告

习惯上,人们会这样预告这门关于"近代哲学"(neuere Philosophie)的讲座课程:从笛卡尔(Descartes)到康德(Kant)。

笛卡尔:新原则——我(Ich),主体(Subjekt),意识(Bewußtsein),理性(Vernunft)。开端之定向,直至黑格尔(Hegel)——精神。在黑格尔学派中(埃尔德曼[J. E. Erdemann]①):人的自由的自我使命(Selbstberufung),以其自身为根据。摆脱一切束缚。因此,人们说:自笛卡尔以来的近代哲学,就是有思想的精神的新教(Protestantismus des denkenden Geistes)。②

我们则宣称:始于托马斯·阿奎那(Thomas von Aquin)……这么做,不是要肤浅地并入一些年代,也不是要给予遭到忽视的中世纪以应有的重视,甚或给予中世纪经院哲学中有思想的精神

---

① 埃尔德曼(Joh. Eduard Erdmann),《哲学史概论》(*Grundriß der Geschichte der Philosophie*),卷一:《古代和中世纪哲学》(Erster Band:*Philosophie des Alterthums und des Mittelalters*. Dritte, verbesserte Auflage. Berlin 1878)。卷二即末卷:《近代哲学》(*Philosophie der Neuzeit*. Dritte, vermehrte Auflage. Berlin 1878)。参见本书"附录:补充1"。[中译按]以阿拉伯数字排序的脚注,均为"德文本编者注",不再一一注明。

② 参见本书"附录:补充2"。

的天主教(Katholizismus des denkenden Geistes)以应有的重视——而是表明,近代哲学不仅受古代哲学大传统限制,还牢固根植于这一传统。

实际上,我们正要尝试按此方向来理解主题。不过,需要明确强调,人们关于新教和天主教的说法都不对,因为,近代哲学与作为基督宗教之表现的这两者,都无关;而确信(Überzeugung):我(Ich)之基本难题(Problem)……以及近代哲学的难题性(Problematik),只有从中世纪出发,而且只有从中世纪关于存在的普遍学说(ὄν[存在者],λόγος[言辞],存在论[Ontologie])出发,才能得到理解(überhaupt nur zu verstehen sind③)。此学说的基础,由笛卡尔所接受,直到在黑格尔逻辑学中产生影响。确信——也是一项任务(eine Aufgabe)。

从中世纪出发来理解——并非意指,由此出发作出解释和引申(erklären und ableiten)。这样做的成效并未被否认;恰恰相反:以此视野为背景,才能真正明了这样做的成效——并不只是着眼于新(hinsichtlich des Neuen),还着眼于:新的问题提法,为何不被领会(ins Ziel kommen):之所以如此,唯一原因是,这些问题提法,在并不真实的意义上(im unechten Sinn),甚至太旧(alt)了。这个旧(Das Alte),从哲学上并未被克服,也就是说,由旧的根基出发,方能得到理解。

可(Daß)有思想的精神的新教——也就是新观点——还不够

---

③海德格尔原稿为 ist。

极端;它在何种程度上不够极端,[它(er*)]为何不可能足够极端,从而,近代哲学,就其难题性而言,为何落空了。这种问题提法,并未直面谬误(Irrtümer)的历史,而是回避了核心问题,从古代以来,这些问题一直让西方科学的哲学(wissenschaftliche Philosophie)紧张不安。

哲学史有一个面相,外行也知道,这就是意见混乱:意见几乎尚未表达清楚,就已遭到抨击,并且就已经过时了,这个面相如今消失了(verschwindet),但情况,譬如,托马斯与康德如此尖锐对立,又表明基本难题具有某种持续性。

可是,若从中世纪开始,又为何恰恰是托马斯?因为,近代哲学的——而且恰恰是未言明的——基础,与中世纪有关。这些基础,涉及关于存在(Sein)、本质(Wesen)、可能性(Möglichkeit)、现实性(Wirklichkeit)和真理(Wahrheit)的普遍的、原则性的表达。"第一哲学"(Erste Philosophie)。

为何是托马斯?因为,在托马斯那里,一般的形而上学(allgemeine Metaphysik)得到加强,不是通过严格的实证研究,如通过对古代哲学的一种自然是尽可能可靠的理解——准确地说,古代哲学的完成形态在亚里士多德那里。④

Πρώτη φιλοσοφία[第一哲学],研究存在之物的首要根据

---

*[中译按]er,由德文本编者补充,但未出校注。下文未出校的德文本编者补充,以同样方式处理,全部放在[ ]中,并以( )注明所补充的原文词语。以*标示的脚注,若为中译者注,则以[中译按]标明,未标明[中译按]者,为"德文本编者注"。

④参见本书"附录:补充3"。

(die ersten Gründe dessen, was ist);基本陈述：存在者（Das Seiende），存在者存在（es ist）；存在（das Sein）——ὃν ᾗ ὄν［作为存在者的存在者］，ens inquantum ens［存在者之为存在者］。仅以存在者为定向。可以这么问：何种存在者——κόσμος［宇宙］，φύσις［自然］。

亚里士多德，《物理学》（Physik）。这是一部著作集：它们是这样的著作，根据其内容，也研究自然之存在（Sein der Natur），但却更普遍、更广泛地推进到规定存在本身的事物（was Sein selbst bestimmt）。无题名的著作*：则按照著作的次序，放在上述书卷 μετά［之后］。一部紧接其后的著作（eine Schriftenfolge）这个说法，变成了有实质内容和研究的书名，此项研究在其后的著述中得以实施：πρώτη φιλοσοφία［第一哲学］，θεολογία［神学］。

着眼于本真的存在者的存在，这个存在者是最高等级和完满的存在者；宇宙，世界，受动者（das Bewegte），以及此间不动的推动者，θεός［神］，θεῖον［神性］。

亚里士多德：科学的古代哲学的"完成"；接下来是衰落。但与此同时，通过基督教，θεός［神］，上帝，ψυχή［灵魂］，人，κόσμος［宇宙］，世界，又被赋予了新的内涵，并且相应于哲学在科学上的不确定性，将这些概念融入了一种哲学—神学的沉思。

新柏拉图学派和教父。奥古斯丁（Augustin）。神学的发展。圣经—教父神学（Schrift- und Vätertheologie）。《箴言录》（Sentenzen）。彼得·伦巴多（Petrus Lombardus）。通过必要的概念和

---

*［中译按］这里指《形而上学》（Metaphysik）。

证明的科学建构,建构出了神学本质的概念性(wesentlich theologische Begrifflichkeit)。阿贝拉尔(Abaelard)。缺乏原始材料,只有零星著作,主要著作并不著名;只有关于柏拉图和亚里士多德的论述。

对亚里士多德的接受。托马斯·阿奎那:对亚里士多德的新扩展(注疏了亚里士多德的主要著作,他自己的哲学的问题提法,就以这些注疏为依据)和重新吸纳。科学的神学的可能性。《神学大全》(Summa)。基督教——普世信仰内容与由亚里士多德完成的古代哲学形式之间的和谐。

从哲学上讲,πρώτη φιλοσοφία[第一哲学],ens inquantum ens[存在者之为存在者],ens verum[真存在者],ens[存在者]作为存在者、作为最纯粹的存在者,actus purus[纯粹的行为],ens realissimum[最真实的存在者],res[实事],realis[真实之物],realitas[真实性],perfectissimum[最完善之物],意指什么?

Scientia est cognitio per causas[科学就是通晓原因]。Primum quod cognoscitur est ens[所认识的首要之物就是存在者]。但是,也有 cognitione in confuso[混乱的认识]。Ultimum quod cognoscitur est ens[所认识的终极之物就是存在者]。但是,cognitione distincta seu perfectissima (per causas)[靠的是(通晓原因的)清楚的或最完善的认识]。cognitio clara[明白的认识]和 obscura[模糊的认识]不会遮蔽。cognitio in confuso[混乱的认识]也可能有最高的清晰性,却绝不会 distincta[清楚]。存在者被当作存在,只是就其普遍规定而言(Das Seiende nur in seiner allgemeinen Bestimmung als Sein),而非从最高的存在者出发而言。

Est aliquid, quod omnibus entibus est causa esse et bonitatis et cujuslibet perfectionis, et hoc dicimus deum[存在某物,它是所有存在者存在的原因,也是善和任何事物完满之原因,这也就是我们所谓神]。Ens[存在者]: creator[创造者], creatum[受造者], mundus[世界], κόσμος[宇宙](自然);存在,存在者,homo[人]。

Metaphysica generalis[普遍形而上学]:总体而言的存在者之存在;specialis[特殊形而上学]关涉特殊存在领域(Seinsbezirke)的存在者之存在:自然——cosmologia[宇宙论];人——psychologia[灵魂论];上帝(Gott)——神学,naturalis[自然神学]——rationalis[理性神学]。

认识(Erkenntnis),也就是说,真理(Wahrheit),在 metaphysica generalis[普遍形而上学]中得到探究,与特殊形而上学相关。

对哲学之难题性(Problematik)的划分,在古代已有预示;在托马斯那里,尚无明确形式;后来才有了明确形式。苏阿雷兹(Suarez S. 1. *)。⑤

经院哲学在 16 世纪西班牙的复辟(萨拉曼卡[Salamanca]的神学校)。由耶稣会士倡导,特别由新建成的考伊姆布拉学院(Kolleg von Coimbra)承担。彼得努斯·冯塞卡(Petrus Fonseca),西班牙的亚里士多德。考伊姆布拉:Cursus Coimbricensis[《考伊姆布拉课程》],一部内容丰富的作品。对亚里士多德著作的解

---

*[中译按]此处 S.1.,疑为 S.J.之误,后者意指"耶稣会士",故而 Suarez S.1.应当译为"耶稣会士苏阿雷兹"。

⑤《形而上学的辩驳》(Disputationes metaphysicae 1597)。[德文本编者注]:苏阿雷兹(Franciscus Suarez),《形而上学的辩驳》(Disputationes metaphysicae, disp. I. Opera omnia, vol. XXV, p. 1 sqq.)。

释。苏阿雷兹与其对托马斯·阿奎那的《神学大全》(Summen)的评注联系在一起：Fieri nequit, ut quis theologus perfectus evadat, nisi firma prius metaphysica iecerit fundamenta[这是不可能的：谁要成为完美的神学家，却不首先为形而上学建立确定的基础]。对拉丁语有语感的人，从这一个句子中已然听出了人文主义的影响；其中的拉丁语，与晚期经院哲学形成鲜明对比。

《形而上学的辩驳》开篇，看来与亚里士多德式的形而上学并无关联，而是尝试引出一个内容自成体系的形而上学。在苏阿雷兹那里，形而上学的划分已然得到强化，其特质与托马斯有关。摆脱了《形而上学》各卷书(Metaphysikbücher*)的"思想影响"；自主建构！

Dicendum est ergo: ens inquantum ens reale esse objectum adaequatum nominis scientiae[因此，需要指出：存在者之为真实的存在者，就是科学之名的恰当对象]。Definiri potest, metaphysicam esse scientiam, quae ens, inquantum ens seu inquantum a materia abstrahit secundum esse contemplatur[可以确定，形而上学就是这样的科学：它沉思作为存在者的存在者，或按其存在沉思其存在脱离了质料

---

*［中译按］海德格尔在《亚里士多德哲学的基本概念》(Grundbegriffe Der Aristotelischen Philosophie, Frankfurt am main, 2002)中指出："耶格尔的贡献在于，他明确表达了尽管已酝酿良久的观念（在他此前一部论亚里士多德《形而上学》的著作中）：亚里士多德的作品不是书，而是论文汇集，亚里士多德没有发表这些作品，他只是在他的讲座中使用了这些作品。因此，将《形而上学》的十四篇论文规范为一本书的努力，以及认为在这十四篇论文中有亚里士多德'体系'的真实表达的看法，从一开始就被排除了。"参见拙译《亚里士多德哲学的基本概念》，北京：华夏出版社，2014，页5。

的存在者]。Ens infinitum[无限的存在者];ens finitum[有限的存在者]。⑥ 存在难题(Seinsproblem)的困境;对本真存在的基本理解!⑦

笛卡尔(Descartes)在耶稣会士那里接受了哲学教育。主要著作:Meditationes de prima philosophia[《第一哲学沉思录》]。

  substantia infinita-finita[无限实体——有限实体]

  substantia increata-Deus-ens perfectissimum[非受造的实体——上帝——完美的存在者]

  substantia creata-mens, animus-res cogitans[受造的实体——心灵,灵魂——思维之物]

  natura——res extensa[自然——广延之物]

对认识的思索(Besinnung),在此视野中的真理及其基础。

斯宾诺莎(Spinoza)不仅以其与笛卡尔的关系为根据,而且通过其特有的神学传统——犹太宗教哲学和经院学——具有同样的基础:Cogitata metaphysica, in quibus difficiliores, quae in Metaphysicis tam parte Generali quam Speciali circa Ens eiusque Affectiones, Deum ejusque Attributa, et Mentem humanam occurrunt, quaestiones breviter explicantur[形而上学思想:在此简要说明形而上学的泛论和专论中,有关存在者及其状态、神及其属性以及人

---

⑥ "辩驳第54",最后一项辩驳论(über ens rationis)[从属于理性的存在者],不属于形而上学。

⑦注意:梅兰希顿(Melanchthon)不具备哲学能力,在论老派新教教义时,大量利用了冯塞卡(Fonseca)和苏阿雷兹的思想。

心的较为困难的问题]。⑧

莱布尼茨:An vero unquam ab hominibus perfecta institui possit analysis notionum, sive an ad prima possibilia, ac notiones irresolubiles, sive (quod eodem redit) ipsa absoluta attributa Dei, nempe causas primas atque ultimam rerum rationem, cogitationes suas reducere possunt, nunc quidem definire non ausim[人是否真的在任何时候,都能够建构出对观念的完美分析,或者都能够将其自身的思想化约为原初可能之物和不可分析的观念,或者(返回到同一件事情)化约为上帝的绝对属性本身,这的确是事物的最初原因和最终根据:如今我真是不敢确定]。⑨ "然而,是否在任何时候,人都能够完全阐明基本概念(Grundbegriffe),更确切地说,是否能够将其研究引向原初的'可能性'和不可化解的概念,或做出同样的事情,引向上帝的绝对规定(Bestimmungen),也就是事物

---

⑧这是《斯宾诺莎以几何学方式证明笛卡尔哲学原理的第一、二部分的附录》(*Renati Des Cartes Principiorum Philosophica pars I. et II. More Geometrico demonstrata per Benedictum de Spinoza Amstelodamensem*, 1663)一书的题名。[中译按]中译本参见:[荷兰]斯宾诺莎,《笛卡尔哲学原理》,王荫庭、洪汉鼎译,北京:商务印书馆,1980,页131。

⑨《对认识、真理和理念的沉思》(*Meditationes de cognitione, veritate, et ideis.*),见《莱布尼茨拉丁语、法语、德语哲学著作全集》(Gottfried Wilhelm Leibniz: *Opera philosophica quae exstant latina, gallica, germanica omnia.* Instruxit J. E. Erdmann. Berlin 1840, 80, Faksimiledruck Aalen 1959)。《莱布尼茨哲学著作集》(G. W. Leibniz: *Die philosophischen Schriften.* Hg. v. C. J. Gerhardt. Berlin 1880. Band 4, 425)。[中译按]此段文本中的 possunt,应当写为 possint。

的最初原因和最终根据,这一点我如今还不敢肯定。"*

显而易见:上述内容,将对存在之规定(可能之物)的追问,与对 ens realissimum[最真实的存在者]之存在的追问,看成一回事。Scientia illa adhuc interquaerenda mansisse[那种知识至今依然值得追问]。⑩

康德《纯粹理性批判》的要核"先验逻辑论"——veritas transcendentalis[先验真理]。旧的普遍形而上学的新提法。先验辩证论。尽管是批判性的,理性的心理学(rationale Psychologie)——谬误推理(Paralogismus);理性的宇宙论——二律背反;理性的神学——比较:论先验理想(Vom transzendentalen Ideal)。先验原形(Prototypon transcendentale)。⑪

先验。形式——质料。范畴。

一切都尚未按照其实证性的预先释义(Vordeutung)及其设定的范围得到理解,若不具备标明哲学之难题性的视野,而只是揣测(erahnen)。黑格尔的《逻辑学》,这部著作具有同样的内在关联,西方哲学似乎(gleichsam)以这部著作达到其现实的完成形态。起点是存在(Sein),发展出的结果却不是别的,而是本真存在之物(was

---

*[中译按]这是海德格尔对莱布尼茨这段话的德文翻译的中译。值得注意:海德格尔将 notionum 译为 Grundbegriffe,将 attributa 译为 Bestimmungen。

⑩参"论第一哲学之改进和实体之概念"(De Primae Philosophiae Emendatione et de Notione Substantiae, 1694)。亦参前注《莱布尼茨哲学著作集》,页 468。

⑪《纯粹理性批判》页 519 以下(Immanuel Kant: *Kritik der reinen Vernunft. Nach der ersten und zweiten Original-Ausgabe neu herausgegeben von Raymund Schmidt. Der Philosophischen Bibliothek Band 37 a. Leipzig o. J.*, B 519ff.)。

eigentlich ist)——绝对主体(Subjekt)、绝对精神(Geist)意义上的绝对实体(Substanz)、上帝——的内在生命(das innere Leben)。

所以,请允许我挑明讲座题名的含义。意图:理解近代哲学的难题,由基础出发,也就是说,由经院哲学体系所传承的古代哲学的基础出发。

不言而喻:并未排除——或者扼杀其中的原创性(Originalität)。哲学本来就只是,也有能力,追问本原。

又及:致力于某种哲学的原创性或新奇(Neuheit [?]),是一项可疑的任务。但事实上这也是可能的,因为,西方哲学的主导性的基本难题性(Grundproblematik),在近代哲学中具有了新的内在关联。决定这些内在关联的是,人的生存相对于世界、上帝及其自身的定位。⑫

二、科学的形而上学概念与庸常的形而上学概念①

康德试图摧毁非哲学的形而上学,以获得科学的形而上学。形而上学,有科学的形而上学概念,也有庸常的形而上学概念——因为,特出的存在者上帝(das ausgezeichnete Seiende Gott),世界基础(Weltgrund)。唯物主义(Materialismus)、泛神论(Pantheismus)、一元论(Monismus)、多元论(Pluralismus),以及同类陈词滥调,并无存在论—形而上学的难题性(ontologisch-metaphysis-

---

⑫参见本书"附录:补充4"。
①标题为海德格尔所加。

che② Problematik),而只有纯粹存在者层次上的(ontische)难题性:您们认识存在者,要通过从某个存在者的原因出发作推导——您们理解存在者,则要通过发现其存在及其意义(Sinn)。科学理解的形而上学＝存在论,并且仅在此意义上来使用。形而上学本身并未隐藏于神智学(Theosophie)和神秘学(Okkultismus)的影响范围之中,相反,其独一无二的要素就是清醒和概念之冰冷(Nüchternheit und eisige Kälte des Begriffs)。

我认为这是这种哲学粘连其上的最高点,但与此同时,如果哲学想获得种种可能性,就需要一个指导思想。

属于先验哲学之理念的,是同样原初的康德所谓理念:"可能性之总和",先验原型,先验原像(Urbild),先验理想。③

一个存在者(Seiendes),只有按其存在(Sein),方可确定(bestimmbar),尽管,根据为某个如此在者(Soseienden)真正所独具之可能性,才能得到估价(abschätzbar)。形式上的可能性条件:谓词不会自相矛盾,概念形式上的无矛盾性。未决难题:关于矛盾的定理的原因和意义,关于矛盾的定理是存在论而非逻辑学的基本原理。

质料上的可能性条件,以普遍的确定性为根据,以物的(Dinges)(存在物的[Wesens])事实性(Sachheit)为根据,也就是说,其根据是:它是一个确定之物,按照所有可能的谓词都完全如此,就任何一个与其相对之物都必定与其相应(zukommen)而言。要么有形体,要么无形体(res extensa[广延之物]或 res cogitans[思维之物])。

---

②海德格尔勾掉了 ontologisch 这个词。
③《纯粹理性批判》,页599。

若是有形体之物,则要么是有机物,要么是无机物;若是有机物,则要么是固体,要么是流体;若是固体,形态要么规则,要么不规则;若形态规则,譬如,形式上是一个正五面体,正方体,或金字塔形体。

在此,对物的比较和估价,以全部可能性为根据,这些可能性能够确定实事的事实性(Sachheit von Sachen)。这种综合所有条件之理想,必须当作指导思想。

这种理想,乃是任何一种物的可能的确定性之条件的基础所在。理性需要概念,这是关于按其种类(Art)而言的完全之物的概念,从而才能估价和衡量不完全之物的等级和不足。④

对象,存在者,事物,都是以事实性为根据的某物;质(das Quale)以质性为根据,以 possibilia[可能之物]为根据。因此,估算必然会依据整全的真实性(omnitudo realitatis[全部真实性])。物应当能够以所有可能的谓词之总和来比较。⑤

先验哲学(Transzendentalphilosophie) = res extensa[广延之物]或 res cogitans[思维之物]的存在论。自然之形而上学(Metaphysik der Natur)。道德之形而上学(Metaphysik der Sitten)。认识之形而上学何在?

人们很容易看到:黑格尔的逻辑学,无非就是先验哲学的具体实行,也就是说,就是一种普遍存在论的具体实行。这种普遍存在论的最高点的中心,在我之中(im Ich),如今被理解为绝对精神。《纯粹理性批判》这一部分,题为"论先验理想",是后康德哲

---

④ 参《纯粹理性批判》,页597,598。
⑤ 同上,页601,604,608。

学的真正出路,更确切地说,首先最重要的是谢林(Schelling)和黑格尔哲学的出路。

形而上学,第一哲学,关于存在者之存在的科学。某种哲学的从未言明(ausgesprochene)或说出(ausgesagte)的难题性——您们要按照其可能性来理解它,也就是说,要回复其基础。上学期的讲座没有中断。⑥

但由此并未排除,而是落实了,人的生存的新的可能性。人,世界,上帝。

关于世界:发现自然和建构作为数学物理学的物理学。

关于自身:自由的自我化(Selbstung)和自我规定,人的理念和出于其自身而非依据信仰规范和原则的他的生存。通过科学的研究,为了神学从任务中排除了自我。这完全是新的科学和认识的概念。

人的发现。⑦

---

⑥指海德格尔,《古代哲学的基本概念》(*Die Grundbegriffe der antiken Philosophie*. Marburger Vorlesung Sommersemester 1926 herausgegeben von Franz-Karl Blust. Gesamtausgabe, Band 22. Frankfurt am Main 1993. 1)。[中译按]中译本参见[德]海德格尔,《古代哲学的基本概念》,朱清华译,西安:西北大学出版社,2020。

⑦参布克哈特(Jacob Burckhardt),《意大利文艺复兴时期的文化》(*Die Kultur der Renaissance in Italien*. Neudruck der Urausgabe 1922)。[[中译按]中译本参见[瑞士]布克哈特,《意大利文艺复兴时期的文化》,何新译,北京:商务印书馆,1979。)亦参狄尔泰(Dilthey),《文艺复兴与宗教改革以来的世界观和对人分析》(*Weltanschauung und Analyse des Menschen seit Renaissance und Reformation*),见《全集》卷二(Gesammelte Schriften II, 1914)。

在主体、意识的出发点上，曾**要求***彻底的奠基，但同时也基本接受了古代的存在论。

三、自然的发现和数学物理学的建构

（一）对自然的科学发现和存在论思索

对自然的科学发现，或者更确切地说，对自然的存在者层次上的（ontische）发现，若无新的存在论思索是不可能的。

和谐：

在先拥有（Vorhabe）——世界之整体；

在先看见（Vorsicht）——和谐。

类似于和谐空间［Räume?］的频率关联，天体运动中有数字比例。开普勒第三定律（Drittes Keplersches Gesetz）：一个行星的公转周期，与其与太阳的距离是函数关系。要规定一个存在者，相应地就要理解存在！

可是，规定性（Bestimmbarkeit）具有怎样的基础？ Quantitas loci［位置的量性］和 figurae［图形的大小］。这样的计算和数学应用，并未已然引向对自然的发现，而是要理解自然本身之所是，还要理解，作为可规定性之前提，数学的要求是什么。

对自然本身的数学构思：对数学可以应用于**其上**（worauf）之物的构思。此"应用"本身，在新的意义上，准确地说消失了。伽利略（Galilei）仍然有对数学与自然的协调一致的简单确信——并

---

*［中译按］原文斜体，中译采用黑体，下同，不再一一注明。

无哲学洞见和对可能性的辩护,却也没有放肆的思辨和解释欲求(ohne wilde Spekulation und Erklärungssucht),而是具有确信——的具体提问。

与亚里士多德主义(Aristotelismus)斗争和反对亚里士多德主义,而非与亚里士多德(Aristoteles)斗争和反对亚里士多德。这是在存在者层次上(ontisch)采取斗争,而不再按其哲学意图来理解亚里士多德,他的哲学意图从根本上并不与现代物理学对立,而是可以运用于现代物理学。

空间,时间,速度,大小,数,质量,物质。质上不同;均质。若找到操作方法,就可以将新的"大小"之尺度与其他方面联系起来。①

伽利略:只有关于本身具有持久统一性的事物的科学,才是可能的。② 对精确科学的这种奠基的基本认识:并不存在什么纯粹的事实(Tatsachen)。认识,只当包含数学时,才是科学。本真之物(Das Eigentliche):只要数学可以成功地对其对象作出先验规定。先验—研究的新的可能性。有这样的趋势,却恰恰在核心问题上未加批判。

Res extensa[广延之物], res cogitans[思维之物]。笛卡尔。古代—中世纪总是占据统治地位——不考虑新的问题提法的不

---

①可只是空间和时间和物质。这种统一性——是存在论的理解?只是一种联结?然而,如何联结?

②"对话,第四天"(Dialogo, 4. Tag.),见《伽利略文集四卷本》(*Opere de Galileo Galilei divise in quattro tomi. Tomo quarto. In Padova*, 1744. Dialoghi. Giornata quarta, pp. 296 −327)。

可避免性——之所以如此,恰恰因为,尽管有种种书写错误,古代的存在概念意义上的(im Sinne des antiken Seinsbegriffes)自然的存在,还是得到了理解——ἀεὶ ἀνάγκη[永恒必然性]。

伽利略,对于生命科学、生物学,还有对于人的科学、人类学,根本尚未涉及(noch nicht dagewesen)。如今,往往并无此需要。这意味着仅仅符合事实,固守事实。若开普勒和伽利略以此为准则,则如今仍不会有数学物理学。已然在关于存在者的实证科学中有——死;却更有了对所有问题的颠转,尽管这是哲学的准则。基本原则:实验物理学;康德如此作出改进。

需要确定存在领域(Seinsgebiet),也就是规定自然之范围。这并非要通过某种明确的存在论研究来进行,而是要采取 imaginatio[想象]方式,靠想象力,譬如,莱布尼茨:物质——力。

并非这些现象(Phänomene)本身,而是其可能的量化和量性的比较的新的方面;衡量它们的根据是什么。空间和时间——在质性上(qualitativ)完全不同,却都可以用数字来规定,而且规定时间的方式,关涉空间—时间关系。空间和时间的联结说明了什么——所有这一切,提出了新的难题。

纯粹运动、位置变化之领域;物的世界变得暗淡,[它]首先是如何呈现自身的(wie [sie] sich zunächst gibt)。感官质性(Sinnesqualität),感性(Sinnlichkeit)。存在与假象(Sein und Schein)。何为本真的真实之物?所谓真实性(realität)又是什么?尽管不容易解读,也不容易取得一致,但这样的事物才具有一种发展序列之路径,这个序列看上去根本不以存在者为定向,而是自主(eigenläufig)遵循自身的规则,从而导致某种结果,此结果要按照真实的物理学关系来解释——那么,在此真理何谓?

发现自然,提出了作为 metaphysica specialis[特殊形而上学]之任务的宇宙论,这是新的难题。自然的存在状态(Seinsverfassung)——一个自然的理念(Idee einer Natur),说到底,同时也是对自然的解释。但这只具有可能性,因为,这种发现,并非纯粹是顺便致力于(Beischleppen)事实,而首先并且从根本上是哲学的形而上学认识,尽管并不清楚,并且需要得出结论。

(二)数学的新含义(Bedeutung)

凭借数学的新含义和功能,数学本身的力量发挥出来,并且超越了欧几里得(Euklid)和阿波罗尼奥斯(Apollonius)*,其紧接着的目标是解析几何,也就是代数对纯粹空间关系的支配,但从而也是对空间性事物(des Räumlichen)本身的数字支配。坐标的解析代数概念;像 x、y、z 这些数字,是物理性存在的(des physischen Seins)可测性基础。

一、数学的新成就,给予数学以超越所有科学之优先地位。

二、它本身的精确和显而易见,乃是由显而易见的原理和公理得出的结果。由这些原理和公理推论出新的定理。科学认识之理想,从而也正是为了科学而被引入的,科学将完全赢得所有认识的第一原理——哲学。

三、具有决定性的是:数学原理对每个人都直接具有约束力。按照新的方式,理性如今从其本身之中发现了有约束力的原理,所有理性—认识都必须与之相符合。基督教信仰的尘世和普世

---

* [中译按]阿波罗尼奥斯(Κρόνος Ἀπολλώνιος)是来自居勒尼(Crynene)的麦加拉派哲人,欧几里得的弟子。

原则对其自身所提出的要求,在中世纪意味着:普遍调解人的此在及其认识(die universale Regelung des menschlichen Daseins und seins Wissens),如今理性由其本身出发达成了此认识。

比较:笛卡尔,《规则》(Regulae*),见《谈谈方法》(Discours)。规则 III—VI。斯宾诺莎: more geometrico[《以几何学方式》**]。帕斯卡尔(Pascal),《论几何学的精神》(L'esprit géométrique)。莱布尼茨,一种 characteristica universalis[普遍文字]之理念。《关于词与物的关系的对话》(Dialog über die Verknüpfung zwischen Worten und Dingen)。*** Tenta quaeso, an ullum Arithmeticum calculum institutere possis sine signis numeralibus[我问你所持有的看法:你是否能建立某种算数的演算而不用数字符号]。Veritates Arithmeticae aliqua signa seu characteres supponunt[算数的真理之下是某种符号或文字]。③

(关于普遍特质:) Vetus verbum est, Deus Omnia[有一条古

---

* [中译按]指《指导才智的规则》(Regulae ad directionem ingenii)。

** [中译按]即《斯宾诺莎以几何学方式证明笛卡尔哲学原理的第一、二部分的附录》,参见"一、本讲座课程预告",脚注 8。

*** [中译按]应该是《关于物与词的关系的对话》(Dialog über die Verknüpfung zwischen Dingen und Worten)。

③ 莱布尼茨,《哲学著作集》(Band 7, 191)。[中译按]参见"一、本讲座课程预告",脚注 9。中译本参见[德]莱布尼茨,《莱布尼茨自然著作选》,祖庆年译,北京:中国社会科学出版社,1985,页 17。

老的谚语说,上帝创造了万物]。* Cujque rei numerus suus characteristicus assignari potest[可以将上帝本身的特征数字归于每一个事物]。**

先行者:亚里士多德,荣格(Joachim Jungius)***,笛卡尔。Nam si vidisset(Dreieck) modum constituendi philosophiam rationalem aeque clare et irrefragabiliter ac arithmeticam[因为,如果他明了(三角形)应当以何种方式建构理性的哲学,并且同样明白和不容置疑地建构算数],他就会采纳一种 characteristica universalis[普遍文字]的方式。

在一种绝对可靠的确定性的引导下,笛卡尔尝试寻找所有认识的原则。Cogito sum – sum res cogitans[我思,我在——我在,思维之物在]。

从而,res cogitans[思维之物]本身是一个存在领域,这个存在领域在经验秩序中,且就经验之显而易见的根据而言,占据优先地位;要比世界中的所有存在者、对象都清楚明白:我自身,cogitationes[思维],mens sive animus[心灵或灵魂],res cogitans[思维之物];Cogito[我思]=cogito me cogitare[我思我在思]。

奥古斯丁(Augustinus),贝律尔枢机(Kardinal Bérulle),演说家,马勒伯朗士(Malebranche),帕斯卡尔,英国经验论。康德,谬

---

*[中译按]这句话原文为:Vetus verbum est, Deum Omnia pondere, mensura, numero fecisse[有一条古老的谚语说,上帝以重量、度和数创造了万物]。中译参《莱布尼茨自然著作选》,见同上,页1。

**[中译按]中译参《莱布尼茨自然著作选》,见同上,页1。

***[中译按]德国数学家、逻辑学家、科学哲学家(1587—1657)。

误推理——我思考,我行事(ich denke, ich handle)。恰恰在此,至少本真的形而上学的难题性,开始着手处理——在存在者的领域,从此以后,作为问题提法之起点而发挥作用;不只是错过(nicht nur versäumt),而是为此而接受了传统的存在论。④

新力量:

一、对自然的科学发现。

二、对人的发现——按照其本身的无依靠的可能性。

新的可能性——新的要求。

从而,与第一项要求一道,或者更确切地说,与第一项要求同时,更进一步:对自然的科学发现,进而是关于自然的精确的,也就是说,数学的认识。

数学——它的严格就是科学的理想,符合它的是哲学之科学性。——《指导才智的规则》(Regulae ad directionem ingenii)。使命在于"哲学作为严格的科学"。⑤

四、研究的四个难题:存在——自然——人——真理

四难题组,推动研究:

一、存在之根本及其理解之难题(Problem des Seins überhaupt und dessen Verständnisses)。

二、自然之难题,自然的存在和对自然的解释。

---

④参见本书"附录:补充5"。

⑤胡塞尔(Edmund Husserl),"哲学作为严格的科学"(Philosophie als strenge Wissenschaft, in: Logos 1, 1911, 289 – 340)。

三、人之难题，人的存在和对人的规定。

四、理解、解释、规定、认识之根本难题，它们的可能方式，也就是方法、真理之难题。

存在，自然，人，真理——相互关联？最原初的问题针对存在本身。

柏拉图（Plato）：ὁ δέ γε φιλόσοφος, τῇ τοῦ ὄντος ἀεὶ διὰ λογισμῶν προσκείμενος ἰδέα, διὰ τὸν λαμπρὸν αὖ τῆς χώρας οὐδαμῶς εὐπετὴς ὀφθῆναι: τὰ γὰρ τῆς τῶν πολλῶν ψυχῆς ὄμματα καρτερεῖν πρὸς τὸ θεῖον ἀφορῶντα ἀδύνατα[然而，哲人，尽管总是通过推理致力于存在之理念，却由于这地方的光，也非常不容易睁眼；而大多数人的灵魂的眼睛，就更是没有能力忍受这神光]。①

亚里士多德：καὶ δὴ καὶ τὸ πάλαι τε καὶ νῦν καὶ ἀεὶ ζητούμενον καὶ ἀεὶ ἀπορούμενον, τί τὸ ὄν, τοῦτό ἐστι τίς ἡ οὐσία[这正是曾经、现在和永远都被探求并且永远都被关注的问题：何为存在？也就是这个问题：什么是本体？]。② 这就是……所寻求之物，关于（bezüglich [？]）它的提问，无往不复，无可逃避（Das was... gesucht und bezüglich dessen das Fragen immer wieder ohne Ausweg ist）。③

---

① 《智术师》（*Sophistes*, 254 a 7 – b 1）。
② 《形而上学》（*Metaphysik*, Z 1, 1028 b 2 – 5）。
③ 海德格尔删去了这段话：存在——自然——人——方法。哲学——历史是一条道路；引向此。前理解（Philosophie-Geschichte ein Weg; dazu die Leitung. Vorverständnis）。

忠于其传统,问题重提,问题摆在他们面前。我们别无选择(nichts anderes)。这个"别无选择",对于个人及其世代而言,当然足够了。

在指示轮廓之后,我们朝哪个方向来考察近代哲学史。我们是否要对其作哲学思考(Philosophieren),以至于我们自己视其为哲学,这取决于很多方面,首先取决于我们对哲学思考(Philosophieren)本身已然有某种理解。

这就需要,在开始具体的历史考察之前,对哲学的概念和方法有一种预先理解——只是就其基本要素。通过解释(Interpretation)来证明,历史在说话,还是依然缄默不语。

五、哲学的概念和方法

(一)哲学作为关于存在的批判科学

何谓哲学?关于存在的批判科学(Die kritische Wissenschaft vom Sein)。这么说还不够。尽管我们理解:科学,批判,存在。不只是字句的发音——我们有所意指,尽管尚不确定。但这一点是确定的:这必定是一桩极为抽象的事务,可以猜测,很少或[到(am)]最后根本不会计入情感需要。不是生命哲学(lebendige Philosophie),也不是世界观;不是生活现实,亦无热情。什么也不可能以此为起点(Womit man nichts anfangen kann)。以无为起点,人才能开启什么(Mit nichts kann der Mensch etwas anfangen),除非他已然理解:他必须以其自身为起点。但哲学,用黑格尔的话说,必须提防:想具有启发性(erbaulich sein zu wollen)。①

一、真正的科学(Wissenschaft überhaupt)。

二、诸科学(Wissenschaften),其他科学;如果哲学是批判哲学,那么,各种科学就是:实证科学,或者更确切地说,不是存在论科学,而是存在者层次上的科学(ontische)。

三、批判科学;以批判方式意味着什么,与之相应的现象学研究中的方法又意指什么。

(一)批判哲学是关于存在、其意义、可能性和结构的科学。

(二)哲学就是存在论——在某种极端意义上,当然是作为这个标题之传统来理解;在某种意义上,其本身当中也保留了习传的含义。

(三)哲学就其研究方式—方法而言,就是现象学。

(二)哲学作为现象学存在论

哲学就是批判科学——现象学存在论。为接受此概念,需要作出详尽探讨。②

补充一:何谓科学? 一个完整的定义,就是要对构成科学的必要而又充分的要素(Momente)及其内在关联,作出陈述,这并不简单,但首先并不涉及特殊的价值(Wert),因为,这样又需要反过来对定义所说的内容作出解释。因此,完全的定义是一种规范

---

①《精神现象学》"前言"(*Phänomenologie des Geistes*, Gesamtausgabe Bd. II, 1832, Seite 8, Vorrede)。英赛尔出版社(Inselbücherei)单独出版了这个"前言"。

②就是详尽探讨上述三个要素(海德格尔用↑予以标明)。

(Formulierung），它指明了本质之物，乃是真正的规定（Bestimmung）的指导思想。

科学就是对存在者的研究——规定性的发现（untersuchend-bestimmende Entdecken des Seienden），或者更准确地说，就是对存在的解释性的展示（开启）（interpretierendes Erschließen（Aufschließen③）des Sein），这么做是为了其（seiner）*本身之故。发现（Entdecken），展示（Erschließen），研究（Untersuchen），规定（Bestimmen），解释（Interpretieren），铺陈（Auslegen）：人的举止方式（Verhaltungsweisen）。人：一种存在者，我们本身就是这种存在者；其存在方式（seine Art zu sein）：生存（Existenz）。

从术语学上对生存作出规定。一张桌子，一座山，月亮，还有一条狗，一只云雀，一朵玫瑰，它们并未生存（existieren），而只是存在（sein）。Existentia［实在］＝现成之在（Vorhandensein）。

它们有其特定的存在：桌子——上手（zuhanden），月亮——现成（vorhanden），云雀、玫瑰活着（leben），数和点持存（bestehen）。人生存。这种生存着的存在者，我们称其为此在（Dasein）！

发现，展示，铺陈，共见（Mitsehen）＝此在的本质，生存的可能性。而且，这些作为本身也关涉现成之物、活物、持存之物，但也关涉此在者（Daseiendes）——历史。

但并非在关于自然、生命、空间、历史的科学中才如此，相反，此在此前已然关涉自然，天已然由白天和黑夜来规定，年岁和气候，太阳和星辰崇拜，与动物、狩猎、畜牧业、家畜、牺牲有关。此

---

③ 速记为这个词。

*［中译按］"其"，当指"存在者"（Seiende）或"存在"（Sein）。

在的作为[涉及(zu)]他者,通过部落和氏族、祖先崇拜、传统、习俗,与他者建立关系。这一点,并且所有一切,都涉及房屋和庭院,涉及动物(Getier[?])。此在本质上关涉同类(dergleichen),也就是说,这就属于生存之意义(Sinn der Existenz):在某个世界中存在,在世界中,碰见(vorkommt)、遇见(geschieht)、照面(begegnet)同类。

在某个世界中存在。并非永远,也并非每个此在,都具有科学特质。但科学是生存的方式,一种确定的方式,在世界中存在,作为与内在于世界的存在者有关,并以与"世界"的非科学的交往为基础。何为(sei)科学,只有通过研究此在,研究其生存可能性,方能得到澄清,科学就是这些生存可能性之一端。

此在就具有这种存在方式(Seinsart)。存在者有其存在(Seiendes in seinem Sein)。此在存在论,生存论分析。

科学的生存论概念,就是存在论概念,出乎此在的存在本身,出乎生存。Existentia[实在] = 现成之在(Vorhandensein)。若此概念出乎此在,则此在首先要有其存在建构(Seinsverfassung)。目前尚未彻底加以探讨。

在—此—世—存在(In-der-Welt-sein)。它就从属于世界之概念,世界对于此在而言已然敞开。在世界之中,此在与存在者、自然以及如此等等照面。自然和世界不可等而同之。自然现成,世界却实存着(existiert)。

发现,研究,处理(zu tun haben mit),创制(herstellen),料理(bestellen),照料(pflegen),使用(gebrauchen),应用(verwenden),压迫(drücken),从事(befassen),(betasten),规定,商讨(besprechen)——操劳(Besorgen)方式。

认识(Wissen)是在—此—世—存在的一种可能方式,也就是说,这种方式被组织为研究,通过共同劳作而得到加强,并且有可能变成"职业"(Beruf)。这种方式,这种方式之所是,以此在为根据,由此在——首先是作为前科学性质的此在——发出。此在具有这种存在方式,这种意义上的存在者,此在的存在论,生存论分析(existenziale Analytik)。

六、前科学的和科学的生存

（一）与工具世界的环顾交往和科学研究

目前只略加考察:前科学的生存——科学的生存。后者由前者中兴起,尽管如此,前者也未失效,而只是被改变。

兴起并非实际追求——史前时代或在原始人那里;并没有什么直接起因和动机——好奇心和对自然力的实际克服,时间秩序的必然性;天文学,历法。这种实际的历史性发生的基础,属于这样的事实:本来是前科学的生存,若想要永恒地存在(mag sie sein wie immer),就变成了科学的生存,这个变化意味着:如此(wie das)。

对科学的生存的存在论追问;不是存在者层次上对实际的历史性过程的追问,也不是对实际动机和动因和直接目的的追问。只有当 a priori[先天地]澄清了:1. 究竟什么才属[于(zu)]科学的生存。2. 在此,理论化的科学的活动如何可能。3. 这种生存本身的首要和实证的特征是什么,我才可能从实际出发,历史性地并且从发展史角度来提问,而非相反。更进一步,关于证明原始的此在的无穷的材料,尽管我可以举出一大堆,但只要此在的本质结构尚未表明,这种材料就仍然不可理解也不会发声。

前科学的生存,在一此一世一存在。与工具交往:书写工具,缝纫工具,测量工具,运输工具。不是物,而是工具,亦即工具之全体。房间,最近的周围世界,敞开的世界。

前科学的此在,不等同于原始的此在,前科学的此在不一定原始。前科学的在—此—世—存在,描述其特征的出发点是,如何与其逗留于其近旁的存在者照面——与之相对,方能划界。

存在者通过环顾已然被发现,从而在交往中也是上手和现成的。在此:既然已作为存在者而被望见(gesichtet),就已然以某种方式理解了"存在",尽管并未把握(begriffen)。与他者共在——还有他者的此在。我们并未完全隐藏和遮蔽我们自己。我们说:这是如何如何。"单数的在"(Ist)和"复数的在"(sind),我们这么说,也理解我们意指什么,却尚未理解"存在"。在在其中—存在(Im In-Sein)中,存在者被发现,并且存在理解(Seinsverständnis)是鲜活的(lebendig),却仍然没有科学。

工具关系(Zeugzusammenhang),为—了(um-zu)。这就是(Das),我在何处生活;工具世界,由此出发,周围的工具本身得到规定。譬如,某物丢失了,就不上手,从而失去了习惯之所依。

使用,作为直接的工具加上工具;与之交往。刀,锤,电车:基于数学物理学和以之为根据的装置,可用于生产,却仍然不是科学的对象——如果我使用它,它就上手了。

实际上使用的事物是这样的,它是靠科学知识,在此叫作技术知识,生产出来的,但并未发生这种情况:使用变成一种科学的作为。

(二)环顾发现转变为理论活动

环顾发现如何变为科学发现？理论活动,θεωρεῖν[静观],看过去(hinsehen)——这么做,就已然是科学了吗？证明(Ausweisen),预计(übersehen),检审(nachsehen),甚至研究(untersuchen),检验表面现象,与使用保持距离,还不够。就算我环顾自身,逗留于某个景色之中,也还不是科学。所以:即使不实践,也并非已然有理论。科学本身得作出全新规定。

为其自身(生存)之故的发现,求真意志(Wille zur Wahrheit),以在—此—世—存在为基础。求真意志有可能意指:求真性(Wahrhaftigkeit)——从而不必然与科学联系在一起。求理论真理。然而,[这个]理论又指什么,我们还要追问。真理——发现性(Entdecktheit)。真实的原理,可以这样认为:关于某物之所谓,如某物本身之所是。前理论的环顾也有其真,它已然并且恰恰发现了上手之物(das Zuhandene),正如通过纯粹的理论根本无法接近后者。

如今确定的路只有一条:从前科学的依赖于自然的存在(Sein bei Natur),到科学的自然领会(Naturerfassung)。自然作为自然力(Naturmacht),自然强力(Naturgewalten)——委身同时惊奇(bewundert[?])。与此同时,应对并且使用耕地、矿山(Bergwerk[?])、航行。上手之物——情况(Bewandtnis)——为—了。锤:太重,太轻,或者正好——作为上手之物。与此相对,作为现成之物:估计有重量。但要说太重太轻,根本没有意义。为什么没有意义？因为,它目前还根本未处于某种工具关系之中。就其现成的性质(Beschaffenheit)而言,它尚且只是物。它的重量尚未以可用(Handlichkeit)和不可用为定向,而仅仅(lediglich)按具有重力来理解。

这里有什么? 并无某种工具关系,而仅仅在此。这个"仅仅"无非只是意指:工具世界之整体已有调整,照面的上手之物有实证的新的筹划——在其纯粹的现成性(Vorhandenheit)的基础之上。由此出发,如今存在者有新的特质表现出来:物性(Dingbeschaffenheit)。不是用工具来操作,而(只)开启了对现成之物的发现,发现在它那里,本真(eigentlich),也就是说(ständig),永远,现成的内容,也发现了支配这种存在方式的内容。

时间中的纯粹位移(Ortsveränderung),不变性之运动规律(Bewegungsgesetze der Invarianz),是发现的最后目标。但还处在前一个筹划之中。此筹划,如此基于纯粹的现成性,不只是筹划出了紧接着的工具世界和更进一步的周围世界,还筹划出了物质世界之整体。工具世界局限[于]其相对于太阳的确定位置。居所(Wohnort),故乡,以及如此等等,乃是特出的(ausgezeichnete)位置,此在本身就逗留于此。同样,每样工具都有其位置,处在确定的方位(Richtung und Gegend)。筹划基于纯粹的现成性的照面的存在者时,位置是随意的。位置成了某个所谓世界点(Weltpunkt)的纯粹空间—时间—地方(Raum-Zeit-Stelle)。并无哪个点突出于其他点。受到局限的视野将破除局限,处境(Lage)将基于某一现成之物的统一性(Einheit),而不突出紧接着的某个现成之物。预见(Absehen)唯在于:现成之物于其本身的位置上显明了自身。由此,让现成之物以其现成性照面(Begegnenlassen des Vorhandenen in Seiner Vorhandenheit)。

理论性发现的实证方面是双重的:

一、筹划照面的存在者的新存在方式。

二、与之相统一的是对这个存在者整体的预先规定。

主题化(Thematisierung)——客体化(Objektivierung)——对象化(Vergegenständlichung)。

主题：科学领域——专业领域——地带——进入方式——指示模式，证明模式——真理，认其为是，肯定性，显而易见——消息，义务。

科学从结果出发，生存论概念与之相对。科学的逻辑概念；所发现之物作为某一原理所陈述之物；所表达之物，所传达之物，所谓(prädiziertes)。原理亦即原理之内容，"有效含义"。

寻求：科学的生存论概念，被理解为此在的生存可能性。在—此—世—存在之生存的基本状态。科学是这种基本状态的一个模式。科学的创始(Genesis)。最先的此在是非科学的。紧接着日常的尘世存在：与上手的工具的，更准确地说，与工具整体性(Zeugganzheit)的操劳交往。

紧接着的周围世界，工作世界(Werkwelt)；敞开的周围世界；自然也已然在此。自然产物，自然力量；天气，日与夜，气候。

主题化的科学态度由此产生，存在论的产生，θεωρεῖν［静观］ἀεί ὄν［永恒在者］与环顾操作、使用、消费相对。仅仅看过去(hinsehen)：绝非环顾中的检审(nachsehen)、核查(Überprüfen)，尽管不是否定意义上的环顾，而是以好奇方式环顾自身。各种各样的了解(kennen)，还不是科学。单纯放弃实际使用，只是看过去，还建构不出科学。

反过来，科学研究并未排除环顾操作。

一、建构一套试验程序，首先是技能。

二、为显微镜制作切片。

三、拷贝和拍摄手稿;考古发掘,探险。

四、简单的书写——使用纸、笔、墨。

这些作为科学的活动的特点是什么,或者更准确地说,使这些活动能够服务于科学的是什么?由环顾向理论的过渡(Umschlag)发生在何处,如果不是由于某种不足和缺乏?亦可实证(Dann im Positiven)。目前只追踪,如何[由]上手之物的运动,过渡到关于现成的自然的经验。而不探讨,如何由具有其历史性存在方式的此在的自我理解中,发展出了作为历史研究的历史科学(Wissenschaft von der Geschichte als Historie),或如何由在周围世界中照面的,有其特有结构的存在者中,发现了几何学的纯粹空间——这是一种哲学的科学学说的(einer philosophischen Wissenschaftslehre)任务。

与工具世界的环顾交往。就特征而言:不是停驻和牢牢附着(festgebannt [?])于一件工具,而是工具关系,情况之整体性(Bewandtnisganzheit)。既不是工作(Werk),也不是工具(Werkzeug),也不是作为两者之总和,而是先于两者的一种为一了(Um-zu)关系。

锤——"只"(nur)作为物质事物而谈及它重,谈及重量,作为这种立体物(Körperding),可以得到规定。"只"作为物,它不会消失,它什么也不会失去,它也不会摆脱工具关系。另一方面:如果我"仅仅"(lediglich)如此使用它,这个"仅仅"中有什么?它没有更多既定条件,而只有纯粹的获取层面(Beschaffensschichten),这些层面不属于锤,而属于物。

作为工具来使用。如此将其理解为环顾中的为此(dafür)——

对此(hierzu),而非在一种不同于其他存在特质的存在特质的意义上,将工具特质(Zeugcharakter)本身理解为这样的工具特质。

这一点,就其本身而言,很少是自明的,以至于,在迄今为止的存在论中,直到当代,都被忽视了。

这种"仅仅作为物"(lediglich als Ding),其本身之中实证地蕴藏着基于物性的筹划;一种对照面的存在者之存在的新理解。照面的存在者作为现成之物。

接着筹划:什么支配着这种现成之在(Vorhandensein),什么就其本身而言总是现成的,为什么这种现成之物是确定的。

筹划一种新的存在方式,这种存在方式并非才获得了存在者,而是已然拥有了它,而且是作为上手的工具,尽管是以隐藏方式——如今它本身被发现了。此筹划更进一步,在其本身当中包含:工具总是处在工具关系当中;如果只是作为物,则现成之物就包含随便什么事物之特质。

工具——在操劳交往中:其位置,工具有位置。甚至,它若在何处显得无序,这只意味着,必须(müßte)有一种工具性的秩序;只有在此基础上,无序才有可能。

筹划物性:工具特质变得暗淡,也就是说,其位置性的上手之在,失去了位置特质。物只有在其他物当中,才有某种位置(Stelle)。任何工具也都是如此,先于其他物,就显不出其位置。封闭和有限制的工具关系,包含着一种对限制的普遍解除(eine universelle Entschränkung)。如今公开(offen)洞察到一种纯粹的物之复多性(Dingmannigfaltigkeit)。

空间——时间——位置,世界点(Weltpunkt),地标系(Bezugssystem der Erde)——随机(Zufall)。原则上,世界空间(Weltraum)中的其他任何位置,都接受了这种功能。

伽利略:不是数学归纳法,不是数学计算,应用——而是对自然的数学筹划,对存在者的先验规定,如其本当作为主题。发现了物理学的自然本身的基本状态(Grundverfassung)。没有真实事态(Es gibt keine Tatsachen)!

现成之物,物质;概念和如今的相对性(Relativitäten [?])。运动律,永恒性;不依赖于观察者的立足点,基于坐标系的相对性。

相对论。对其物理学内蕴和持久性(Haltbarkeit [?]),我不予置评。其哲学影响,被大大高估了,关于所谓相对论的认识论:随大流者,甚至连志大才疏的半吊子也算不上。尽管根据合法性之内在性(auf die Immanenz der Gesetzlichkeit),其核心趋向中具有哲学特质。新视角的重力之难题。

实证(Das Positive):

一、对照面的存在者的存在理解,存在者已然被发现,新发现。

二、解除存在领域之限制,存在者之全体。

(三)主题化作为客体化的可能性条件

从而,赢得了实事领域,存在之理念作为彻底研究存在的指导线索。这一过渡、变暗(Abblendung)和解除限制的进程——主题化。这是客体的现成之在的可能性的条件——客体化。

主题化并非一劳永逸。

对在—此—世—存在的规定,作为关于自然的科学研究。这种主题化,就是其本身现成的存在者的纯粹被发现的存在(Diese

Thematisierung das rein entdeckte Sein im an sich vorhandenen Seienden）。使其自身面对实事本身，但如此一来，这些实事能够按照如其永恒所是的纯粹的本身（Ansich）照面。与此同时，在此有对新的筹划之可能性的勾画（Vorzeichnung），并且恰恰以在新的层次上赢得的具体认识为根据，修正了基本概念。

修正基本概念。

一、由修正生发出具体研究的冲动（Antrieb）；

二、具体研究又倾向于回复到修正。实证性（Positivität）之概念。

由此，完成主题化。预先规定存在者的某一领域，作为可能主题，以新的研究表明现成之物及其普遍合法性。存在方式本身和存在者，有其固有入口（Zugang）。科学是生存的一种可能性，也就是说，一种在—此—世—存在方式，按此方式，对世界的筹划得以完成自身，按此方式，此在使其自身完全面对实事本身。

实际的科学活动深不可测：

一、只有卓越的研究者走出决定性步伐；二三流学者的工作内在于如此开辟的视界之内；

二、并非任何——往往本身并不卓越——的研究者，由对科学的生存论意义的彻底的科学理解出发。因为，他们追求成就，追求名望，大多追求实用；但也还有些出于纯粹的好奇，也并不罕见（und nicht selten［？］），因为，他们关注并喜好有名望的地位。①

所以，首先给予的是新的客体（Objekte），如果我们将固定的含义与此术语相联系。为使客体可以接近，必须事先通过一种主

---

①参见本书"附录：补充6"。

题化,对存在者作出筹划,然后,视界才得以敞开,由此出发,存在者本身,由其自身出发,相对一抛出(entgegen-wirft)[自身]。将存在者规定为封闭于其自身的之中的客体,客体事先已被发现,尽管并非只是通过环顾,而是从根本上采取了一种主题化,这种主题化首先(allererst)为主题性提问和规定开辟了可能场地(Feld)。

主题化筹划,总是由最近的上手之物出发,并且一直以现成之物为定向,也就是说,筹划的结果是筹划出了现成之物,从而通过对现成性的自然发现(Naturentdeckung),以及一切从属于自然发现的事物,在发现中,现成之物不是以主题方式被领会,或完全被把握。这,不是筹划的结果——现成性,存在——,相反,筹划的结果是主题,也就是说,现在:可以领会和理解,是在开辟出来的视界中,却不是在已有把握的存在理念的视界中。

按照此理念,对现成之物的基本规定,得到了一个适宜的(geeignete)定义。适宜——它们如此得到规定,以至于靠这些基本规定,现成之物,在所筹划的意义上,变得可以接近。②

在关于存在者的全部发现中,以环顾和理论方式,存在已然得到理解,舍此(anders),存在者之为存在者根本无法接近。预先已然照亮的(schon lichtgebende)存在理解,但更确切地说,是在其中得到理解的存在,对于关于存在者的科学而言,明显(wissend)首先并非主题——也并非通过筹划,随着主题研究的兴起,筹划要比环顾操劳更为明确——,相反,是它拥有了(besetzt[?])一个主题。

---

②参见本书"附录:补充7"。

七、实证科学与哲学

(一)实证科学源于哲学

它[科学]停驻于其面前的(vorliegende)存在者及其研究;面前的存在者,一直保持在主题化的眼力之中(im thematischen Blick)。面前之物——positum[实定之物]。关于存在者的科学,实证科学。尽管如此,若无对存在的追问与其配合,仍然不可能有科学;正如,其本身当中是否发出问题,或问题是否从外部侵入其中,暂时并不重要。

事实上,西方科学的发展进程,甚至也是如此,以至于科学的提问,以对存在者之存在的追问为开端,并且从一开始,就通过彻底研究存在者本身,来日益澄清存在之理念——如此开始,以追问存在,或者更准确地说,追问存在者,并以对存在者的说明来作出回答。问题本身尚未看透。柏拉图和亚里士多德的发展在于,两个问题开始分道扬镳。这就是历史事实的意义:实证科学源于哲学。

也就是说,实证科学从哲学中发展出来。这一过程尚未终结;如今是心理学。人们的理解会越来越无歧义:心理学就是一门关于存在者的实证科学,心理学完全并且根本不是哲学学科,其科学进程会变得更为确定无疑。但这种理解同时意味着,它只会赢得其实证性(Positives),如果从存在论上接纳了心理学的先验性(Apriori der Psychologie)。

如今围绕心理学出现的新争论:它是思维(Denken)的法则还

是形象学(Eidetik)的法则,所争论的内容,胡塞尔(Husserl)25年前,就迫切要求将其作为基本任务:方才赢得了此领域。人们当时——特别是1910年发表逻辑学论文"哲学作为严格的科学"(Philosophie als strenge Wissenschaft)——将此解读为针对实验心理学的斗争。大错特错。斗争针对的是:人们认为,运用一门实证科学的手段和概念,可以解决批判科学的难题,可实证[科学]从不足以真正建立起批判科学。对斗争的正确理解是,这场斗争是为了哲学作为实证科学的新的科学的权利。

这种科学从哲学中日益剥离的进程并未终结,因此,[一但]消失([ein] in Nichts zergehen),就是化解为实证科学。这种情况不会发生,因为,这从根本上不可能,因为,对存在本身的可能的主题性追问,永远会持续,可能的主题性追问,不可能建立(stellen①)起一门关于存在者的科学。正相反:可能的实证科学的构建,同时使哲学的永续性和特性得以可能。

应将难题性表述得更为清楚。批判科学。实证科学:存在者是主题,按照其存在。所遭遇的存在者之存在,存在本身及其可能性尤其——并不是主题。②

(二)存在者指向的实证科学和哲学作为关于存在的批判科学

我们为何将关于存在的科学称为批判(kritische)科学?③ 批

---

①海德格尔笔误为stehlen。
②参见本书"附录:补充8"。
③参见本书"附录:补充9和补充10"。

判,κρίνειν[分],区分(scheiden),划分(unterscheiden)。按其不同作出划分之物(Das im Unterschied Unterschiedene),通过划分而赢得之物(durch das im Unterscheiden zu Gewinnende),将其本身作为主题。一般形式:判断(Urteilen)和评判(Beurteilen)。

一、判断意义上的 κρίνειν[分]:对客体与其固有属性(Eigenschaften)和关系作出划分,并由不同出发加以规定;这属于任何一门科学。存在者在实证科学中,只能如此加以规定。因此,实证科学也具有批判性。哲学作为关于存在的科学并不突出。如果哲学就是关于存在的科学,那么,它的确也是关于存在的科学的主题,而这一主题的确也必须预先给予关于存在的科学,这一主题的确不是随心所欲的主体的发明(subjektive Erfindung)。

任何科学,也都是实证的、批判性的。任何批判科学都是"实证的"。④ 但实证[科学研究]存在者。然而,存在恰恰不是存在者。真的吗(Wirklich)? 说出的语句看来却反驳了其自身。存在根本不是存在者;存在是某物(Sein nichts Seiendes; Sein ist etwas)。当我说,它是(es ist),它的确就是存在者。事实上,这是一个严重的难题,但这个难题并未触及存在的含义,而是问:某人是否能真正规定某物,而不必说,它"是"。为何必然如此? 同时,为何并非一定必然如此:存在必定会被理解为存在者,如果我也说,存在是……(Sein ist...)。

二、批判:运用批判(Kritik),也就是说,运用方法上的预先看见(Vorsicht)。不允许随意逼近的意见和表象。但即使在此意义上,实证科学也并非不作批判,而是批判性的。若将哲学作为对

---

④参见本书"附录:补充11"。

科学的批判,那是一种强调意义上的措辞——尽管如此,此意义也是关于存在的科学的主题对象的要求。

存在必然关涉批判、κρίνειν[分]、作为一种突出活动的划分(unterscheiden)。事实上:它通过划分、提升(Abheben)方可通达和研究。不是通过对存在者作随意划分:桌子和椅子,三角形和正方形。而是:科学(Wissenschaft[？])和哲学[...]⑤。划分并未停驻于存在者之维度,而将此维度与规定它的存在划分开来。

哲学是批判性的,而且本质上是批判性的,也就是说,哲学的研究方式,才是这种基本的区分,通过划分对所赢得之物的制定(Ausarbeitung)。不是分开(Trennen)(维度,方向——并未超出空间,而是处在空间之中)。所以,对存在的批判式突显(Abhebung),并未以分离方式自由飘荡于存在者之上,也不是所谓询问(Befragen),相反,存在从根本上是存在者的存在;不同并非分开,而恰恰与存在者结合在一起。

却具有一种新的方式。

但一方面,如果实证科学[以]存在者作为主题,如所强调的那样,此主题并非没有存在理解;另一方面,如果哲学以存在为主题,从而与存在者结合在一起,那么,它们从根本上仍然还是一回事。

事实上,所有实证科学,根本上都是哲学研究。但只有当实证科学正确理解了自身,才是如此,也就是说,它们极端实证(radikal positiv),并且还知道:它们只是从得到澄清的存在之理念中获得了光(Licht),由此为究明存在者获得了亮光。

---

⑤文本此处无法识读。

实证科学和批判科学，根本上（im Grunde）是一回事，却又原则上（grundsätzlich）不同。实证科学以存在者为主题靠存在之光（im Lichte des Seins）——先验科学以存在为主题并回顾存在者（mit Rücksicht auf das Seiende）。⑥

在实证的认识中，总是并且必然预先（im vorhinein）同时理解了存在。在对存在的批判式把握中，总是并且先行（vorgängig）同时经验到存在者。这是两方面可能而又必然富有成效（Befruchtung）的基础，也就是说，一种没有充分的实证科学经验的哲学，仍然是半吊子的哲学，原因就在于此。当然，哲学不会因此而具有科学性质：我（ich）混淆了实证科学的结果，这是无节制的破坏。相反，实证科学的功能，在其道路中被开辟出来，从而原初地把握存在者，并且方才提出对存在的哲学追问。

批判科学的划分，有一种固有的方法论特质。此划分首先开辟出哲学的主题领地，超越存在者进入了一个新的维度——却未回复到存在者，也未回复到某种超感官之物和神秘之物，而是回复到对象，对象就立于我们近旁，它完全有可能是最近的存在者，我们还会暂时——在与存在者的操劳交往中，也在对存在者的实际经验中——忽略和越过这些对象。

（三）哲学作为先验哲学

哲学的批判式划分，原则上跨越了（überschreitet）存在者，这是超越（transzendiert）存在者来研究，在超越中（in dem Transzendieren）对先验之物（Transzendentalen）的把握。哲学根本就是先验

---

⑥参见本书"附录：补充12"。

哲学。尽管与康德的概念并非一回事,而是走得更远和更为基本(weiter und grundsätzlicher),所以,对他所呈现之物,在此被扬弃了。

科学,发现,开辟。真理概念,veritas[真理]——veritas transcendentalis[先验真理]。

关于理念(Ideen)的科学(柏拉图),关于第一因(den ersten Gründen)的科学(亚里士多德),关于可能性、possibilia[可能之物]的科学(莱布尼茨),关于 omnitudo realitatis[全部真实性]、可能性之总体(Allheit)的科学(康德),关于绝对精神的科学、逻辑学(黑格尔)。

一个和同一个关于科学的哲学的理念。发展的同一性和单一性线索。然而,这一点只有在下述条件下才可见:如果人不是肤浅地发布所有事物都一样,而是看到并且理解了每一种本质之不同,这是因为,哲学是批判科学,哲学只有在批判中才能赢得难题性,哲学必须从一开始并且从根本上不断迈出维新的步伐。因为,此在从根本意义上首先并且大多是实证的(positiv),也就是说,它停驻于存在者,形成(wird)于同一历史当中,在此历史中,它才以哲学方式(philosophisch)赢得了存在,复又掩盖并且以实证方式(positiv)曲解了存在。

这是人的生存所具有的本质:哲学总是不断回复到开端。而且,理解越为极端,也就是说,对研究的召回越为原初,哲学越能可靠前行。实证科学的进步,完全不在于此:成果储存堆积如仓库中的麻袋,相反,实证科学的进步,从来都是对基本概念的一种哲学革新(Reform),是对存在者本身的极端化理解。

哲学研究发展的进步法则,也较少与一种持久和不断增长的看和了解有关。这么做,对哲学的理解也是同样少:哪怕有人说,柏拉图如今早就过时了,或者反过来说,柏拉图已经说出了一切。两种说法同样真实,正如其也同样不真实,也就是说,两种说法都没有触及实事。只有以极端方式重述了柏拉图,才能超越柏拉图(Man kann Plato nur überholen, wenn man ihn radikal wiederholt hat)——而且,相较于实事求是地理解难题本身,这更是微不足道。所以,很容易在任何新事物中发现相应的旧事物。(参康德《未来形而上学导论》[Prolegomena]。*)

区分(批判)之进程,在柏拉图和亚里士多德——始于巴门尼德(Parmenides)——那里就开始了,如今尚未终结,也不会终结,只要鲜活的科学的哲学一直存在,因为,这种批判是其最本己的生命的气息(Odem)。

(四)在哲学的开端处一种方法性思索的必要性

哲学的理念,尽管是源自传统之结果,但终究只是"出于虔诚愿望的一种声明"(eine Deklaration frommer Wünsche)(康德,《未来形而上学导论》)。** 关于存在的科学:在存在者之下(Unter Seiendem),总有某物可以表象(vorstellbar),但"存在"是纯粹的词

---

* [中译按]康德在《未来形而上学导论》"前言"第二段末尾说:"所以,为任何一种新东西找到与之有某些相似之处的旧东西,也并不是多难办到的事情。"中译本参见,《未来形而上学导论》,李秋零译,北京:中国人民大学出版社,2005,页256。

** [中译按]中译参见,《未来形而上学导论》,同上,页256:"具有虔诚愿望的一种空谈"。

语(Wort);对存在无所思考。词语持守(besteht),并且最常用于"是"(ist),这实际上很随意。我们也思考、理解某物,尽管并不作把握(begreifen)——从纯粹的词语,从关于闪烁着不确定的存在理解,到存在概念(Begriff),也就是说,同时清楚理解了存在之可能性及其状态(Verfassung)——这是哲学研究的进程。存在暂时不可通达,幽暗不明。

正相对的方向上,首先并且永远有存在者。它直接照面,并作为这种意义上的主题立于眼前,与之相反,存在却并非如此。要通达存在,以主题化的理解为目的,先要求一种确定的翻转(Umwendung)——批判。

因为,划分对于哲学研究具有根本性,因为,通过实施划分,哲学研究才为其赢得并保持着视野(Blickfeld),因为,在此划分中——超出存在者——有对此在的自然态度的一种确定的偏离,因为,这是根本断裂:所以,必要的方法论思索属于哲思(Philosophieren)之开端——尽管方法论思索原则上属于哲学。在此,向我们显示了与实证科学的原则性不同。实证科学的开端,直接关涉材料(Stoff)。实证科学的活动领域,或多或少总是已知的。首先,只是在更为明确的概念划界上有一种不同,目光并未转换,而只是在已然鲜活的态度方向上,有更为深入和更为丰富的观察。

人们运用数学,在科学上可信,只是由于人们运用它——在任何实证科学中都是如此,由于运用,却并非由于,人们开始思辨(spekulieren):何为数学。最有创造性的数学家,在无损于其对数学难题的思考的情况下,可以持有一种关于数学之本质的十分原始的概念。

然而,哲学的情况是否两样?是的,连哲思也是如此(Doch

auch nur im Philosophieren）。但事实上,这本质上是同一个人的目光的翻转,也就是说,明确的方法论举措,与一种实证态度原则上不同。因为,这[属于]哲学的本质,明确的翻转,所以,连同新的态度的明确性,属于此翻转的还有对其本身的明确思索。何为哲学,这个问题属于哲思本身。

何为数学？这个问题并不如此属于数学研究的主题。这个问题,超越了数学和任何实证科学。靠数学方法,无法解决；靠语文学概念,同样难以定义（definieren）哲学。

因此,并不存在一种特别的彻底性（Gründlichkeit）或复杂性（Umständlichkeit）,如果哲学细思（verweilt）对其自身的追问。另一方面,如果这样的问题属于哲思,那么,哲学在这样的提问中,恰恰也已然就是哲思。

在到目前为止澄清哲学概念的过程中——通过科学概念：实证的,批判的——我们已然一直在进行哲学思考,也就是说,我们在致力于批判,通过划分存在与存在者。

八、哲学作为现象学存在论

（一）何为现象学？

现在,需要的只是：我们反过来思索此问题,从而更进一步标明批判,也就是哲学研究的方法论特质。按照早先的定义——哲学就是存在论,确切地说是现象学的存在论——这意味着：我们通过当前的方法论思索,回答这个问题：何为现象学？

历史。胡塞尔：《逻辑研究》（*Logische Untersuchungen*）,《哲学作

为严格的科学》(*Philosophie als strenge Wissenschaft*),《一种纯粹现象学和现象学哲学的理念》(*Ideen zu einer reinen Phänomenologie und phänomenologischen Philosophie*)。①

最近25年的发展。不仅研究领域固定并且成就有异,也着手从原则上对现象学研究之可能性作出思索。

优先之物先行确立,再来创建。就是要为科学奠基,而非只是为一种完全确定的科学的证明(固有的论证形式,固有的概念建构)正确奠基。不敏感,是因为,人们的研究大多采用传统概念,好像这么做,并无不同,也不言而喻。范畴(Kategorien),实体(Substanz),存在,真理,总体而言的生存(Existenz überhaupt)。

在发展概念本身之前,我们先思索到目前为止的观察过程。作为此在的一种态度的科学的概念。这要求一种对此存在者的存在方式、此在、在—此—世—存在划界。对追问科学从前科学的态度中产生,要这样来回答:科学出自就最近照面的存在者来操劳存在(Ausgang vom besorgenden Sein bei nächstbegegnendem Seienden)。其存在作为上手性(Zuhandenheit)。从而,以双重方式已然"赢得了"(gewonnen)存在者的存在规定——关于"此在"和关于内在于世界的存在者,工具。此在的存在论,上手之物的存在论。

如果研究尚未完全具体地彻底实施,就得查明道路。由此问题出发:何种存在者显现自身? 回答此问题,应当不顾及流行的认识论和关于外部世界的真实性的理论,以及诸如,主体—客体

---

①《哲学与现象学与研究年鉴》(*Jahrbuch für Philosophie und phänomenologische Forschung*, Bd I, 1923, 2. Aufl. 1922)。

关系,从存在论上承载了过多尚未道明的理论!

存在者,显现自身,并且如此显现自身:工具全体(Zeugganzes)在房间之中。尽管工具全体也已然显现出自身,却不是以主题化的方式。由它出来,也是在它的位置上,有确定的定向。工具作为工具,我们与其打交道。更确切地说,属于此工具及其存在方式的是一种不显眼的特质(charakteristische Unauffälligkeit)。如果我们如此描述目前到场的(zunächst vorfindliche)存在者时,那么,人们差不多是想以科学观察的方式谈及存在者。此外,已然显示:有一种主题化从属于此。上手之物的有限制的周围,从属于现成之物的普遍领域。

然而,我们要注意,这并不是说,只有按此方式,关于内在于世界的存在者的科学方才可能。这种存在理解必须(Muß notwendig)改变。有没有一种科学,恰恰能够将一个确定的现实的周围世界中的上手之物作为主题?一个房间,譬如,恰好是歌德(Goethe)的工作室,对它的描写,可能是一项特殊的任务,内在于一部历史传记。更为广泛的工具:用过的和消耗的,器具套装,工业产品,货物,原料,同样还有关于经济的科学的对象。关于"日常生活"的科学。

如此还不一定就是科学的做法:人们借助物理学来解释这些对象。或者,对周围世界的传记式描述,如对花园的描述:人们从植物学上解释花园。正好相反:越少从这种科学出发,内在于世界的存在者越能直接抵达经验,从而,历史性的观察,如经济的观察,要更客观和更符合事实,其自身的主题化和存在理解要明确,这是为了在此存在理解的指导下,就确定的方面,彻底研究存在者。

然而，特性，我们——参前述——关于周围世界所给予的特性，既无历史目的，亦无国民经济目的，也根本未以存在者本身[为]主题。根本未描述确定的房间，从而得知其中有什么——家具多贵，从什么路子搞到的，以及诸如，随便一个房间，甚或不提房间；随便一个作坊，或随便一个营地，或不然，哪个紧接的周围世界。

顺便，但仍是有见于此，要如存在者显现自身那样，来描述其特质。但与此同时，我们仍未将其作为主题，而只是将如此突出之物（Herausgestellte）引入目光，以便就其通过划分来显明（unterscheidend herauszuheben）其存在方式。存在者本身并非主题，作为存在者之存在的存在，上手之物的上手性，才是主题。也还不是要对此存在别有分辨（Gleichwohl dieses Sein nicht anders zu sichten）；而是，存在者以某种方式也同时成为了主题，但不是以实证方式（in positiver Einstellung），并且不是以本真的主题化方式（thematisch），而是作为存在的主题化的通道，主题化同时将存在者保持在主题之中。存在者的前主题化特性，服务于对其存在的主题化——一项特定的科学的哲学任务。

尽管存在者可以不隐藏（unverdeckt）而按其本身显明自身——持存之接受（Bestandaufnahme），由此就能分辨存在本身，这就是可以向存在论的检验目光显现自身之物。从而做好了准备，以暂时性地（vorläufig）理解现象学的概念。借助术语来澄清（Klärung an Hand des Terminus）。

(二)关于现象概念

现象学的概念(参《存在与时间》第一部 28 节以下。)②

现象(Phänomen) (一)现象,真正意义上的(Phänomen überhaupt)

(二)假象(Schein)

(三)显象(Erscheinung)

对(三)的补充:病象(Krankheitserscheinungen),不是疾病本身,而是症状,彻查症状——诊断——可以确定疾病:身体症候,脸红,发烧。红显现出自身,如此一来,也显示着发烧。不可将发烧本身,视为显示它的某物,视为脸红。通过红显明了发烧,也就是说,某物之显象(Erscheinen von etwas)=一种自—身—未—显(Sich-nicht-selbst-zeigen),而是一种通过显现出自身的某物而自—呈(Sich-melden)。这种自—呈者(Sich-meldende)并未显现自身(selbst)。

假象和显象。在此也会有一种假象,一种自己未显现(ein sich nicht Zeigen),但不同的是:(一)显象,绝不会这样;(二)假象,不像自显者本身之所是(nicht wie das Sichzeigende an ihm selbst ist)。未以本质方式就其本身显明自身者,如显象者(Erscheinende),也根本不可能有假象(scheinen)!

显象奠基于一种自显者(einem sich Zeigenden)。只有通过自显的(sich zeigender)红,显象者才表明了自己。红的这种自—显(Sich-zeigen),并非发烧之显象。

---

②《全集》卷二,原始文本附作者批注。

现象根本不是显象,但显象却要通过我们理解的(in unserem Sinne)现象来共同建构。自—身—显现(Sich-selbst-zeigen)就是直接显现。显示我直接所见的某物,从而获悉,某物与其同时发生。症状。

借助显象概念来规定甚或批判(kritisieren)现象概念,是原则性失误。

显象本身,因此有多重含义:

一、自身未显明,却通过它物表现自己。

二、表现自身者,脸上的红的显象。

三、如同现象。

四、纯粹的显象;放射出(Ausstrahlung)表现它的某物,从而永久掩盖了它。

康德在"四"和"三"联结的意义上使用显象概念。

九、总 结①

就基本特征——讲座的目的也是如此——规定哲学概念,并描述其方法特点,也就是说,弄清我们以何种眼光来看待近代哲学:从现象学角度看待近代哲学,着眼于存在论的基本问题。

基本问题有四重:追问真正意义上的存在(Sein überhaupt)——人的存在(Sein des Menschen)——自然的存在(Sein der Natur)——追问存在理解(Seinsverständnis):此在解释(Daseinsauslegung),自然说明(Naturerklärung),也就是说,真理之

---

① 这是海德格尔拟就的标题。

认识(Erkenntnis der Wahrheit)。

关于存在的科学的划界,其方法论特征。但不考虑主要事项。规定一门科学,不是通过其对象来定义(definieren)！定义(Definition)！

关于"存在"的定义——communis opinio[普通观点]——从中得出结论！唯一的结果:在此,澄清是哲学的基本任务。如果任务是批判性的,并且首先是对存在的批判,那么,只有在研究本身当中方能赢得！

还要对存在的含义的可能性划界。但追问同样的含义及其可能性,已然是一种固有的难题性。存在与时间。就批判科学的本质而言:其本质之特性只能显示,每个人都理解什么,什么是自明的,同时,最极端的难题是什么。实证科学了解(kennt)已然立于面前之物。

讲座一开始毕竟要探讨:为何我们要从托马斯·阿奎那开始。

第一部分
托马斯·阿奎那

Thomas von Aquin

十、任务与文献

一项对托马斯·阿奎那的所谓精神史分析,不仅要求描述13世纪的广泛特征,还要求回到中世纪早期和奥古斯丁,而不涉及古代。此项哲学任务以神学为根据,并致力于研究神学。因为,哲学的历史前提是神学,还要涉及其神学难题——只是顺便——涉及各项难题。

概而言之:我们如今尚未就讨论中世纪具决定性的内容做足准备。

一、很多内容仍一无所知或所知甚少;而只是作为档案馆和图书馆里未付印的材料。

二、确定的是,远未按照实际难题的指导线索详加研究,而通常只是回到模式,经院哲学选择本身选择并采纳了这些模式。

三、古代哲学,是中世纪具有本质性的规定性要素(Bestimmungsstück),就这方面而言,也并非简单的古代,而通常并且正是亚里士多德。透过经院哲学的眼镜。

因此,关于中世纪的精神和诸如此类的主题,如今的文人和其他人写下的东西,不值得进一步关注。

关于定向:鲍姆克尔(Cl. Baeumker*),"中世纪欧洲哲学"(Die europäische Philosophie des Mittelalters),《当代文化》(Kultur der Gegenwart),1909 年 5 月 1 日。

简况:恩德雷斯(Endres**),《基督教西方的中世纪哲学史》(Geschichte der mittelalterlichen Philosophie im christlichen Abendland. 1908. Sammlung Kösel)。

格拉伯曼(Grabmann***),高盛丛书(Sammlung Göschen);两方面都是行家。类似丛书中的撰写,大都出自三四手文献。格拉伯曼,《经院哲学方法史》(Die geschichte der scholastischen methode, 2Bde. 1909,1911)。盛期经院哲学(Hochscholastik)的说法,就出自格拉伯曼《中世纪精神生活:经院哲学与神秘主义研究》(Mittelalterliches Geistesleben. Abhandlungen zur Geschichte der Scholastik und Mystik. 1926)。

作为最重要的参考书:鲍姆伽特纳(M. Baumgartner),《教父和

---

* [中译按]Clemens Baeumker(1853—1924),德国哲学史家,1903 年在斯特拉斯堡大学接替文德尔班(Wilhelm Windelband)教席,1912 年在慕尼黑大学接替赫尔特林(Georg von Hertling)教席。

** [中译按]Joseph Anton Endres(1863—1924),1893 年任雷根斯堡中学(Lyzeum in Regensburg)教授,1903 年任天主教教会音乐学院(Hochschule für katholische Kirchenmusik)讲师。

*** [中译按]Martin Grabmann(1875—1949),德国中世纪学者,天主教神学和哲学史家,1906 年任艾希施塔特天主教大学(Catholic University of Eichstätt)教授,1913 年任维也纳大学(University of Vienna)基督教哲学教授。1916 年完成开创性研究《13 世纪的亚里士多德拉丁语翻译》(Forschungen über die lateinischen Aristoteles-Übersetzungen des XIII. Jahrhunderts)。

经院时代的哲学史纲》(*Grundriß der Geschichte der Philosophie der patristischen und scholastischen Zeit*, 1915)(非常好)。这是雨伯维克(Überweg)编《哲学史纲》(*Grundriß der Geschichte der Philosophie*)卷二。这里是最重要的新旧文献,记录了参考文献和版本。实际上,晚近十年,此项工作,在我们国家和法国,都主要致力于编辑和文献校勘研究。就此,见前文提到的丛书中格拉伯曼的著作。

德尼夫勒(H. Denifle)和埃尔勒(Fr. Ehrle),《中世纪文学和教会史档案。卷一至卷七,1885—1900:中世纪哲学史研究。文本与研究》(*Archiv für Literatur und Kirchengeschichte des Mittelalters. Bd. I–VII, 1885—1900：Beiträge zur Geschichte der Philosophie des Mittelalters. Texte und Untersuchungen*)。最初由鲍姆克尔(Bäumker*)编辑,现在的版本是格拉伯曼1891后编辑的。只有此版本有价值。

《比利时哲学家》(*Les Philosophes Belges. Louvain 1901 ff*),德·伍尔夫(De Wulf)编。

十一、生平与著作

(一)生平

1224年,在南意大利的罗卡塞卡(Roccasecca)城堡,阿奎诺(Aquino)西北部[出生]。他同名的(gleichnamige [?])祖父,娶

---

*[中译按]此处或为 Baeumker 之笔误。

了弗里德里希·巴巴罗萨(Friedrich Barbarossa*)的一位姐妹。他的母亲,格拉芬·塞奥多拉(Gräfin Theodora),出身诺曼底贵族。他奉献于蒙特卡西诺(Monte Cassino)的本笃修会(Benediktinern)5年。1236年(或39岁),在那不勒斯大学(Universität Neapel)学习 septem artes liberales[七艺]:Trivium[三科]随马丁努斯(Magister Martinus)学习,Quadrivium[四科]随(爱尔兰人)彼得努斯(Petrus de Hibernia)学习。①

1244年,加入多明我修会(Dominikanerorden)。游学巴黎。大阿尔伯特(Albertus Magnus),亚里士多德;神学中的哲学。1248年,随阿尔伯特学习:科隆大学(Studium generale**in Köln),直至1252年。

---

*[中译按]即弗里德里希一世(Friedrich,1122—1190),神圣罗马帝国皇帝(1155—1190),"巴巴罗萨"意为"红胡子"。他于1152年在亚琛(Aachen)加冕为德国皇帝,1155年在圣彼得大教堂(St Peter's Basilica)加冕为神圣罗马帝国皇帝,1178年在阿尔勒(Arles)正式加冕为勃垦第皇帝。弗里德里希一世六次远征意大利,发动第三次"十字军东征",复兴以《查士丁尼法典》为代表的罗马法,是欧洲中世纪深具超凡魅力的君主。

①参鲍姆克尔(Bäumker),《彼得努斯:托马斯·阿奎那年轻时的老师及其在曼弗雷德王前的论辩。巴伐利亚科学院会议报告,1920,哲学—历史班》(*Petrus de Hibernia: der Jugendlehrer des Thomas von Aquin und seine Disputation vor König Manfred. Sitzungsberichte der Bayer. Akademie der Wiss., 1920, phil.-hist. Klasse*)。

**[中译按]Studium generale 就是中世纪的大学,学生由专师指导,学习"七艺"和神学、法学、医学。

1252年,Baccalaureus*[学士]。讲授彼得努斯·伦巴多[的]《箴言录》(Sentenzen)。

托钵僧争论(Mendikantenstreit)爆发。

1256年,licentia docendi[讲授许可]。Magister theologiae[神学博士](principium,首次讲课)。Ordinarius[讲席教授]。圣经解释。

1259—1269年,意大利。Summa contra gentiles[《反异教大全》]。奥维多。乌尔班四世(Urban IV)宫廷。威廉·莫尔贝克(Wilhelm von Moerbeke)。

约1267年,开始撰写Summa theologica[《神学大全》]。1268—1272年,巴黎(第二次停留)。1272年,那不勒斯大学(Generalstudium in Neapel)。1274年,赴里昂(Lyon)参加统一公会议(格里高利十世[Gregor X])。1274年3月7日去世。

大学与研究

那不勒斯大学(弗里德里希二世)创建。Studium generale[大学](为隶属于某个国家所有人设立)。在其中授予的学位获普遍承认;授予到处讲授的资格。

13世纪初的巴黎,犹如第二个雅典(Athen);mater sapientiae[智慧的摇篮]。对于真正的科学的长久命运具有决定性意义。毫不奇怪,教皇们(Päpste)着眼于此,以特权来配置资源,努力将出自教廷认可的修会的最好的教师引入其中。

---

*[中译按]Baccalaureus字面意思是"桂冠",指中世纪大学中毕业的"学士"。Baccalaureus[学士]与Baccalaureatus不同,后者字面意思是"镶金权杖",指中世纪大学中毕业的"硕士"。

世俗神职人员。13世纪的第二个十年末,在巴黎的学校中出现了新建立的多明我修会和方济各修会(Orden der Dominikaner und Franziskaner)修士。1217年,多明我修会(有16位修士)。1219年,方济各修会建立。

至此仍受世俗神职人员控制。一批大师——如小兄弟会的亚历山大·哈勒斯(Alexander von Hales, O. F. M.)——加入了修会,所以,这些修会本身有成员在大学拥有教席。起初,修会只是居住学习。托钵修会居无定所——与本笃修会的 stabilitas loci[居有定所]形成对照。新修会:集权,有总会长(General)——并有流动性。在巴黎从事教学,要严格挑选最好的教师。同时,与世俗神职人员失和,发生了所谓托钵僧争论。

难题:将亚里士多德哲学纳入了信仰体系。几乎没有一项对这些精神对抗的介绍,没有严酷的斗争,这些精神对抗是不会消失的。

叙利亚人(Syrern)和波斯人(Persern)的亚里士多德,由此进入了阿拉伯文化,直至西班牙,从而进入了基督教文化。随着阿拉伯文化的衰落,基督教夺取了此项活动。阿拉伯的亚里士多德主义的拉丁哲学(Lateinische Philosophie des arabischen Aristotelismus)。②

---

②参德尼夫勒(H. Denifle),《中世纪大学的兴起迄于1400年》(*Die Entstehung der Universitäten des Mittelalters bis 1400*. Berlin 1885)。

(二)研究进程(Studiengang)③

一、Septem artes liberales[七艺]:

(一)Trivium[三科],或 artes triviales[三艺]:语法、修辞和辩证法。

(二)Quadrivium[四科]:算数,几何,天文,音乐。

二、神学,哲学:

(一)对圣经启示来源的历史概述。

(二)箴言录(以圣经和大公会议决议为根据的,教父和中世纪早期的圣经翻译,信仰和道德学说。彼得努斯·伦巴多[巴黎主教],《箴言注疏》,1146—1150)。Sententiarum Magister[箴言大师]。

三、详尽的释经和对神学的具体问题的研究:

(一)上帝论。

(二)关于上帝造物和原罪的学说。

(三)救主化身为人和恩宠。

(四)关于圣礼和终末之事。④

(三)托马斯·阿奎那著作版本⑤

全集

---

③由文本推断出的标题。

④《圣波纳文图拉全集》(*Opp. S. Bonaventura*, Quarrachi 1882, tom. I-IV)版。

⑤由文本推断出的标题。

一、威尼斯本(Venedig),1745—1788 年,28 卷。

二、帕尔玛本(Parma),1852—1873 年,25 卷。

三、巴黎本(Paris),1872—1880 年,34 卷。

四、《利奥十三世钦定本》(*Opera Omnia*, durch Leo XIII. 1882, Leonina)。尚未完成,且并非无瑕疵(Noch nicht abgeschlossen und auch nicht einwandfrei)。

评判真伪和成书时日的问题,尚未完全澄清。格拉伯曼在此将提出解决办法。

《神学大全》:

巴黎,1846 年,米涅本(Migne);

巴黎,1895 年。

卷一,论上帝及其本质

卷二,有理性的造物走向上帝,神学人类学

卷三,基督徒作为走向上帝的道路(未完成)⑥

Summa de veritate catholicae fidei contra gentiles[《天主教信仰之真理反对异教大全》](S. c. g.)。只有都林本(Turin)。

杂著和 Quaestionen[《问题集》]。《杂著选集和其他著作》(*Opuscula selecta et quodlibetales*, ed. Michael de Maria. 3 voll. 1886)。

注疏:一、《箴言录》注疏;二、亚里士多德注疏;三、亚略巴古的狄奥尼修斯(Dionysius Areopagita)注疏。

杂著:

---

⑥《神学大全》卷二,第 2 部分,问题 IV,条 3(*S. th.* II^2 qu. IV art. 3)(这是一则引例。上方一行,因辨认困难而省略了)。

De principiis naturae[《论自然的原理》]

De ente et essentia[《论存在者和本质》]

De natura generis[《论属的本质》]

De individuatione[《论个体化》]

De tempore[《论时间》]

De aeternitate mundi[《论世界的永恒》]

De unitate intellectus contra Averroistes[《论理智的统一以反对阿威罗伊》]

De substantiis separatis[《论分离的实体（不依赖于现成的质料的存在者）》]

In Dionysium De divinis nominibus[《狄奥尼修斯〈论圣名〉义疏》]

Quaestiones Disputatae[《辩难集》]：在神学生面前举行的Disputationes ordinariae[常规论辩]的集成。神学内容。

De veritate[《论真理》]

De potentia[《论潜能》]

De anima[《论灵魂》]

De malo[《论恶》]

De virtutibus in communi[《论普通德性》]

De virtutibus cardinalibus[《论主要德性》]

De caritate[《论慈善》]

De correctione fraterna[《论弟兄的纠正》]（《论弟兄的训诫》[über die brüderliche Zurechtweisung]）

De spe[《论希望》]

Quaestiones quodlibetales[《杂问集》]。每年圣诞节和复活节

前举行两次：disputationes de quodlibetalibus［关于各种主题的论辩］,却是哲学论辩。

亚里士多德注疏集：

《解释篇》[De interpretatione] 义疏

《后分析篇》[Analytica posteriora] 义疏

《尼各马可伦理学》[Ethica Nicomachea] 义疏

《形而上学》[Metaphysica] 义疏

《物理学》[Physica] 义疏

《论灵魂》[De anima] 义疏

《论天》[De caelo] 义疏

《论生成与败坏》[De generatione et corruptione] 义疏 *

（四）某一条目的方法论框架⑦

一、问题或者命题。

二、Videtur quod non[似乎并非如此]。

（一）权威和确定不移的理由

（二）**

三、然而，相反。

———————

* [中译按]托马斯·阿奎那的"亚里士多德注疏"还有四种：《〈论感官和可感之物〉义疏》(Sententia de sensu et sensato) ;《〈论记忆和回忆〉义疏》(Sententia de memoria et reminiscentia) ;《〈论天象〉义疏》(Sententia super Meteora) ;《〈政治学〉义疏》(Sententia libri Politicorum)。

⑦由文本推断出的标题。

** [中译按]此处原文空白。

一、二……针对异议提出的主张。(二、三,使难题松[动]。可能的问题要点和解决之道。)

目标:实证地赢得难题之基础(Problembasis)。

四、Respondeo dicendum[我对所要作出的陈述作出回应]。实证研究和难题的解决。

Corpus articuli[条目正文]。

五、Ad primum…[补充一……]

基于四,现在讨论异议,与此同时,通常对条目正文作出补充。

由此:qu. art. c, ad 1.

十二、Quaestiones disputatae de veritate [**关于真理的辩难**]①

（一）一般特征

在全部 29 Quaestiones[问]中,有对真理本身的追问,还有对原初的和本真的真理的追问,有对理论认识、实践洞见之真理的追问,有对良心之真理的追问。对上帝所具有的认识的追问:providentia[天意]和 praedestinatio[宿命];认识与意志的关系;意志之自由;认识,意志与信仰,信仰与恩宠;信,望,惧,乐,哀。

这些 Quaestiones,在他首次从教巴黎时期提出,形成了所有

---

①标题出自海德格尔。编者附注:托马斯·阿奎那,《论真理》(De veritate. In: *Opera Omnia*. Parmae 1852 sqq. Tom. IX)。

根本性难题之视野,托马斯起初就实事(an der Sache zuerst②)发展出的这些难题更为具体详细,只是又将其体系化了。

理论和实践认识(Erkenntnis)之整体的存在论,与神学和哲学认识(Erkennen)及其对象的存在论合一。概论一种科学学说作为对针对认识和信仰的基本态度的反思,这种科学学说可以完善和加强神学本身。与差不多同时出现的波纳文图拉的 Itinerarium mentis ad Deum[《心向上帝的旅程》],1259 年,阿尔沃纳(Alverna)。③

神学上最不纯粹,却恰恰为神学体系做好了准备。在这些 Quaestiones[问题]之后,才暴露了所有根本性难题:存在与真理,自然和人的存在,上帝的存在。

伟大的 Summa theologiae[《神学大全》]是纯粹神学性质的,并且规模过于宏大。这个小大全(Die kleine Summe),本质上更具哲学性质,却未能暴露传统的存在论难题。Opuscula[《杂著》]又过于特殊。

追溯这些所谓的大著小作,着重考察 De veritate[《论真理》],当然通过这种解释,也只是考察最重要的内容。④

---

② an der Sache zuerst:此处读法存疑。

③ 参《圣波纳文图拉六翼天使博士三篇杂著:短论,心向上帝的旅程,论技艺向神学的回归》(S. Bonaventurae Seraphici Doctoris tria opuscula: Breviloquium, Itinerarium mentis ad Deum, et De reductione artium ad theologicam notis illustrata studio et cura P. D. Collegi S. Bon. ed. III. 1911. Itin. Opp. 1. V, 295 −313, 7 capitula)。

④《坎特伯雷的安瑟尔谟关于〈论真理〉的对话》(Dialog De veritate Anselm von Canterbury 1053—1109. Migne P. L., 158, 867 −886)。

（二）quaestio prima de veritate［关于真理的第一问］的奠基性含义

quaestio prima［第一问］,不仅对于随后的 28 问具有奠基性,而且对托马斯的哲学和神学之整体具有奠基性。

De veritate［《论真理》］,论真正意义上的真理概念。在托马斯之前和之后,真理难题从未按如此宽广的视角展开讨论过。难题本身的提出和解决的原初程度如何,这是第二个问题。在中世纪经院哲学本身当中,并且首先针对占统治地位的奥古斯丁主义(Augustinismus)倾向,这是一项具根本性的进步。

第一 quaestio［问］,分为 12 个条目,我们要联系起来仔细考察:条目 1. 真理的本质;条目 2 和条目 3. 真理的位置;条目 4 和条目 5. 真理的统一性和复多性;条目 6. 已获真理的不变性;条目 7. 上帝中 essentialiter［本质性］或 personaliter［人格性］的真理;条目 8 回复到条目 4 和条目 5。条目 9. 感官的真理(Wahrheit der Sinne);条目 10. 存在者是否可能是假的;条目 11. 感性事物是否有假;条目 12. 知性是否有假。

条目 1 的讨论结果:关于 veritas［真理］和 verum［真实］的三个定义。

一、着眼于: in quo verum fundatur; id quod est［真实的根据之所在;某物存在］。现实性(Wirklichkeit),一把真椅子,一把现实的椅子。

二、Ratio formalis veritatis: adaequatio rei et intellectus［真理的形式根据:事物与理智的符合］。

三、Verum secundum effectum: veritas, qua ostenditur id quod

est［就结果而言的真实：真理，由以表明存在的某物］。⑤

托马斯如何获得了这个真理定义？他自己先讲了一项方法论的思考，并确定了原则。

Quid est verum［何为真实］。从方法论上讲（Methodisch［？］）：Quid est unumquodque? Fieri oportet reductionem in aliqua principia per se intellectui nota［每一事物是什么？应当回复到理智所知的某些原则本身］。⑥ Quid est aliquid［任一是什么］？最普遍和任何时候都准确的回答：ens［存在者］。

Ens［存在者］：（一）primo conceptum［最先领会之物］，预先（voraus），起先（anfänglich），也就是说，事先（im vorhinein），已有领会（erfaßt）；（二）notissimum［最显著之物］，对每个存在者的最熟知之处；（三）in quo intellectus omnes conceptus resolvit＊［理智的所有观念都可以化约为它］，所有规定可回溯到此处。

反过来，由此表明：omnes aliae conceptiones ex additione ad ens. Additio ad (supra) ens, nicht addi aliquid quasi extranea natura［所有其他观念，都出自对存在者的附加。附加于存在者（上），并没有附加上像外在的自然的任何事物］！（存在不可能通过存在者来规定，而只有：按照其本身的可能的存在方式来规定，能够显明的只有存在方式，并通过确定的术语表达出来。）而只是 modus expressus［表达方式］——一、specialis［特殊（方式）］，二、generali-

---

⑤问题一，条目1，回答。

⑥同上。

＊［中译按］此句中的 quo 为 quod 之误读。

ter*consequens omne ens[由每个存在者而来的普遍(方式)]。

一、Ens non est genus[存在者不是属]。就此得出了后面非常清楚的原理:Ens, inquantum summum ens, non est in genere[存在者,甚至最高的存在者,也不在属中]。存在,最普遍之物;普遍之物或属(Gattung)。存在,最上位的属(die oberste Gattung)。⑦如果存在是属:animal rationale[理性动物];homo[人],一种(Art)生物,后者也是属;ratio[理性],differentia specifica[种差];那么,连同种差(Differenz)而来的是已然处在属中的某物。但若它应该就是种差,那么,它必定同时带来了尚不处于属中的某物,也就是说,在任何情况下,它都有可能不存在。但若种差和种不存在,那么,属也不存在。

二、如果不是 Genus[属],那么,就无法分种(Spezialisierung);如此一来,additio[附加]如何可能?也就是说,如何决定确定的存在和存在方式?(解形式化[Entformalisierung]作为其原理和执行方式[Vollzugsart]?)就其本身,可以发现的只是,可能性,后者显然是 ens[存在者]题中应有之义。(存在概念,从而完全并且根本不是单一性的[einfach]!)最先 experientia[经验到的事物],不用再问(hinzugefragt),而已然具有存在者之含义。这是这种关于存在规定

---

* [中译按]此句中的 generaliter 为 generalis 之误读。

⑦亚里士多德,《形而上学》B3.998b14-28: ὂν λέγεται κατὰ πάντων [存在者述及所有事物]([中译按]海德格尔所引 ὂν λέγεται κατὰ πάντων 一句话,亚里士多德原文为 ταῦτα γὰρ λέγεται κατὰ πάντων[因为,这些述及所有事物]。); ὂν[存在者]不是 γένος[属];否定性的解决;肯定性方式,见卷 Γ 章 2 中的 analogia[类比], nomen analogum[类比名称]。

性（Seinsbestimmtheit）之整体的基础（Basis）和中介（Medium）。

Modi expressi［表达方式］，有两种：一、generalis［普遍（方式）］；二、specialis［特殊（方式）］。先只是 modus specialis［特殊方式］：存在（不是存在者的属）的一种明确的确定性，这种确定性从属于存在本身（überhaupt），也就是说，任何存在者，它存在（das est），也就是说，就其存在而言（sofern es ist），都从根本上具有确定性。Consequens omne ens［由每个存在者所导致］意指：在其后跟随（hinter ihm her），也就是说，带有存在（mit Sein），尽管不明确，却总是已然得到理解。这样的规定性（Solche Bestimmtheiten）有五种，确切地说是六种：res［实事］，unum［一］，aliquid［任一］，verum［真实］，bonum［善好］，再加上 ens［存在者］本身。* 所以，一个什么（ein Was），已然总是什么—存在（Was-sein）。

任何存在者都是同一的（einig），都是作为与其自身同一的一物（eines），而非他物；任何存在者都是一物。

任何存在者都是被发现的。如何来理解？关于 intellectus divinus［神性理智］和 intellectus humanus［人的理智］——creatum［受造物］——这样的事物 aptum de se formare［由塑造它本身的而达成］。

任何存在者都可企及（erstrebbar）。

所显示的动机非常普遍：何处可以发现某物为 verum［真实］

---

*［中译按］在《论属的本质》（*De natura generis*）章 2"论先验性质"（De transcendentibus）开篇，托马斯说：Sunt autem sex transcendentia, videlicet ens, res, aliquid, unum, verum, bonum［然而，有六种先验性质，显然就是存在者、实事、任一、一、真实、善好］。

的某物。这种 modi generales consequentes omne ens[由每个存在者所导致的普遍方式] = transcendentia[先验之物]。⑧ 超越任何属并且本身不具有属的性质(gattungsmäßig)。modi generales[普遍方式],是一种狭义上的普遍,不是要通过上升到高一级的属中去发现,而是超越了所有具有属的性质的事物(alles Gattungsmäßig),每个存在者都属于任何属和种(jegliches Seiende jeder Gattung und Art)。

In apprehensione praedictorum oportet stare ad ens*[在领会表述时,应当以存在者为根据]。当直接意指一种这样的表述时,必须总是立于存在(Sein)之前,并停驻于此前。正就是在任一表述中毕竟先已通过意指之物。Res idem[实事亦然],以实事为根据,所意指的存在者,总是完全着眼于其存在。

Ratione distinguntur[靠理性来分辨],只是着眼于存在,才有不同。

Inter se convertibilia[在其本身当中可替换之物],在其当中可以替换,一个可以代替另一个。

Ratione distincta[靠理性作出分辨之物],其不同,着眼于什么?

区分及其关系原则。

Secundum quod consequitur omne ens[依据由每个存在者所导致者]:(1)in se[就其本身而言],或(2)in ordine ad aliud[就其

---

⑧关于术语,参《论潜能》"问题九,条目7"中关于 unum[一]的分析。参见本书"附录:补充13"。

*[中译按]见《论属的本质》章2"论先验性质"。

与他者的等级关系而言]。⑨

(1)更进一步分为:(a)肯定方式;(b)否定方式。

(a)肯定方式。这就是,着眼于其本身的存在的一个存在者之所是,这就是它之所是(Was),它就是这;essentia, secundum quam esse dicitur[本质,所谓存在以其为根据]。Res[实事]——实事,说实事性更好(omnitudo realitatis[全部真实性]!康德),quidditas[实质],实质(Washeit);与之相对的 ens[存在者],sumitur ab actu essendi[由应当存在者之行为获得],由 existentia[生存]获得;ens[存在者],就其真实存在而言;res[实事],就其如此如此而言,这个实事存在(现成性和实事性之整体)。

(b)否定方式。Negatio, quae est consequens omne ens absolute, est indivisio[否定,由每个绝对的存在者所导致,不分]。Universaliter, unumquodque inquantum est, indivisum est[每个事物,就其所是而言,普遍不分]。⑩ Unum[一] = ens indivisum[不分的存在者]。

indivisio[不分] = privatio divisionis[分离之匮乏];indivisio autem[但不分] = unitas[统一性];unitas[统一性] = privatio divisionis[分离之匮乏],一个并且是同一个;它自身,也就是说,与其自身无法区分。但 unitas[统一性]不必定已然 privatio multitudinis[复多性之匮乏]。

Si unum privaret multitudinem, posterius esset multitudine. Dum unitas definiretur per multitudinem[如果一剥夺了复多性,那

---

⑨参见本书"附录:补充14"。
⑩De natura generis[《论属的本质》]章2。

么，复多性就是次要的。若统一性要通过复多性来定义], 但复多性是 aggregatio unitatem[统一性的集合], 因此, 这是一种 circulus in definiendo[循环定义]。所以, unum[一], indivisio[不分], non importat privationem divisionis, quae est per quantitatem[并未引起依赖于量性的分离之匮乏], 而是说, 就其本身而言, 完全并且恰恰匮乏区分。Positivum affirmative ista divisio pertinet ad unum genus particulare[确定的是, 那种可分性从属于一种特殊的属](modus specialis[特殊方式]!); 而 unum[一] = privatio formalis divisionis, quae est per opposita[依赖于对立的形式上的分离之匮乏], 这是某物与某物相对立的纯粹区分。⑪

（三）比较 De natura generis[《论属的本质》] 中的划分原则

De natura generis[《论属的本质》] 中的划分原则：

1. Absolute[绝对的存在者]；2. comparatum ad alquid, quod habet convenientiam cum omni ente, uniusmodi est anima[相较于任一存在者的存在者，它与每个存在者本质一致，灵魂就是如此]。

1. a. Affirmative[确定式]——b. negative[否定式]

a. Affirmative[确定式]：

α. ipsa res quod habens esse[拥有存在的实事本身], 也就是说, actum entis[存在者的行为]。

β. Unde hoc inest re[因此, 这个存在于实事之中]——unum[一]。

---

⑪参见本书"附录：补充15"。

Unum[一]和 aliquid[任一]，相对于 De veritate[《论真理》]，具有不同位置。

[1.] 当否定时:遭否定者(das Negierte)，被否定者(was negiert wird)。作为肯定之物:unum[一] = indivisum[不分之物]。Indivisio[不分]作为否定之方式(privatio[匮乏]作为 negatio[否定])。

2. 作为 Positivum[肯定之物]处在此否定之中，在匮乏之中有某种肯定之物。一种匮乏之缺乏(Fehlen eines Mangels)。

在 De veritate[《论真理》]中:unum[一] = ens in se negative consideratum[存在者就其本身而言被认为是否定性的];

在 De natura generis[《论属的本质》]中:unum[一] = ens absolute affirmative consideratum[绝对的存在者被认为是确定的]。

(2) in ordine ad aliud[就与他者的等级关系而言]。

a. Secundum divisionem ab altero[根据与他者分离]。

b. Secundum convenientiam unius entis ad aliud[根据一个存在者与他者契合]。

(a) Aliquid, aliud quid, inquantum est divisum ab alios aliquid[任一，就是任何另一，就其是与他者分离的任一而言]——1. 与此相对的是 ens in ordine ad aliud[就与他者的等级关系而言的存在者]。

De veritate[《论真理》]:关于 ordo secundum divisionem[基于分离的秩序]; De natura generis[《论属的本质》]:2. ens absolute, negative consideratum[绝对的存在者，被认为是否定的]。在 De veritate[《论真理》]中，unum[一]占据此位置;在 De natura generis[《论属的本质》]中，unum[一]和 aliud[另一]，被认为要比形式

上绝对的规定(formal absolute Bestimmung)更为分明(schärfer)。尽管 formale in aliud[他者中的形式],ordo ad aliud[与他者的等级关系],这是连同空洞的某物本身被给予之物,但与此相对,与ordo ad aliud secundum convenientiam[基于契合的与他者的等级关系]一同被给予的,却是一个全新的原则,在经院哲学的意义上,此原则当然同样也具有普遍性。

(b) ad quid[与何者的关系]?显然:quod natum est convenire cum omni ente[向来都与每一存在者相一致者]——anima[灵魂]——ἡ ψυχὴ τὰ ὄντα πώς ἐστι πάντα ἢ γὰρ αἰσθητὰ τὰ ὄντα ἢ νοητά[灵魂是以某种方式存在的所有存在者;当然,它们或为感知之物,或为思维之物]。⑫

存在终究可以追溯到存在者:summum bonum[至善]:1. 问题追溯到何种存在者;2. 追溯如何就是问题。形而上学:1. πρώτη φιλιοσοφία[第一哲学],2. θεολογία[神学];ens commune[一般的存在者]——summum ens[最高的存在者]。⑬

模式 I,条目(Artikulus)——然后:澄清 unum[一](后来附属于上帝概念的 bonum[善])。然后,第二个模式。比较两者。Veritas[真理]在两种模式中处在同样的位置。

---

⑫亚里士多德,《论灵魂》(De anima Γ 8, 431 b 21 sq)。
⑬参见本书"附录:补充 16"。

54 **（四）对超越之物的先验演绎模式**⑭

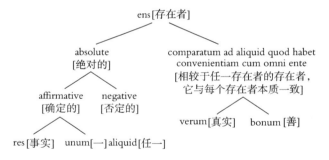

55　II. De natura generis[《论属的本质》]中的划分原则，更为原始，也更为清楚：纯粹形式的规定，并且这是关于特出的(ausgezeichnete)存在者的规定。与此相对，I. De veritate[《论真理》]中，把作为形式规定的 aliquid[任一]，算进了 verum[真实]和 bonum[善]，而后两者源于另一原则。

---

⑭ 由文本推断出的标题。参见本书"附录：补充17"。

因此,I. De veritate[《论真理》]中,一般的划分原则更为形式化。

unum[一]的不同位置:II. De natura generis[《论属的本质》]中,absolute negative[绝对确定];I. De veritate[《论真理》]中,absolute negative[绝对否定]。这是可能的,因为,关涉 divisio[分离],也就是 privatio divisionis[分离之匮乏];处在同样位置的是:实证的(positive),否定的(negativ)。⑮

十三、veritas[真理](adaequatio[符合])的存在论意义

(一)真理的三个定义

究竟是 convenit[符合]什么:anima[灵魂],appetitus[欲求],intellectus[理智],更确切地说,与什么相符合。追求(Streben)某物,领会(Erfassen)、感知(Vernehmen)某物。

Convenientia entis ad appetitum exprimit bonum[存在者与欲求契合表明了善]。任何存在者作为存在者,都可企及(erstrebbar)。

Convenientia entis ad intellectum exprimit verum[存在者与理智契合表明了真实]。任何存在者作为存在者,都可揭示(entdeckbar)。

Prima comparatio, ut correspondet[首要相称,方可回应];符合感知,才可感知。为了可感知,它本身必须完全可以通达;它必

---

⑮参见本书"附录:补充18"。

须由其本身出发,能够容许对提问作出回答:它是什么,它如何存在,也就是说,它必须能够完全显明自身。

这种首要的相称性(Angeglichenheit),也就是说,被揭示性(Entdecktheit),就是 veritas[真理]的存在论意义。Adaequatio rei et intellectus[实事与理智的符合]——formaliter ratio veri[真实的形式根据]。

Ad quam conformitatem sequitur cognitio[达到某种相符引致认识]——ille, quidam veritatis effectus[那,就是一个属于真理的结果]。真知只有以存在论真理为根据方才可能。

Adaequatio rei et intellectus[实事与理智的符合],首先并不意指思维与对象一致,而意指那种对任何一种存在者的存在论建构(ontologische Verfassung),这就使得它完全能够变成更为可能的所为—对象(Gegenstand-für),要比思维与何物一致更有可能。为此,它必须完全存在,已有存在;也就是说,由上帝所造并且维持,思考,认识,从而如此存在着(und so seiend)!

真理就是认识的可能性的基础,而非其结果。所以:entitas rei:veritas, cognitio[实事的实在性:真理,认识]。

从而,为三种真理定义赢得了基础。

一、任何存在者,作为存在者,都是真实的,被揭示了的,完全可通达的。真实—存在(Wahr-sein),现实—存在(Wirklich-sein),存在者—存在(Seiendes-sein)。Veritas[真理]——secundum id quod praecedit rationem veritatis[以先于真理之理由的事物为根据],真理之可能性的必要条件。

与此相对,参比条目1。

(a)qua mensurata ab intellectu divino[这些事物要靠神圣的理

智来衡量] = creata[受造物]。这就是实事之真理的首要理由;①

(b) inquantum nata est de se formare veram aestimationem[就关于它本身向来都形成了真实评价而言]。

二、Secundum id quod rationem veri perficit[以成全真实之理由之物为根据];perfectio[完满], certitudo[确定], essentia[本质]。[在]完整意义上限定了什么从属于真理。不只是必要条件,而且是充分条件。Rectitudo sola mente perceptibilis[只有心才能感知的正确]。思想满足、所言(dictum)符合已然照面的存在者(id quod est)。secundum adaequationem quandam dicitur:rectitudo[以某种符合为根据,说的就是:正确]。这种满足于对象的前提是,这个对象本身已然完全能够符合(correspondieren)、满意(ansprechen)。这种rectitudo[正确]是两种意义上的adaequatio[符合]。在此,传统存在者自然失效了;替代方式是诉诸上帝来作出澄清,参附件《存在与时间》,康德。Adaequatio rei et intellectus[实事与理智的符合]——Adaequatio intellectus ad rem[理智符合实事]。

三、Veritas qua ostenditur id quod est[真理由以表明存在者]。

真实:不是必要条件,也不是充分条件,形式上的真实性,而是:一条原理,它满足两个条件,这样的原理,方才有资格可以看到,存在者如何存在;enuntiatio[主张]。传达给他者的见解,并未经验到所谈论的对象本身,也未对其作出检验。传达给他者的见解,通过真实的原理,包含一种关于存在者的解说(Aufschluß)。

除此三个定义之成果,同时显而易见的是:verum dicitur de pluribus; res, adaequatio I; intellectus; rectitudo[所谓真实,涉及很

---

①参《论真理》,"问题一","回应2",前揭书,页8。

多事物；实事，符合 I；理智；正确]。因此，问题是：in quo prius, in quo posterius[何种真实是主要的，何种真实是次要的]，关于何者的陈述是原初的，关于何者的陈述是派生的？

因此，条目 2.：utrum veritas principalius inveniatur in intellectu (in anima) quam in rebus. Videtur quod non: Verum convertitur cum ente. Ens principalius extra animam. Ergo et verum[在理智中（灵魂中）发现的真理，是否要比在实事中发现的真理更为根本。似乎并非如此。真实可用存在者来替换。外在于灵魂的存在者更为根本。因此，也是真实的存在者]。

真实存在之间的基础关联：完全本真的就是 intellectus[理智]；非本真的 res[实事]与其对立面是双重的——首先，qua creata[受造物]，其次，qua mensurans[衡量者]。②

但是，contra[反题]！一、Philosophus dicit in sexto Metaphysicae: non est verum et falsum nisi in mente[哲人在《形而上学》卷六中说：除非心中的事物，是无所谓真假的]。οὐ γάρ ἐστι τὸ ψεῦδος καὶ τὸ ἀληθὲς ἐν τοῖς πράγμασιν... ἀλλ᾽ ἐν διανοίᾳ[在事物中的确没有真假……而是在思想中（才有真假）]。③

二、veritas[真理] = adaequatio[符合]。Haec non potest esse nisi in intellectu. Ergo nec veritas nisi in intellectu[这种（符合）不可能存在，除非在理智之中。因此，真理无非就存在于理智之中]。

难题：Verum[真实]——dictum commune；de intellectu, de re

---

② 参条目 4，原初的——派生的/内在于本真之物的原初和派生——未反思的或非本真的。

③《形而上学》(*Metaphysik* E 4, 1027 b 25 sqq. 2)。

[被认为是普遍的;关涉理智,也关涉实事]。什么是本真的,什么是非本真的——什么事物从来都独具真实性？Id quod per prius recipit praedicationem. Non causa aliorum, sed id quo prima ratio illius communis completa invenitur[首要获得陈述的事物。不是其他事物的原因,而被发现完全是那种普遍之物的首要理由];在此,dictum[所言]之完整含义,本真地得到满足。④ Sanum[健康]—— per prius de animali, posterius de medicina (sana ut effectiva sanitatis)[首要涉及动物,次要涉及医学(健康的医学导致健康之结果)]。Verum per prius de illo in quo perfecta ratio veritatis[真实首要涉及那种事物,真理的完整理由就在其中]。Res[实事]还只是必要条件。

Ratio formalis[形式理由],却是 adaequatio rei et intellectus[实事与理智的符合],从 cognitio[认识]出发可以看到,这是 effectus veritatis[真理的结果]。因此,尽管有先验确定的认识,而现实性却只"存在"(ist)于现实的认识,即 cognitio⑤[认识]之中。

Perfectio[完满]——motus intelligendi; motus*[理解者之运

---

④"问题一,条目2,回应"。

⑤此处读法存疑。

*[中译按]此处两个 motus[运动],疑为 modus[样式]之误。因为,《论真理》"问题一,条目5,回应"中说:In intellectu enim nostro non diversificatur veritas nisi dupliciter: uno modo propter diversitatem cognitorum, de quibus diversas cognitiones habet quas diversae veritates in anima consequuntur; alio modo ex diverso modo intelligendi[因为,在我们的理智中,真理并无分野,除了具有两种样式:一种样式出于所知之分野,理智对此有不同认识,进而有了不同真理;另一种样式出于理解者有不同方式]。

动;运动]。

Virtus cognitiva: terminatur ad animam[认知德性:以灵魂为限]。认识行动:领会,原初地:让照面(Begegnenlassen)(现象学意义上的! 与此相对,在哲学中,未澄清,譬如,从原因角度:事物对知性的影响)。

(二)存在论的基本难题:人的认识的存在方式

所知 in cognoscente per modum cognoscendi[通过应有的认识之方式而在于认识者],以存在者的存在方式为根据,也以认识者本身为根据。难题! 这个原理,当然并未解决难题,而只是一条 modus cognoscendi[应有的认识之方式]的形式化公理。intellectus humanus[人的理智]的存在方式,homo[人],res cogitans[思维之物],恰恰是存在论的基本难题。

Virtus appetitiva terminatur ad res. Res movit intellectum, res intellecta movet appetitum[欲求能力以实事为限]。所以,构成一个环:Appetitus ducit ad hoc quod perveniat ad rem, a qua motus incipit[欲求之导向,乃或可达于实事,运动始于此实事]。

照面之物,从远方[作为]一个存在者被认识的某物。若我想拥有它,就追求它:组织手段和方式,如此已抵达实事。⑥

因此,bonum in rebus, verum in mente[善在于实事,真实在于心灵]。Res[实事]仅仅是 vera[真实的],secundum quod adaequata intellectui[根据是它符合理智],所以,per posterius in re, per prius in intellectu[(真实)其次在于实事,首先在于理智]。

------

⑥参见本书"附录:补充19"。

但是,res[实事]与 intellectus[理智]的有不同的关系,全在于:有 intellectus practicus[实践理智]或 speculativus[思辨理智]之分。

Intellectus practicus causat res[实践理智引起了实事],实践理智是 mensurans[衡量者]。有所为的标准,以此为根据来衡量。Res[实事]是 mensurata[被衡量者]。

Intellectus speculativus accipit res[思辨理智接受实事],实事是 mensurans[衡量者]。Res naturales mensurant intellectum nostrum, sed sunt mensuratae ab intellectu divino, in quo sunt omnia creata, sicut omnia artificiata in intellectu artificis. Intellectus divinus: mensurans, non mensuratus; res naturalis: mensurans et mensurata; intellectus humanus: mensurans, non mensurans quidem res naturales, sed artificiales tantum[自然实事,衡量我们的理智,却受神圣理智衡量,所有受造物有赖于神圣理智,正如所有人造物有赖于匠人的理智。神圣理智:衡量者,而非被衡量者;自然实事:衡量者和被衡量者;人的理智:被衡量者,但非自然实事的衡量者,而是人造物的衡量者]。

Res naturalis: Inter duos intellectus constituta, secundum adaequationem ad utrumque vera dicitur[自然实事:在两种理智之中建构起来,符合任何一种理智,就被认为是真实的],也就是说,在双重意义上是 vera[真实的]:prima ratio veritatis[真理的首要理由],1. implens hoc ad quod est ordinata per intellectum divinum[意指受神圣理智支配的事物];secunda ratio veritatis[真理的次要理由],2. nata de se formare veram aestimationem[关于它本身向来都形成了真实评价]。

Per prius inest rei quam secunda[（真理）首先而非其次才内在于实事]，即使 intellectus humanus non esset[不存在人的理智]，事物也是真实的——in ordine ad intellectum divinum. Sed si uterque intellectus intelligeretur auferri, quod est impossibile, nullo modo veritatis ratio remaneret[受制于神圣理智。但设若缺失了任一种理智，尽管这是不可能的，真理的理由就不会以任何方式留存]；也就是说，真实性，只有在上帝存在的情况下，方才可能。存在和真实性在于上帝。⑦

总结：Omne enim ens est adaequatum intellectui divino, et potens sibi adaequare intellectum humanum, et e converso[因为，每一个存在者，都符合神圣理智，本身都能够符合人的理智，反之亦然]。

Convenire per praedicationem[通过陈述而一致]：

I. Verum prout dicitur de re, per posterius de re sibi adaequata[论及实事的真实，其次才论及实事与理智本身的符合]；这意味将其作为存在者，也已然作为存在来理解；从属于真实的是已表达性（Ausgesagtheit）。

II. Verum prout dicitur de intellectu, per prius verum dicitur[论及理智的真实，被称为首要的真实]；任何意指（Meinen）都意

---

⑦在何处 ratio formalis veritatis[真理的形式理由]是实在的：in intellectu [在理智之中]。当然，在此已然遮蔽了原初意义上的真实性，正如在希腊人那里，也几乎没有明确看到这一点。尽管在存在论上有了正确的萌芽（存在者必须完全展露，在认识中方可领会），对可领会之物与领会的关系，按照真实而非意向性的一致关系作了思考。

指存在者,但意向(das intentionale)并不清楚,1. 完全不清楚,2. 未从存在论上得到澄清。conversio per convenientiam[因契合而相互转换]。

III. Cuilibet intellectui oportet quod respondeat ens aliquod[任何理智必然对某个存在者作出回应];cuilibet enti oportet quod respondeat intellectus aliquis[任何存在者必然对某个理智者作出回应]。

conversio[相互转换]是困难的! 1. 因为,涉及确定的存在者,且在形式上并不具有普遍性。2. 因为,verum[真实]为此仍然是 intellectus[理智]的原初规定性。因此,conversio entis cum intellectu[存在者与理智相互转换]! 难道这并非意味着:任何存在者都是 intellectus[理智],而任何理智都是一个存在者? 否! 因为,verum[真实]≠intellectus[理智],而在于 intellectu[理智]! 然而,如何? 这 conversio[相互转换]究竟如何? 虽然:哪里有存在(Wo Sein),哪里就必然有理解,也就是说,有展露(Erschließen),有揭示;哪里有揭示,有理解,哪里就有存在。哪里有存在,哪里也有存在者,并且反之亦然吗?

这个 verum[真实]是一种 transcendentale per convenientiam ad animam;intellectus divinus[与灵魂契合的先验的真实;神圣理智]。因此,更进一步的解释(参条目2),必然涉及这种存在者,in ordine ad...[受制于……]。这个存在者就是上帝,intellectus divinus[神圣理智],secundum cuius conformitatem omnia vera dicuntur[以其相符为根据,所有事物被认为是真实的]。⑧

---

⑧ "条目4对相反难题的回应1"。

其余的存在者 transcendentale per se［本身是先验之物］，同时也是 absolute［绝对之物］。形式上的存在特质（Formale Seinscharaktere），还有质料定向（materiale Orientierung），以及并非随便什么。这一点在此［有］其根据：因为，所有外在于上帝的存在者，都是受造物，omne ens est creatum［任何存在者都是受造物］。这是由 verum［真实］和［善］派生的基础。上帝，若不在存在者层次上（ontisch），那么，在同一视界之内，仍然处在存在论层次上（ontologisch），因为，上帝是 ens increatum［非受造的存在者］。

（三）第一哲学作为神学

所有存在者与上帝的这种关系，在存在者层次上是普遍的（universal），如果存在＝受造之在或非受造之在，也就是说，ens creatum［受造的存在者］，ens increatum［非受造的存在者］。先验演绎（Die Deduktion der Transzendentalien），只有以存在者层次上独断的上帝之前提方才可能。此前提先于先验演绎：1. 自明；2. 未澄清 ens［存在者］；3. 一次也未就此提出问题，比较 ens a, per, in［se］［出于，由于，在于（自身）的存在者］。

所以，πρώτη φιλοσοφία［第一哲学］本身就是 θεολογία［神学］。对于亚里士多德而言的一个难题，在此是一则信条（Dogma）。这个难题，亚里士多德终究自陷其中，而未能将其作为难题来看待，但毫无疑问，它是一个中心问题。

一、若不考虑（Ansatz）某一存在者，是否可能按其含义，按其结构可能性，来解释和领会存在？

二、如果不能，为什么不能？

三、如果考虑某一存在者是必要的，这是何种考虑，这种考虑如何实施？这种考虑何时才能完全满足问题提法之含义？

Res cogitans[思维之物]；笛卡尔，康德，黑格尔。笛卡尔的 res cogitans[思维之物]，clara et distincta perceptio[明白而又清楚的感知]，仍然要诉诸上帝。托马斯。

托马斯、亚里士多德与笛卡尔、康德之间的存在论抉择。不是非此即彼，也不是不仅而且，而是先于两者，最初有一个非批判的问题性之维度。

首先要看，由表面上一般的对 verum[真实]的存在论考虑出发，对 veritas[真理]的解释，如何退回到对 veritas primo et proprie dicta, Deus[首要并且真正所谓真理，上帝]的讨论。

[并不是要叙述关于中世纪之虔信的长久历史]⑨，而是出于难题本身的特性，与神学扭结在一起。veritas in intellectu divino[真理在于神圣理智]，也就是说，整全意义上的(überhaupt) intellectus[理智]。

对真理的进一步解释是双重的：1. 认识论(Erkenntnislehre)；2. 上帝论(Gotteslehre)。⑩ 上帝论，存在论意图的上帝存在的证明，自然，世界。认识论，人类学；de voluntate[论意志]，passiones animae[灵魂的激情]，bonum[善]，beatitudo[至福]。

偏离了古希腊—亚里士多德的真理解释，是何种偏离，在亚里士多德那里已有勾画。

---

⑨海德格尔删除的句子部分。

⑩参"问题十：论心灵"，"问题十五：论高级和低级理性"，"问题二十五：论感性"。

(四)适合(adaequatio[符合])作为真理的基础

命题:veritas est in intellectu componente et dividente[真理在于从事综合与划分的理智]。反题:Formare quidditates rerum[建构实事的实质]。⑪

Ratio veritatis[真理之理由]:adaequatio[符合],适合(Angleichung),在 cognitio[认识]中得以实现。Terminus intellectus[理智的界限],通过理智所理解之物,所认识之物(以及认识本身)!

那么,通过 intellectus[理智],采取了何种方式,因为,理智是双重的。按照真理之理念,又有不同。

adaequatio[符合]意指什么? adaequatio[符合]就是某物适合某物。只就含义而言,并不是同一性(Selbigkeit),idem non adaequatur sibi ipsi[同一个事物并不与其自身相符合]。Aequalitas diversorum est[相等在于不同事物之间]。Res[实事]和 intellectus[理智]必定不同,要认识的存在者和已认识之物、认识内容,也必定不同。靠 apprehensio[简单领会]构建不出 entitatem[实在性](intellectus formans quidditatem[理智建构实质])。Non habet nisi similitudinem rei existentis extra animam[(理智)只与外在于灵魂的实在之事具有相似性],只是对 species[种]的简单在此拥有(Dahaben)。只当 intellectus incipit aliquid proprium habere quod res extra animam non habet[理智开始把握住了固有的某物(时),后者并不拥有外在于灵魂的实事],但 sed aliquid ei correspondens[某物却与其相符]。Aliquid aliud proprium quod possit rei adaequari[另

---

⑪ "问题一,条目 3"。

一个固有的某物，有可能符合实事]，这时候只有 proprie veritas[真正意义上的真理]。此间有 adaequatio[符合]。但此 proprium[固有的事物]，为 intellectus humanus qua res generabilis[人的理智]所有；ex debilitate hominis intellectualis[出于人的理智的缺陷]。

Verum incipit, quando incipit iudicare de re apprehensa[真的开端，始于对所领会之实事作出判断]。Iudicium aliquid proprium intellectus[判断是理智所固有的某物]。Iudicat, quando dicit quod aliquid est vel non est[判断，是当说它是或不是某物]——est 是系动词。陈述：某物如何如何，也就是说，将某物作为某物而谈及。

某物如何如何——intellectus componens[综合理智]，σύνθεσις[综合]。某物不是什么——intellectus dividens[划分理智]，διαίρεσις[划分]。这种划分，并不在存在者本身当中，而只现存于认识之中。"板不是红的。"板上既没有"不"，有没有"红"，所说的这两者，在关于这个存在者的陈述被论及。Adaequatio[符合]本身同时意味着现存（bestehend）。没有反思。具有"板是黑的"这一陈述的板，同样少有存在方式（Seinart）和仍然与其相一致的陈述之外观（Aussehen）。因此，这里的适合（Angleichung），也就存在于其结构和不同现象的存在方式。板（ens[存在者]）——陈述——compositio[综合]——divisio[划分]。因此，veritas[真理]per prius[首先]in intellectu componente et dividente[存在于综合和划分理智之中]。⑫

---

⑫参见本书"附录：补充20"。

Cognoscere praedictum conformitatis habitudinem nihil est aliud, quam indicare rem ita esse in re vel non esse［认识所述之事的相符之状况，无非是指出，实事实际是或不是如此］。⑬

真实的乃是陈述，enuntiatio［主张］，并且，res［实事］只是 per ordinem ad intellectum［由理智支配的实事］。res［实事］是真实的，也就是说，它确实如此，就像陈述所说的那样。

附带批判：典型的经院哲学思维方式。托马斯以 adaequatio ［符合］这个概念词（Wortbegriff）为方向，从形式上阐明了其意涵，进而区分了何种现象之间的何种关联满足此概念。

然而，着眼于存在者与认识的关系，adaequatio［符合］究竟意指什么，它是否适合于表明这种关联，并未得到探究。Cognitum est in cognoscente per modum cognoscentis［所知在于有其认识方式的认识者］。但 res cogitans［思维之物］的存在，却根本未得到探究，更确切地说，根本未以与已认识之物同样的方式得到理解。

尤有甚者，这种思考，仍然以传统的对原理和意见的模糊接受为根据，尽管如此敏锐，其步骤也抹上了亚里士多德色彩，但还是退回到了古代哲学之后。

对真理的原初位置的追问和回答，表明了一个次序：

1. proprie et primo in intellectu divino［真正且首要（的真理）在于神圣理智］。

2. proprie et secundario in intellectu humano［真正且次要（的真理）在于人的理智］。

3. improprie et a quo［非真正且片面（的真理）］永远 in rebus

---

⑬引自 Περὶ ἑρμηνείας［《解释篇》］。指示托马斯的《解释篇》义疏？

［在于实事］；improprie［非真正］，因为，（真理）完全 in intellectu［在于理智］；secundario［次要］，因为，respectus ad alterutra duarum veritatum［着眼于与两种真理中的任何一种之关系］。

（a）In comparatione ad intellectum humanum［有赖于人的理智］= accidentalis［偶然的］；即使没有人的理智，存在者的事物仍然保持其所是。

（b）In comparatione ad intellectum divinum［有赖于神圣理智］，veritas eis inseparabiliter communicatur［真理不可分割地为其所分有］；Non enim subsistere possint, nisi per intellectum divinum eas in esse producentem［因为，它们的确不可能持存，除非神圣理智让它们存在］；causa essendi［应当存在者的原因］。

也就是说，存在论真理之首义，adaequatio［符合］，表明本身与 creatum esse［受造的存在］同义，现成之在出于上帝的设想（Gedachtwerden）。

条目4. 那么，如果这是 proprie et primo［真正且首要］所理解的 veritas［真理］，则 omnia vera［所有真实之物］都 una veritate［依赖于一个真理］，intellectus humanus［人的理智］，就其完全是人的理智而言，也同样如此。

但如果所有事物之真实，只是由于上帝之真理，上帝是永恒的，那么，所有真理都是永恒的。难题：Utrum praeter primam aliqua alia veritas veritatem sit aeterna［除了首要真理，是否还有其他某种真理也是永恒的］。追问永恒真理。莱布尼茨，黑格尔，谢林，并且在当代由现象学重新展开探讨。

十四、重　复①

真理要联系存在来规定。但存在意指 esse creatum[受造之在]或 increatum[非受造之在]。Verum[真实]因此首先意指：上帝所设想之在(Gedachtsein)和与此相应的现成之在。

此现成之物是真实的＝它的存在方式，如上帝所设想的那样。它是如此存在着的可能对象，并且，也就是说，它是人的认识的尺度。现成之物，受造者，本身总是已然与上帝的认识相适合，也正因为如此，人的认识才能与之相适合，并且才能为真。只有当适合得以实现，也就是说，存在者被认识，并且以某种方式处在认识本身当中，作为适合(Angleichung)的真理，才具有现实性。真理本真地处在认识当中。

但在对象和认识之间必须有差异，适合方才可能。在朴素的感知中，存在者本身只是被接受。认识与被认识者本身是同一的，这就是应按其所是来认识的存在者(das zu erkennende Seiende in seinem Was)。不同在于，认识只是在结合又分离的认识中才涉及存在者。因此，这里才是真理的本真之所在(Sitz)。

所以，真实的是存在者，是认识；人的认识和上帝的认识。这种以不同方式为真的不同事物，具有真理之规定性，只是由于原初且本真为真之物，primo et proprie[首要且真正]为真之物——上帝。上帝是一且永恒，从而也是所有真实之物，是所有由于一个真理而为真之物。

---

①标题由海德格尔所加；"补充22"，并重复了"条目1—4"。

所以,存在者如此,全在于:事物现成,并且作为认识者的人在此(da)。在人的认识已然现实地将关于事物的一种真理据为己有之前,认识已经是真实的,就其作为对存在者的存在规定性而言——认识属于人类。并且,只是就认识作为 creatum[受造者]人的作为而言,就与事物同样是受造的存在的适合是可能的而言。

真实之物只是由于一个真理:上帝,正如由于这个(dieses[?])存在者,只是由于这 ens realissimum[最真实的存在者]。但上帝是永恒的。那么,所有受造的真理也是永恒的,还是只有上帝的真理是永恒的?

什么叫作永恒性,如何证明上帝的永恒性,永恒性如何是完全可以规定的?

存在——认识,判断,陈述——上帝的本质——受造者,自然(人)——真理。

在一个原初真理的永恒性之前:完全意义上的(überhaupt)永恒。②

十五、上帝与恶的原因

在此插入"条目8":Utrum omnis veritas sit a veritate prima[是否每一种真理都与首要真理不同]。① Videtur quod non[似乎并非如此]! 在第 8 项论证中,前述论证得到最为清晰和简明扼要的

---

② 将"条目8"提前,因为,它从属于"条目4"。
① 《论真理》,"问题一","条目8"。

概括。

Verum est quod ita se habet ut videtur. Sed malum aliquod ita se habet ut videtur. Ergo aliquod malum est verum. Sed nullum malum est a Deo. Ergo non omne verum est a Deo[真实之物就是如看上去那样保有自身的事物。可是,邪恶也是某种如看上去那样保有自身的事物。所以,某种邪恶的事物也是真实的。可是,没有邪恶是出于上帝的。所以,并非每一种真实之物都出自上帝]。有一种匮乏,它是存在的。可是,存在之物和真实的事物(convertitur[互换]),出自上帝。所以,上帝是恶的原因。(但这是不可能的;Deus unus, bonus[上帝是一,是善]。)那么,也并非所有所有真理都出自 veritas prima[首要真理]。在此问题之后蕴藏着普遍的存在论难题,尽管出于谬误,我们还是会再一次碰到此难题:否定、匮乏如何"存在"和如何可能存在?

回到命题:如果命题站得住脚,omnis veritas a veritate prima[每一个真理都出自首要真理],那么,malum est verum a Deo[邪恶之物也是出自上帝的真实之物]。难题:否定、匮乏,在何种程度上规定了其各自的真理性和认识性(Erkanntheit)?

属于存在者之真理的规定是:1. per formam suam imitatur artem divini intellectus[以其形式来模仿神圣理智的技艺]。2. Per eandem formam nata est de se facere veram de se aestimationem (apprehensionem) in intellectu humano[以同样的形式,关于它本身,在人的理智中,向来都作出了关于其本身的真实评价(领会)]。

Forma[形式] = essentia[本质], per quam res habet esse[实事由此拥有了其存在]。Veritas rerum existentium[实在之事的真理]本身中(essentia[本质中])包含 entitas[实在性], et superaddit habitudinem（nata est!）adaequationis ad intellectum humanum［并且为人的理智增加了符合之状况（与生俱来!）］。与此相对：negationes, privationes non habent aliquam formam, per quam imitentur exemplar divini artis［否定,匮乏,并不具有某种形式,以此来模仿神圣的技艺之范例］! 罪,死,恶,匮乏,目盲, per quam ingerant（sui notitiam）in intellectu humano［（并不）以此将（对它本身的认知）带入人的理智］。如此,它们同样以某种适合,成为了认识的对象（in einer Angleichung gegenständlich werden für das Erkennen）, ex parte intellectus, qui earum rationes apprehendit［这一点,是出于理智之故,理智领会它们的理由］。

1. lapis verus［石头是真实的］, 2. caecitas vera［目盲是真实的］。真实的、现实的石头——真实的、现实存在的目盲。

1. 之 veritas［真理］:（a）claudit in se entitatem［本身之中包含实在性］,（b）et superaddit habitudinem［并且增加了（符合之）状况］; habet aliquid secundum quod referri potest［具有某物,它能够据以涉及（理智）］; 肯定地由其本身出发,适合。

2. 之 veritas［真理］:（a）non includit in se ipsa caecitas, quae est privatio［本身当中并不包含作为匮乏的目盲］,（b）sed solummodo habitudinem caecitatis ad intellectum［而只有与理智相应的目盲之状况］; habitudo non habet aliquid ex parte ipsius caecitatis in quo sustentetur［此状况并不具有出自目盲本身方面的,可以支持它的某物］,能够以目盲为根据,而是 habitudo［状况］在于肯定现成之物; 这样一来,作为结果,理智查明了匮乏之处。就适合本身而言,在一种查明了 apprehensio［领会］本身当中,并不存在任何否定之物。

Entitas[实在性]和 adaequatio[符合]是真理的本质要素，quod totum a Deo est[全部出自上帝]。真理的本质 = adaequatio[符合]。Bonum cujusque rei in perfecta operatione[每一个实事的善，都在于完满的活动]。活动越完满，就有越多的 bonum[善]，对 malum[恶]的领会也同样如此。Bonum intellectus inquantum hujusmodi in operatione[理智之善以此方式存在于活动之中]，也就是 adaequare[符合]，并且恰如其本身之所是。这个存在者之所是，并不涉及作为 adaequatio[符合]的 adaequatio[符合]。从而，对异议的解答②：Quamvis malum non sit a Deo, tamen hoc quod malum iudicatur tale quale est (bonum est), est a Deo; unde veritas, qua verum est malum esse, est a Deo[尽管恶并非出自上帝，但恶被判定为如此这般（这是善），却是出自上帝；因此，有恶真实存在的真理，的确出自上帝]。与此同时，veritas defectuum a Deo, quamvis ipsi defectus a Deo non sint[缺陷之真理出自上帝，尽管缺陷本身并非出自上帝]。

Una veritas[一个真理]，omnium[属于所有真理]，也属于 veritates negationum[否定之真理]，因为，尽管使其成为可能的是上帝，但它不是邪恶之物本身，而只是对邪恶之物的认识，并且，只要认识是真实的，它就是一种 bonum[善]。像这样的善，当然 causatum a Deo[源自上帝]。

除首要真理，还有其他受造的真理，也以某种方式是永恒的。只要它认识存在者，只要存在者存在，它就被认为具有永恒性，也就是说，是真实的。

---

② "解答 8"。

存在者如此千差万别,但真理只有一条,因为,上帝无法用复多性来测度;一个现成之物就处在真理当中;首先只有统一的真理,通过时间(Zeit)才有了不同的真理。上帝无法以时间来测度。不是有限的时间,上帝的尺度只是永恒。这一点当如何理解?

Veritas in rebus mensuratur ab intellectu divino[实事之中的真理,由神圣理智来衡量]。Res mensuratam mensurant intellectum humanum[实事衡量人的理智]。所以:veritas enuntiationis a veritate prima denominatur[主张的真理之名,也出自首要真理]。Commensuratio intellectus et rei[理智与实事同量]。Non requiritur quod utrumque extremorum sit in actu[并不要求两端之任何一端实际存在]。如此,prima veritas Deus (aeterna)[(永恒的)首要真理就是上帝],这是自明的,然而,首要真理之外的真理是否也是自明的? Videtur quod non[看来并非如此]:也就是说,看起来,就如同陈述之真理也好像是永恒的。原理:Omne illud, cujus esse sequitur ad destructionem sui esse, est aeternum... Ad destructionem veritatis sequitur veritatem esse; quia sic veritas non est, veritatem non esse, non est verum, et nihil potest esse verum nisi veritate. Ergo veritas est aeterna[任何事物,其存在是其存在毁灭之后果,它就是永恒的……真理毁灭之后果就是真理存在,因为,如果真理不存在,不存在真理就不是真的,并且,若无真理,什么都不可能存在。因此,真理是永恒的]。③

解答:这只是由于, veritas est in intellectu, quae est aeterna et

---

③参"解答3和5"。

oportet ubique quod sit in intellectu aeterno［真理存在于理智之中，这是永恒的真理，并且，这一点必定存在于永恒的理智之中］。④

Antichristus nascetur［敌基督将会降世］。Res non est ipsa in intellectu tantum［这个实事本身尚未存在于理智之中］，它也是真的。所以，intellectus divinus adaequari potuit ab aeterno his quae ab aeterno non fuerunt, sed in tempore sunt factae. Et sic ea quae sunt in tempore, denominare possunt vera ab aeterno a veritate aeterna［因此，神圣理智能够永恒地符合并非出自永恒，而是受造于时间之中的这些事物。这样，那些存在于时间之中的事物，能够根据永恒的真理，被说成是出于永恒是真实的］。

如果我们认为 veritas［真理］rebus inhaerens［为实事所固有］，那么，non ab aeterno［它就并非出于永恒］。然而，veritas aeterna［永恒真理］，就其方式而言，可能只有一个（una）。与此相对，in intellectu humano diversae veritates［在人的理智中有各种真理］，而这一点有两个原因：1. propter diversitatem cognitorum［因为，认识是多样的］，也就是说，diversae conceptiones［多种观念］相应于 diversae veritates［多种真理］；2. ex diverso modo intelligendi［出于理解的方式不同］。Cursus Socratis, res una, sed anima componendo et dividendo conintelligit tempus, diversimode intelligit cursum ut praesentem, futurum, praeteritum［苏格拉底的生涯，是一件实事，但灵魂通过综合与划分来理解时间，如《论灵魂》卷三中所言，以不同方式可以将此生涯理解为现在、将来和过去。］相应地，就会

---

④ "解答 2"。

有 diversae veritates[不同的真理]。Neuter horum modorum diversitatis est in divina cognitione[在神圣的认识中,任何一种这样的不同方式都不存在]。

Ad[回应](1) Non de diversis rebus diversas cognitiones, sed una cognitione cognoscit omnia[(祂)并非对不同实事有不同认识,而是以一种认识认识了一切],因为,cognoscit per unum essentiam suam[(祂)通过一、自己本质认识(一切)]。

Ad[回应](2) Non concernit aliquod tempus, denn aeternitate mensuretur[(祂的认识)并不混入时间]。Aeternitas[永恒]却是 abstrahit ab omni tempore, omne tempus continens[从所有时间中抽象出来的,它包括了所有时间]。因此,Ab aeterno non plures veritates, sed una tantum[从永恒出发,不会有多种真理,而之后唯一一种真理]。

十六、永恒与时间

(一)规定永恒之本质的途径:永恒高于时间,超越时间①

Sicut in cognitionem simplicium oportet nos venire per composita, ita in cognitionem aeternitatis oportet nos venire per tempus[正如简单的认识,我们必须通过综合来达成,对永恒的认识,我们必须

---

① 标题为海德格尔所加。旁边写着:存在与"时间"。

通过时间来达成]。从时间的本质中,可以读出(ablesen)永恒。②

在回答"什么是时间?"这个问题时,托马斯不顾及对神学动机稍有偏离,从根本上遵循亚里士多德关于时间的彻底研究——《物理学》卷 A 章 10—14。值得注意的是,奥古斯丁《忏悔录》卷 11(*Confessiones* lib. XI)中的时间分析,在中世纪,尤其在 13 世纪,众所周知,但人们却往往避而不谈。对永恒的思辨,在 13 世纪表现为一个持久的主题,从根本上以亚里士多德为导向,并且首先以亚略巴古的狄奥尼修斯(Dionysius Areopagita)的新柏拉图主义、《论原因》(*liber de causis*)*和波埃修(Boethius)为导向。托马斯采纳了后者的定义[……]**。托马斯的时间理解(Zeitauffassung),在近代根本上是由托马斯主义者苏阿雷兹所规定的。康德和黑格尔,毋庸置疑持有和亚里士多德一样的时间定义。所有对时间之本质的迫切追问的特征是:将时间与灵魂、精神、意识、

---

② 参见本书"附录:补充 20"。

* [中译按]《论原因》(*Liber de causis*)这部作品,最初流行于中世纪的伊斯兰世界,后由莫尔贝克(Guillemo de Moerbeke de Brabantia)连同普罗克洛斯(Proclus)的作品一道译成了拉丁文,托马斯·阿奎那对其作了注疏。中世纪以降,《论原因》常被归于亚里士多德,但这部作品不见于传世的亚里士多德著作,也不见于第欧根尼《名哲言行录》中的亚里士多德著作目录。"托马斯·阿奎那亚里士多德注疏集"(Marietti Publications, Turin/Rome, 1964)的主要编者斯比亚奇教授(P. Fr. Raymundi M. Spiazzi, O. P. , 1918—2002),在其校勘的《〈尼各马科伦理学〉十卷注疏》(Sancti Thomae Aquinatis, Doctoris Angelici, *In Decem Libros Ethicorum Aristotelis ad Nicomachum Expositio*)"编者前言"(Introductio Editoris)中认为,《论原因》是普罗克洛斯的作品(页 VIII)。

** 此处速记无法识读。

主体结合在一起,尽管理由各异。

亚里士多德:ἀδύνατον εἶναι χρόνον ψυχῆς μὴ οὔσης[时间不可能不从属于灵魂]。③

奥古斯丁:inde mihi visum est, nihil esse aliud tempus quam distentionem[因此,在我看来,时间无非就是绵延](绵延性[Auseinandergezogenheit]):sed cujus rei, nescio, et mirum, si non ipsius animi[可这绵延属于什么实事,我不知道,但如果它不属于灵魂本身,那就怪了]。④

康德:直观形式,自我激动(selbstaffektion)。黑格尔:与作为否定之否定的精神的本质是一回事(亚里士多德)。

Tempus nihil aliud est quam numerus motus secundum prius et posterius[时间无非就是按照先后对运动的计数]。⑤ 这是按字面翻译了亚里士多德的定义:τοῦτο γάρ ἐστιν ὁ χρόνος, ἀριθμός κινήσεως κατὰ τὸ πρότερον καὶ ὕστερον[这的确就是时间,是按先后对运动的计数]。⑥ 时间就是着眼于先后对运动的计数。因此,时间现象关联着数、计数、度量、计算;运动;次序。但时间既不是数,也不是运动,也不是次序。

时间毋宁就是以数来计数和追究照面的当前之物。这个定义从根本上丝毫未述及时间之为时间本身,而是指明,时间首先并且多半(zunächst und zumeist)可通达。时间被规定为,以确定

---

③《物理学》(Physik Δ 14,223 a 25 −28)。
④《忏悔录》(Lib. XI cap. 26, Migne P. L. 32 p 822 b)。
⑤《神学大全》(I qu. 10 art. 1 c)。
⑥《物理学》(Physik Δ 11, 219 b 1)。

地形成的(gearteten)通达道路和与存在者的交往显明自身之物。若注意到这一点,那么,亚里士多德对时间的规定,乍看好像并无特殊之处,却非常直截了当,也着眼于对时间的日常考虑,着眼于以时间来计算和估算时间来作为。亚里士多德看到了这条显而易见的道路,不利用它来分析时间,这显明了他的伟大。

何处有人的此在生存(Wo menschliches Dasein existiert),何处就要以时间来计算。时间,虽已有理解,但如何从神话学上,完全从理论上[?],对其作出说明,目前并不重要。本质上:人知道时间这种事物,并且用时间来计算,利用时间和利用一件上手之物,靠一件用具,用具的设置,以与时间交往,以用时间来计算为根据。这种估算时间、度量时间的用具:钟表。钟表最简单的形式:日晷。如何钟表,如今仍然是日晷,尽管并不直接与太阳关联。随太阳运动的是指针的阴影。

追究这种运动之物,我们发现它是当下(jetzt hier),当下。我们追究位置的一种顺序,运动着的阴影依次占据了这些位置。依次就是有一种先后。可是,时间何在?我们看到的是被动的阴影和一系列点。为了看到时间,定义要求:我们计数,也就是说,累计相加!

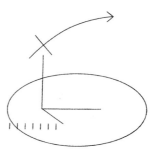

然后是什么?当下,当下,位置数目(Stellenanzahl)。是又不是(Ja und nein)。我们究竟在数什么,只是点吗?非也!我们所数之物,会变得清楚,如果我们关注我们的说法,如果我们说出我们的意思:现在,现在。用每一个点,我们说的都是:现在。每一个现在,在计数中同时被意指和计算在内。在计数中数到的,就是现在——间接地经过了由阴影所占据的位置的顺序。

只要数,点就在表上。不是一张薄片,而是一个刻度盘;从一个起点开始数,阴影总是不断返回到此起点。在圆环的每一个点上,都有一个数字。在阴影经过的每一个地方,我们能读到一个多少,也就是说,从太阳升起,经过了多少现在。几点＝多少时间。所作出的计数,就是现在。

因为,如此一来,时间就是通过计数来追踪一次运动所获之计数,所计之数,现在的多少,也才有可能就是度量运动的尺度,也就是度量运动所穿越之一段距离的尺度。如此所显明的,就是现在,所以,所有更进一步的时间分析,都专注于现在之现象和与现在一道被给予之现象。

着眼于现在,并且通过解说现在,时间的本质得到阐明(exponiert)。托马斯从根本上重复了亚里士多德的论题,却为原初地理解亚里士多德时间分析的现实进程(wirklichen Gang)。对于我们而言,只需要作出如此程度的观察:看得见托马斯由以获得永恒概念的基础。我们给出主要论题,而非亚里士多德的原理。

Id quod distinguit prius et posterius temporis, est ipsum nunc, quod est terminus praeteriti et principium futuri. Quod est maxime notum in tempore, nunc est. Nunc semper est idem quodammodo et quodammodo non, ... nunc est idem et est alterum. Nam hoc est esse ipsi nunc, id est secundum hoc accipitur ratio ipsum, ut consideratur in decursu temporis et motus[区分时间之先后的,就是现在,它是过去的终点,也是将来的起点。对于时间,知道最多的,就是现在。现在,以某种方式,总是一样的,以某种方式,又总是不一样……现在一样又不一样。因为,这就是现在本身的存在,也就

是说，根据它才获得了存在本身之理解，正如对时间和运动的进程所作的思考那样]。⑦ "流动"(Fluxus)。

Sed inquantum ipsum nunc est quoddam ens, sic est idem subjecto. Idem subjecto et aliud ratione. Si non sit tempus, non erit nunc, et si non erit nunc, non erit tempus. Tempus est continuum ipsi nunc, continuatur per ipsum et dividetur per ipsum. Nunc non est pars temporis, sicut etiam nec puncta sunt partes lineae. [但是，就现在本身是某种存在者而言，就主词而言是同一的。就主词而言是同一的，就理由而言又不同。如果没有时间，就没有现在，如果没有现在，也就没有时间。时间就是现在本身的持续，通过现在来持续，又通过现在来划分。现在不是时间的部分，正如点不是线的部分。]

Ipsum nunc, secundum quod est terminus quidam, non est tempus, sed accidit ipsi. Sed secundum quod tempus numerat alia, sic etiam nunc est numerus aliorum quam temporis. Nunc mensurat durationem. [现在本身，就其是某个界限而言，它不是时间，而是发生于时间之中。但就时间据其计数其他事物而言，现在却是其他事物而非时间的数。现在度量持续间期。]

现在，在任何现在中，都在当前(Jetzt ist in jedem Jetzt jetzt)，在任何现在中，却又是另一个现在。同一性(Selbigkeit)和不断变化。现在在 defluxus[流逝]中，却又不断"在此"(da);nunc fluens

---

⑦圣托马斯·阿奎那，《亚里士多德〈物理学〉八卷义疏》(*S. Thomae Aquinatis in octo libros Physicorum Aristotelis expositio*. Lib. IV, lect. 18, nn. 585, 597)。

[流动着的现在]。时间作为运动,mobile[可动者],motus[运动]。⑧

但解释(Interpretation)本身借助运动,并且用运动来解释时间,也就是说,时间被作为所计之数,归于一项优先考虑的运动,归于了太阳的运动,更准确地说,归于了最外部的天穹的运动,如果我们认可前开普勒的(vorkopernikanische)观察方式。即使按开普勒的方式来思考,也并无根本不同。阴影,唯独出自太阳;天。靠阴影,发现了时间,也就是,靠太阳,靠天。天就是时间。柏拉图和所有神话,都是按此方式的前科学思维。托马斯仍受其影响。

亚里士多德,尽管 χρόνος[时间]不是 κίνησις[运动],却是 κινήσεώς τι[属于运动的某物],从存在者层次上(ontisch)!然而,如运动,要从存在论上来理解。也许,运动属于时间,很有可能,时间完全就是原初的运动。

现在—流(Jetzt-Fluß)是某种现成之物,在此意义上,也是从存在论上来观察,subjectum idem, rationes diversae[主题同一,根据不同]。

亚里士多德错失了(mißt)时间,首重天的(des ersten Himmels)运动,天球的旋转,它日日周而复始,从而,以日与夜为界限,都有一个明显的开端和结尾。在时间中,只有与天的运动相关联的事物,这是它的存在方式,也就是开普勒的方式。所以,托马斯教导说,灵魂之物,也只当存在于时间之中时,才与身体结合在一

---

⑧也就是说,所计之数依赖于运动——从现象上考虑。

起。本真的灵魂现象,譬如快乐,并且首先是纯粹的认识活动,同样还有意志活动,都不存在于时间之中。这些内容,要说它们处在时间之中,只当涉及 phantasmata[幻象]使才如此,从幻象方面讲,它们依赖于知觉,也就是生理学上的身体状况。

与此相对,亚里士多德的教导恰恰是:灵魂之物存在于时间之中,甚至时间本身完全不能没有 ψυχή[灵魂]。但是,人们很容易看懂,托马斯作为神学家是如何整治哲学的,这是他需要的哲学。精神性的灵魂,必定首先是为其本身之故,并且能够永恒存在,说得更远,上帝本身,及其作为,也都是如此。

认识,意志,爱,不可能存在于时间之中。但从另一方面讲,永恒,完全是通过简化(reduktiv),per viam remotionis[通过排除方式],从时间中规定出来的。

参比 enuntiatio[主张]——attribuere[归属]/removere[排除]——componere[综合]/dividere[划分]。⑨

(二)界定永恒与时间

对永恒与时间的最清楚的界定,可以在《神学大全》第一部分"问题十,条目 4"中看到:Utrum aeternitas differat a tempore[永恒是否不同于时间]。

(1)Videtur quod aeternitas non sit aliud a tempore[似乎永恒并非不同于时间]。就是说,度量时间持续,不可能共存两个尺度,

---

⑨康德持有一种中间立场;时间与感官性(Sinnlichkeit)相关。与此相对,我的我之相关性(das Ich-verbinde des Ich),主体的原初和本真的研究,都不处在时间之中。

因为,若如此,一个尺度就是另一个尺度的存在。两天或两小时共存,这是不可能的,但一天和一小时共存,完全可以,quia hora pars diei[小时是天的部分]。⑩ 永恒与时间却可以共存,两者都是时间持续的尺度。因为,永恒不可能是时间的部分,quia excedit tempus, deshalb tempus pars aeternitatis et non aliud ab aeternitate[因为,它超越时间,所以,时间是永恒的部分,并且并非不同于永恒]。

(2) Nunc temporis[时间中的现在]永远在当前,它是时间中的主题(Subjektum)。但永远(Immer)构成永恒=本身不可分割地表现于时间的全部进程。所以,aeternitas[永恒]=nunc temporis[时间中的现在],但后者 secundum substantiam[就实质而言],无非就是时间。

(3) 最初的运动的尺度,就是其他所有运动的尺度。所以,mensura primi esse[原初存在的尺度]= mensura omnis esse[全部存在的尺度]。但 Aeternitas[永恒]是 mensura primi esse[原初存在的尺度];ergo mensura omnis esse[因此,也是全部存在的尺度];但 esse corruptibilium[可朽之物的存在]mensuratur tempore[要用时间来度量]。所以,tempus vel aeternitas vel aliquid aeternitatis[时间要么是永恒,要么是属于永恒的某物]。

与此相对的说法:永恒的存在,永恒之所是,非常特别。显然,aeternitas[永恒]与 tempus non esse idem[时间不是一回事]。但不同之理由,并不在于大多数情况下为此所给出的说法:aeter-

---

⑩但如果应该按时间经历,将永恒规定为另一种事物,那就要这样说:永恒不同于时间。是这样吗?

nitas caret principio et fine, tempus non[永恒缺乏开端和终结,时间却不缺乏]。aeternitas[永恒]与tempus[时间]的不同的特质,并不在于其本身之所是。即使人们认为时间永远持续而无开端与终结,是sempiternum[永久的],两者仍然有本质不同:aeternitas tote simul, tempus non[永恒整体共时,时间却非如此]。Aeternitas mensura esse permanentis[永恒是持续存在者的存在的尺度],是永远持续不变的存在者,immutabile[不变者]的存在的尺度。Aeternitas[永恒]就是永恒(Ewigkeit),sempiternitas[永久]是时间无终结(Endlosigkeit)。Tempus mensura motus[时间是运动的尺度],是可变之物的尺度。对开端—无终结的观察,当然(allerdings)[?]也可以着眼于由时间和永恒来度量之物,quantum ad mensurata tempore et aeternitate[多少着眼于由时间和永恒来度量之物]。在此着眼方向上,存在一种不同吗?以时间只能度量 principium habet et finem in tempore[在时间上有开端和终结]的事物。即使天体运动永恒持续,以时间只可以度量任何一种 circulatio[循环],而绝对无法度量没有终结的持续。

补充一:论证并未结束,因为,它们mensurae non unius generis[不是同属于一个属的尺度],这一点由quorum est tempus et aeternitas mensura[时间和永恒都是其尺度的事物]上,可以清楚地看到。

补充二:Nunc temporis idem subjecto. Fluxus ipsius nunc est tempus, aeternitas manet eadem. Aeternitas non est nunc temporis. Nunc semper stans, non fluens nec habens prius et posterius[时间中的现在,就主词而言是同一的。现在本身的流动就是时间,永恒则静止不动保持同一。永恒不是时间中的现在。现在总是恒久

不变,不流动也没有先后]。⑪

永恒通过对现在序列(Jetztfolge)的排除式(remotive)观察得出的。所有包含变化和运动于其中的事物,都被除去(柏拉图),静止的事物被以肯定方式接纳——永恒。

由此永恒概念出发,如今可以评估,波埃修的定义在何种程度上可以接受。⑫ 从而,aeternitas interminabilis vitae tota simul et perfecta possessio[永恒是对无尽生命的共时整体和完全的占有]⑬——对无限生命的共时整体的完全的占有。

这个时间定义将时间的通路(Zugang zur Zeit),刻画为一种对运动之物的计数。与此相对,永恒没有前期后继,也没有运动,也就是说,没有迟早,也没有先后。代替 numeratio prioris et posterioris in motu[对运动中的先后的计数]的是,现在 apprehensio uniformitatis quod est omnino extra motum[对完全外在于运动的整一性的领会]。如此,remotio[排除]了fluxus[流动],也从而排除了连续不断的(je dieses und dieses)现在;而留下了持续不变和停止不动的现在。如此,remotio[排除]了开端和终结。应该说,永恒的这种排除式规定性,就表现在波埃修的定义之中。

Possessio quod possidetur firmiter et quiete habetur[占有作为某物被坚定地占有和静态地拥有],应该意味着 immutabilitatem et indeficientiam aeternitatis[永恒的不变性和无匮乏性]。永恒就是

---

⑪圣托马斯·阿奎那《亚里士多德〈物理学〉义疏》(Physica lib. IV, lect. 18, pag. 365a)。

⑫"问题十,条目1"。

⑬《哲学的安慰》(De consolatione lib. V, cap. 6)。

一种占有(Besitz)，一种占有活动(Besitzen)。

Vitae[生命的]：一种对生命的占有活动。Vita[生命]：ipsum vivere se extendit quodammodo ad operationem, non autem esse[生命本身以某种方式达于活动，而非存在]。Processio durationis[持续的过程]，持续的延伸，videtur attendi secundum operationem magis quam secundum esse[看来是关注其活动而非存在]。劳作(Tätigkeit)，纯粹的行为，actus purus[纯粹的行为]。占有活动：对生命的不变和无缺乏的拥有。

Interminabilis[无尽的]：没有 termini[终点]，没有界限，没有开端，也没有结束。

Tota simul[共时整体]：共时整体；一种占有活动，不是逐渐据为己有，而是永久拥有一切，并且永不丧失。

Perfecta[完全]：由此，应当消除了现在的不完全性(Unvollkommenkeit)，因为，在任何现在中的现在，都是另一个现在。变化性，变化就是不完全性，一切不变之物都是完全的。

永恒就是不变，无缺乏，共时整体并且完全占有无尽的生命。

显而易见：tota simul[共时整体]和 perfecta[完全]，已然表现于对 possessio[占有]的解释之中了：immutabilitas[不变性]，indeficientia[无匮乏性]。

在永恒概念中，有作为前提的 immutabilitas[不变性]，不变性。这个观念，作为以排除方式规定永恒的原则和指导线索，出自时间。只从时间现象中保留了，能够被认为不变的事物，nunc stans[恒久不变的现在]。

Ratio aeternitatis consequitur immutabilitatem sicut ratio temporis consequitur motum[永恒的根源出自不变性，正如时间的根源出自

运动]。然而,因为,Deus maxime immutabilis; sibi maxime competit esse aeternum[上帝是最高的不变之物;永恒的存在与其本身最为符合]。immutabilis[不变]在前,根据上帝存在的证明方式,per viam remotionis[通过排除方式],从运动出发,将事物的可变性归于一个不变的原因。nec solum est aeternus, sed est sua aeternitas, Deus est suum esse uniforme[上帝不仅是永恒的,祂就是永恒本身,上帝与其存在同一]。⑭

原则上在存在论上具有重要意义的是:对上帝的规定总是per remotionem[通过排除],着眼于受造的现成之物;以希腊的存在观念(Idee von Sein)为指导线索:存在者就是永远在场之物。

所有按此观念来估量的关于上帝的谓词,都纯粹出自概念。若真理在于认识的确切规定,它必定属于上帝。但上帝作为存在者是绝对永恒的,所以,真理也是永恒的。

严格说来,甚至缺乏对真理之为真理之永恒性的现实研究。只有从上帝概念出发,才能达成此项研究。此项研究必定缺乏,因为,对真理之时间性的研究,还没有过。

(三)哲学的无—神性

严格说来,就上帝之永恒,无法得出任何哲学认识,因为,上帝不是哲学的对象。人们靠上帝概念所发现之物,是[一个]偶像,这个偶像在哲学上只有这样的含义:在此显而易见,关于summum ens[最高的存在者]和存在整体的何种观念在其引导作用(leitend)。哲学,若正确理解,是神—无的(gott-los),也就是说,

---

⑭后文("问题十,条目2")。

它不对自身能从上帝中发现什么妄加评论,也不像巫师那样作出证明。如果上帝存在,祂至少容许通过哲学作出发现。只有祂公开自身,才能发现。若听从启示,哲学将失去任何器官。哲学是神—无的,也就是说,它不会说:没有上帝,因为,它也不能说,有一个上帝。它会说:non liquet[事不显明],不要触碰。关于上帝,只有神学才能研究;而且,在最高意义上,又只有新约神学才能研究;也就是说,神学同时必然是历史神学。

但由此十分清楚:在我们迄今为止的考察中,我们形成的上帝的名号,就是最高的存在者。就此存在方式,显而易见:一种如此研究上帝的存在论,如何理解存在。

并且,如果您真诚地思考,您就会说,从前关于永恒、唯一、绝对的真理的解释,对于理解真理毫无裨益,而只是掩盖了现象和难题。同样,我们必须认识传统存在论的这个背景,而且要直接和具体地认识,因为,这个背景指引着所有对近代哲学的存在论考察。

由关于时间和永恒的解释,对理解真理毫无裨益,但——并且作为次要意图——关于这两种现象本身及其研究方式的解释,却有可能裨益于理解真理。并且,由此出发,作为基础,也许可以发现,为什么奥古斯丁对时间的考察一直被掩盖着。他的考察指明,时间本身如何确实令人迷惑不解,永恒更是如此,以至于它不是一种所谓的系统神学的空洞思辨的主题。奥古斯丁对此所知与路德(Luther)一样少。⑮

真理之永恒:时间回溯到永恒,以接纳启示。但却表明,两种

---

⑮参见本书"附录:补充21"。

现象本身,都被当成了存在者,并且都由存在者出发作了理解,以规定存在者。这一点,与中世纪存在论的基本态度和方法联系在一起。

对时间本身的分析,较少紧接亚里士多德的定义,讨论时间如何存在,更确切地说,时间属于怎样的存在者。与此相应,对永恒的分析,也以存在者为指导线索:存在者的尺度应该就是永恒。这同样是由存在者出发刻画其特质的方法,将永恒归属于存在者,靠的是对永恒和时间的居间现象 aevum[无限绵延]的规定。

人们在划界时,有可能如此行事:永恒既无开端亦无终结——aevum[无限绵延]:有开端却无终结;纯粹的精灵,天使,由上帝创造,却是永恒的,并享有至福——时间:有开端和一个终点。

关于时间,已有的说法是,sempiternitas[无穷]不等于 aeternitas[永恒],sempiternitas[无穷]是前起后继(Nacheinander);要么是绝对的不变性,nunc stans[恒久不变的现在],要么是可变性,nunc fluens[流动着的现在]。

但由 aevum[无限绵延]来规定的生物(die durch das aevum bestimmten Wesen),不会成为永恒之物或时间性的事物,如果设定它们没有开端(anfangslos gesetzt werden),或认为它没有开端(angenommen wird),上帝任其化为虚无。

时间,前起后继,永恒,aevum tota simul[无限绵延之整体共时]。永恒是绝对不变,aevum[无限绵延]却有限制——non habet prius et posterius, sed ei conjungi possunt. Quaedam vero recedunt minus a permanentia essendi, quia esse eorum nec in transmutatione consistit, nec est subjectum transmutationis, tamen habent transmutationem adjunctam, vel in actu, vel in potentia[（无限绵延）本身没有先后，但先后能够与其关联。有些事物从应当存在者的永久性跌落较少，因为，它们的存在，不在于转变，也不受转变支配，但有附加的转变，或在行为中，或潜能中]。⑯ 相当不确定：附加的变化。稳定性减少较少，因为，没有变化，也不是一个变化的主体。

与托马斯相对，波纳文图拉宣称⑰：先后应该只表明了持续的范围，却未表明一种变旧和自我更新。但人们还是看不清，为什么连上帝也不应当用 aevum[无限绵延]来规定。

方法的特质：终究由启示预定；受造的存在者有一个阶梯顺序，作为精神的上帝，人，动物，植物，以及物质事物。基本的存在论特质，以不变性和变化性的观念为指导线索。此观念的分层，与归于它们的时间规定性相应，就在知觉当中（in den Sinnen）。

本真绝对的存在者（上帝）的存在论建构，对于经院哲学而言，是事物的指导线索。经院哲学将这种存在方式绝对化，并将此存在者加之于存在者，同时又加之于精神。

存在论建构在所表明的本真存在者的意义上：并非它存在和它之所是——上帝，而是可能性；上帝之所是，如果就是现实的上帝，哲学不可能发现，也不可能发明。只有当上帝首先让人寻找祂时，上帝才能被发现。这只有通过启示。对此，哲学没有器官。

哲学本质上是无神的，这一点出于两个理由：1. 因为，哲学根本不是存在者层次上的科学，它不容许预先设定存在者，来彻底研究这样的存在者，而是彻底研究存在！没有关于作为一个存在

---

⑯ "问题十，条目5，回应"。
⑰《〈箴言录〉卷二评注》(Sent. II. dist. 2)。

者的上帝的科学！2. 但通过信仰还是可以证明，上帝存在，并且为此，着眼于其存在，祂是启示出来的存在者。⑱ 肯定如此。然而：这一点只是基于神学信仰，所以，神学不会特别从存在论上，将存在者（上帝）作为主题，而只是从存在者层次上，也就是说，按照其与人所存在着的关系，将其作为存在者。人朝向上帝的存在，不是生存论—存在论上的（existenzial-ontologisch），而是生存状态—存在者层次上的（existenziell-ontisch）。

如果就应当走上后一条道路，那就要从存在出发，我们认为存在更高：人的存在。因为，这种人神同形同性论（Anthropomorphismus），在存在论上总要比第一条道路更为合适。

但又表明，对此在本身的现象学思索中的时间性，就是这个什么（das Was）——正是这个存在者突出于自然事物，自然事物不是时间性的，而只是在时间中照面。如果就认为一种建构完全可能，那么，在上帝中必定有时间和历史。要不，就无法理解三位一体的生命，也至少无法理解一点（das），这一点从本质上规定了基督教的上帝概念，这就是上帝在时间中成为人。时间至大无外（Die Zeit kein Draußen），而是永恒本身的一个起源。与此相对，在中世纪，以及此后，出路和比较的基础过于狭窄和单薄。这一点所导致的更进一步的基本后果：变化，不在场，无，无之性质（das Nichthafte）eo ipso[当然]作为缺乏。⑲

---

⑱参见本书"附录：补充22"。
⑲参见本书"附录：补充23"。

十七、感官的真理与虚假之物的存在

由此出发,来理解托马斯关于感官的真理和虚假之物的存在的说法。通过 veritas in sensu[感官的真理]之特征,我们也可以对托马斯如何理解知性之真理性(Wahrheit des Verstandes)的方式,获得新的认识。Veritas est in intellectu[真理存在于理智之中],(1)consequens actum intellectus[这是理智活动的结果],(2)sicut cognita per intellectum[正如所知出于理智]。

补充1:真理作为符合、适合,首先通过完成的行为。

补充2:Cognoscitur autem ab intellectu secundum quod intellectus reflectitur supra actum suum, non solum secundum quod cognoscit actum suum, sed secundum quod cognoscit proportionem eius ad rem[另一方面,真理为理智所认识,这是由于理智对自己行为的反思,不仅由于理智知道自己的行为,还由于理智知道它与实事的比例关系]。也就是说,secundum hoc intellectus cognoscit veritatem quod supra seipsum reflectitur[由于对其自身的反思,理智才认识了真理]。① 在认识中,认识知道它本身的适合之处(笛卡尔——cogito me cogitare[我思我在思])。

感官的真理,是否也是如此? Si sensus vere iudicat de rebus, non tamen cognoscit veritatem, qua vere iudicat[虽然感官对实事有真实判断,却不认识它据以作出真实判断的真理]。尽管 sensus cognoscit se sentire, sed non naturam suam[感官知道它本身有

---

① 《论真理》"问题一、条目9,回应"。

感觉,却不知道它自己的本质],也 non proportionem eius ad rem[不知道它与实事的比例关系],也 non veritatem eius[不知道它的真理]。感性好像只是以感性方式知道这回事(das Daß)。感觉(Empfindung)不只是给予某物,同时发生的是,感觉被拥有。相反,火完全不知道,它温暖了其他存在者,但它到底还是在加热。

在存在者的秩序的一个个等级中,不仅总可以发现更高等级的原则,简单和有序(Anordnung [?]),同时还可以发现一种 reditio in se ipsum[向其本身的复归],一种复归其本身。Substantiae intellectuales (perfectissimae in entibus) redeunt ad essentiam suam reditione completa[理智实体(存在最为完善),通过完全的复归,回到其本质]。不仅 cognoscere aliquid extra se positum, sed iam ad se redire incipiunt. Reditio completa in intellectualibus[知道处在其本身之外的某物,却已然开始复归其本身。完全的复归,属于理智之物]。

Sensus[感官]则与此相对:redire quidem incipit ad essentiam suam, quia non solum cognoscit sensibile, sed etiam cognoscit se sentire, non tamen completur eius reditio, quia sensus non cognoscit essentiam suam[开始复归其本质,因为,它不仅知道可感之物,还知道它在感知,但它的复归没有完成,因为,感官不知道其本质]。② 本真的真理,作为已知之物,已被 intellectus[理智]据为己有,因为,理智首先同时明确领会了 sensus[感官]本身的 adaequatio[符合],如此才通过感官 cognitum est in cognoscente[由认识者获得

---

② 《论真理》"问题一,条目9,回应"。

了认识]。

Verum[真实]作为向任何 ens[存在者]的 transcendens[超越], ens creatum[受造的存在者], res vera[实事]。res quaelibet in comparatione ad intellectum divinum est vera[任何与神圣理智相关联的实事都是真实的]。③ 着眼于此, nulla res potest esse falsa[没有实事可能是虚假的]。这样, per comparationem ad intellectum humanum dagegen[通过与神圣理智和人的理智相关联]: 事物通过 sensum[感官]显明了自身。Notationes res sui facit per ea quae apparent; apparentia; demonstrantes naturam, quae rei non subest[实事通过所显现之物来标示自身; 显而易见之物; 揭示了并不受实事支配的自然]。一事物看上去, 譬如, 像金子, 但它不是金子; color auri[金色]。Nec tamen res est hoc modo causa falsitatis in anima, quod necessario falsitatem causet[但如此存在的实事, 并非灵魂中的虚假之原因: 它必然导致虚假]。如果要说 veritas in judicio[真理存在于判断之中], 就必须说: Anima non patitur a rebus[灵魂并不受制于实事]。对水中的一根细棍的感知——它看上去折断了。Sed magis quodammodo agit. Unde res non dicitur falsa quia semper de se falsam facit apprehensionem, sed quia nata est facere per ea quae de ipsa apparent. Simpliciter loquendo omnis res est vera, secundum quid potest esse falsa[(灵魂)毋宁别有其活动方式。因此, 将实事说成是虚假的, 永远不是因为对其本身有虚假领会, 而从来都是因为由其所显现之物导致了虚假领会。简单说来, 每个实

---

③《论真理》"问题一, 条目 10, 回应"。

事都是真实的,就某一方面而言,它有可能是虚假的]。④

　　严格说来,虚假性的缘由,既非 sensus[感官],亦非 intellectus [理智],而是 phantasia[幻想]。我们感知并理解存在者,就像我们日常对它的期待,并且从一开始就认识它。Sensus[感官],所感知之物,intellectui comparatus semper facit veram existimationem in intellectu de dispositione propria, sed non de dispositione rerum[与理智相关联,总是在理智中,就其自身的情况,而非总是就实事的情况,形成真实的评价],也就是说,secundum quod est repraesentativum alterius rei[如此它就成为另一实事的表现]。Veritas[真理] in rebus[在实事中],恰如 falsitas[虚假] in sensu[在感官中]。因此,primo et principaliter inveniuntur falsitas et veritas in iudicio componentis et dividentis[首先,并且从根本上,虚假和真理见于综合与划分之判断]。但是,in sensu[在感官中],non est falsitas nec hoc quod sensibile apprehendit[并不存在虚假,也不存在这种所领会到的可感之物]——αἴσθησις ἰδίων ἀεὶ ἀληθής[自己的感知总是没有遮蔽]。Sensus apprehendit speciem rei sensibilem re praesente; apprehendit rem ut est[感官领会实事的可感知的种;它对实事的理解如其所是]。但是,Imaginatio autem apprehendit rem re absente; apprehendit rem ut non est[想象领会的实事并非实在的实事;它领会的实事并不存在]。在上述例证中存在 phantasia[幻想]。我们知道折断的细棍,看到了这样的细棍,并且认为它是存在

---

④上帝通过自我理解来认识世界之大全。Reditio in se ipsum[复归自身]是首要的,也最完美。

着的。⑤

对"问题一"的解释,涉及多重关系。这种对难题的分疏,适宜于获得对中世纪存在论的主要关系的洞察,这是主要目标,同时考虑到对近代哲学的考察。

十八、总　结①

对 Quid sit veritas[何为真理?]这个 Quaestio[问题]的考察,表明了一种多面性:

1. 关于真理的广泛的问题提法,verum[真实]——ens[存在者]。

2. 在此,我们触及貌似的专门问题"真理",同时已然把握了中世纪学说的基础和原则。

3. 出现了对存在概念的追问:存在意指受造之在(Geschaffensein)。

4. 这个存在概念,必须在存在者,summum ens[最高存在者]上帝那里,显明自身,如果真理 primo et proprie in intellectu[首先并且真正在理智之中],更确切地说,divino[在神圣理智之中]。

5. 如果只是在同一种意义上理解所有存在者:存在并无本质不同,而只有现成之物的等级差别。在现成性之外,没有其他存在可能性。所有存在者,只有着眼于其存在,着眼于现成之在的转变(Modifikation),才是不同的。

---

⑤Phantasia[幻想],不进一步讨论。
①标题为海德格尔所加。

6. 从而,真理难题的原初宽广的开端,丧失了其含义,因为,如果将作为 adaequatio［符合］的真理的存在搬到 intellectus［理智］之中,就没法按其特定的存在来把握这种存在方式。intelligere［理解］,若它属于人或上帝,就不是现成之在。

7. 这一点,已然通过时间与永恒之不同如何得到规定的方式,表明了自身,但方式本身并未通过考虑其最本己的本质而得到解释,而是衡量了现成之物的早已得到把握和归属于它的层级。

8. 根据存在概念:存在等于现成性,永久不变的在场性,产生了一个否定之概念,此概念也意味着总是有匮乏。对 falsitas［虚假］的解释——不考虑:intelligere［理解］的存在方式,在 falsitas［虚假］中与在 veritas［真理］一样,很少得到证实——讨论的着眼点是:得以表明,falsitas［虚假］并非出自上帝。

决定性的结果:存在＝现成性。这是笛卡尔和康德所理解的基本含义。但如果这是唯一的存在,那么:世界的存在和世界本身,与全部现成之物、受造物同一。同样,人的存在是一种认识着—意愿着的事物的现成之在。

中世纪存在论,与希腊存在者和后来的近代存在论一样,对任何存在概念的来源、意义和困境,少有一种明确的意识。正是在中世纪存在论中,持有这种关于存在的见解,就像对于希腊存在论而言,必定有一个难题在燃烧(brennend)。问题仍然在于,如何将所有存在者,上帝和世界,纳入此存在观念！存在者——一切都是;那么,着眼于存在,世界、人、自然、上帝,都可归入同一个属吗？显然不是——ens infinitum［无限的存在者］, ens finitum［有限的存在者］。

在追问先验之物时，我们从划分出发，这涉及存在的形式，存在的规定性，要比 modi expressi［明确的形式］更准确，并非本身比 naturae［自然］更准确，有 modus expressus generalis［普遍的明确形式］——specialis［特殊的（明确形式）］。Modus expressus generalis［普遍的明确形式］＝ transcendens［超越者］。Modus generaliter consequens omne ens［普遍的明确形式由每一个存在者所致］。Modus expressus specialis［特殊的明确形式］；specialis modus entis［存在者的特殊形式］。Sunt enim diversi gradus entitatis, secundum quos accipiuntur diversi modi essendi, et iuxta hos accipiuntur diversa rerum genera. Substantia：ens per se；accidens：ens secundum quid［因为，有各种等级的实在性，按照这些等级，才获得了应当存在者的各种形式，并且，正如按照这些形式，才获得了实事的各种属。实体：自为的存在者；偶在者：有所待的存在者］。并非所有存在者都 per se［自为］或 secundum quid［有所待］。方式导致不同等级。per se［自为］本身再一次［包含］可能性：a se［由己］——ab alio［由他］。正如，就先验之物而言，一切都针对作为 ens creatum［受造的存在者］的 ens［存在者］，在 modi speciales［特殊形式］之中，基本的区分是 ens increatum［非受造的存在者］——ens creatum［受造的存在者］。

问题：存在如何归于存在者？我们听说：Summum ens（Deus）per viam remotionis［最高的存在者（上帝）通过排除方式］。但祂仍然被与受造的存在者放在一起，如果说祂存在着（seiend）。如果不变、永恒，与变化、时间性具有本质不同——那么，共同点又是什么？如果共同点就是存在，又必须在何种意义上理解这种共同性。

Ens increatum[非受造的存在者]——ens creatum[受造的存在者]：关于 increatum[非受造者]和 creatum[受造者]的共同性。

ens substantiale[实体性的存在者]——ens accidentale[偶在的存在者]：关于 substantia[实体]和 accidens[偶在者]的共同性。

accidentia[偶在性]的方式：关于 accidentia[偶在性]的共同性。

ens[存在者]的普遍性的特质的情形又如何？存在论上意义重大的标志就在于此特质。

首先：陈述、含义和见解的普遍性。intentio secunda[次要意向]！

十九、Univocatio[单义性]——aequivocatio[歧义性]——nomen analogum[类比名称]

存在者（Seiend）、存在（Sein），都是语词（sprachliche Ausdrücke），本身意指某物。词（das Wort）和语言运用（der Sprachgebrauch），将说出的词汇，应用于具有含义的已命名的事物。词和含义，又普遍地适合于某种语言表达（einem sprachlich Ausgedrückten）。通过语言—词语运用，不同的关联才成为可能。术语（Terminus）（significata[所指]，存在者本身；conceptus[观念]，含义，概念），词，表达（ausdrückt）和说明（besagt）了某物。

Terminus univocus est, qui sua significata eodem conceptu significat[术语是单义的，它以同样的观念，意指其本身之所指]，homo[人]——所有人都采取同样方式，人以同样的含义来理解他所意指的所有存在者。同一个词和这种含义，依据不同的看法，譬如，ens［存在者］这个词：Deus［上帝］，arbor［树］。

Terminus aequivocus, qui sua significata non eodem modo sed pluribus conceptibus significat［歧义性的术语，它不以同样的方式，而是以多种观念，意指其本身之所指］。一个并且同一个词，却以不同方式表意（bedeutend），以更多概念意指（meinend）：Hahn——水龙头（Wasserhahn）和动物（Tier）；Bär：动物和星座。

Ens univocum［单义性的存在者］：完全是一回事，omnino idem［完全同一］。无止境的不同（Unendlich verschieden）！

Ens aequivocum［歧义性的存在者］：只是作为单纯的词，并且，除此之外，完全不同，omnino diversum［完全不同］。但还并非绝对无关，因为，否则，上帝就不能认识其他事物，反过来，祂本身就不是上帝。

这两方面形成了上帝概念和上帝认识，也就是说，关于存在者之整体的认识，却永远没有可能。Univoce［单义性方式］，未考虑存在者内在的区分。

Aequivoce［歧义性方式］，只是同一个词，含义完全不同，所以，应视为毫无可能关联。所以，必须居间调停——一种含义—词语运用的方式，居于 univocatio［单义性］和 aequivocatio［歧义性］之间。表意（das Bedeuten），既不是极端之一端，也不是极端之另一端，而是关涉任何某物：绝对的单义性（schlechthinnige Eindeutigkeit），无关联的多—更多义性（Viel- und Mehrdeutigkeit）；单一的、复多的表意（einfaches, vielfaches Bedeuten）。这样的 Terminus［术语］，就是一个 nomen analogum［类比名称］，相称的术语（entsprechender Ausdruck）。术语之意指，并非完全同一，术语之意指，亦非完全不同，而是与其本身相称。Terminus analogus［类比术语]表达的是,它以其表意,要求对应两意。这两意既非完全同一,亦非完全不同。

一个 nomen analogum[类比名称],从而一个不同事物的表意,尽管如此,各种含义仍然以一个基本含义为定向。以一种类比形式:健康＝身体状况,医疗手段,面相。考虑到这种复多的表意,这种 nomen (analogum)[(类比)名称]有可能是 aequivocum[具有歧义性]。

由此,必须区分两种 termini aequivoci[歧义性术语]:aequivocum a casu[出于偶然的歧义性],偶然的(zufällig);aequivocum a consilio[有意为之的歧义性],深思熟虑的(absichtlich)。1. 同一个词形(Wortbild)的多义性,以此指,更多含义之间没有关联,但又以一个词形而相互关联。2. 多义性,以此指,以其复多性激发了更多含义,更多含义又以含义的一种事实上的关联为基础。比较:健康;analogia attributionis[属性之类比],意思更多;analogum principale[主要类比],denominatio extrinseca[外在派生],proportio simplex[单一比例]。健康在于 analogum principale intrinseca[内在的主要类比]。Analogia secundum intentionem et non secundum esse[类比根据意向而非根据存在]。① 比较:看(Sehen)作为对尘世之物的认识(Erkennen),作为感性感知,作为对某物整体的感知。

与此相应,更多与更多成 proportio[比例]。眼睛与可感物的关系,作为 relatio[关系],与……有关(in Relation zu),visus in oculo[视力在眼睛中];理智与所理解之物的关系,intellectus in

---

①《〈箴言录〉卷一评注》(*In I. Sent.* dist. 19 qu. 5 art. 2 a)。

mente[理智在心中]。Proportio proportionum[比例属于比例]；aequalitas in proportionibus vocatur proportionalitas[比例上的相等，被称为合比例性]。在此，相应地，被认为具有类似性，intrinsece[内在]于任何类比当中，尽管如此，类比并不 simpliciter[简单地]一致，而只是 proportionaliter[合乎比例地]一致。Analogum secundum esse et secundum intentionem[类似既以存在为根据，也以意向为根据]。这又是 propria[固有性质]；analogum vere et formaliter[真实且形式上类似]；ens[存在者] = accidens et substantia[偶在者加上实体]。proprio[固有]，不在现实的时间之中；其他方式，只是通过比喻性转义。

存在的普遍性的结构，就在关于 ens increatum[非受造的存在者]和 ens creatum[受造的存在者]的讨论中。② Utrum scientia Dei aequivoce de Deo et nobis dicatur. Respondeo. Dicendum, quod impossibile est aliquid univoce praedicari de creatura et Deo. In omnibus enim univocis communis est ratio nominis utrique eorum de quibus nomen univoce praedicatur; et sic univoca in aliquo aequalia sunt (quantum ad illius nominis rationem)[是否以上帝的知识谈论上帝和我们是有歧义的。我作出回应。应当说，不可能以某物单义地述及受造物和上帝。因为，在所有单义的陈述中，名称单义地述及的事物中的任一事物的名称的理由都是共同的；这样一来，以某物单义述及的事物都是平等的（就那个名称的理由而言）]。"数字"in ratione numeri aequales[就数字之理由而言，它们都是平等的]，尽管有先后之别！Creatura autem quantumcumque

---

② 参《论真理》，"问题二(De scientia Dei[论上帝的知识])，条目11"。

imitetur Deum, non potest pertingere ad hoc ut eadem ratione aliquid sibi conveniat et Deo[受造物尽管都在某种程度上模仿上帝,但它们不可能达到这种程度:某物以同样的理由与其本身和上帝相符合]。

这样的 commune[共同性]secundum quidditatem[以实质为根据];distinctae res secundum esse[实事截然有别的根据是存在]。但形成上帝之本质的一切,est suum proprium esse[是其固有的存在]。Essentia in eo idem est quod esse[其本质与存在是同一的],祂的本质就是绝对存在(zu sein schlechthin)。Esse autem, quod est proprium unius rei, non potest alteri communicari[可是,一个实事固有的存在,不可能传达给他者]。esse[存在],不属于人的本质,人也不可能存在(er kann auch nicht sein);并且,如果人存在,存在就属于任何一个不同的人,也就是说,不同的人不是同一个存在者,而总是这个人。

Petrus et Paulus, eis esse est diversum[彼得和保罗,对于他们而言,存在是不同的];虽然 homo univoce dicitur[所谓人是单义的]。但上帝,其本质之中有一个 prorium[固有性质],congruitur[统一]之处恰恰在于,存在属于此本质。Nec omnino univoce dicitur ens de Deo et creatura, nec pure aequivoce[既不能完全单义地,也不能纯粹歧义地,称上帝和受造物为存在者]。

若如此,也就是说,si non esset aliqua convenientia creaturae ad Deum secundum rem, sua essentia non esset creaturarum similitudo[如果受造物与上帝在实事上没有某种契合,上帝自身的本质就不是受造物所具有的相似性]。(但这种相似性是先验的,在理论上定然不是中性的,而是寓于启示之中。《创世纪》[*Genesis* I

26]: Faciamus hominem ad similitudinem et imaginem nostram[让我们照着我们的现实性和肖像造人]。)对于上帝而言,这一的后果是:祂 cognoscendo essentiam suam non cognosceret creaturas[通过认识自身的本质,无法认识受造物]。

反过来:Nec per nos ex rebus creatis in cognitionem Dei pervenire possemus, nec nominum quae creaturis aptantur, unum magis de Deo dicendum esset quam aliud[通过我们,从受造的实事中,我们不可能通达对上帝的认识,在适用于受造物的名称中,用一个来谈论上帝,也不必另一个更合适]。因为,具有同一名称,且不具备有实事基础的含义方面的事物,与上帝的距离一样远也一样近,所以,猫、天鹅,以及如此等等,具有同样的权利和智能。

要看到:上帝和造物没有作为 univocum[单义性质],也就是说作为 genus[属]的共同之处。Ens non est genus[存在者不是属],参阅前文的内容。Deus summum ens non est in genere[上帝不是就属而言的最高的存在者]。③ substantia[实体]和 accidens[偶在之物]之间,同样少有共同之处,前者对其自身而言是现成的,后者对于他者而言是现成的。并且,最终,每一种共同现成之在(Mitvorhandensein),不是任何一种 accidens[偶在的]属,而是就其与实体的关系而言,总是各不相同,尽管在此方面是一致的:完全共同现成。

存在的普遍性特质的这一难题,在经院哲学中,较少由于其固有的内容和特定的存在论含义,而更多由于结果,或者更准确地说,由于教义命题,存在者必须根据这些命题来把握。

---

③《反异教大全》(S. c. g. lib. I, cap. 25)。

相反,邓斯·司各脱(Duns Scotus)首要强调,univocatio entis[存在者的单义性],并且尽管是在逻辑学意义上——同样也具有神学意图。如果并不能获得无例外的普遍的存在概念,上帝存在的证明(Gottesbeweise)就仍然[？]没有可能。但上帝存在的证明,又是信仰的基础。天主教教义学体系,与之俱荣毁。但从而,经院哲学意义上的哲学,也同样如此。

二十、上帝存在的证明：中世纪存在论的真正基础

(一)一般特征

若要对上帝的存在(Existenz)作出证明,就要以一个上帝的概念为前提。① 根据此概念,也就是说,根据存在者,如所认为的那样,就必须开辟存在证明。反过来,这意味着：从上帝存在证明的存在论特质出发,存在者的存在论特质也将变得显而易见,作为上帝的存在者将得到证明。然而,这个存在者,同时又是最高的存在者,从而对存在整体之理念而言,也是具有本真典范性的现象,但从而也是理解关于人之存在的见解的基础。② 通过考察上帝存在的证明,我们才能获得对中世纪存在论的本真基础的具体洞见。

对上帝存在证明的最显而易见和最直截了当的描述,就在《神学大全》(S. th. I qu. 2 art. 3)之中。全部 quaestio[问题]：De

---

① 参见本书"附录：补充24"。
②《创世纪》(Genesis I 26)。

Deo-an Deus sit[上帝论——上帝是否存在]。Art. 1 Utrum Deus sit per se notum[条目1：上帝本身是否可知]。Art. 2 Utrum Deum esse sit demonstrabile[条目2：上帝存在是否可证]。Art. 3 Utrum Deus sit[条目3：上帝是否存在]。参《神学大全》(*S. th.* I cap. 13)。参亚里士多德《物理学》(*Physik* VIII)。③

关于(实在)现成之在应当得到证明的方面的本质何在？在托马斯主义者当中,对此问题的回答,并不一致。有人说,在于自我之在(Aseität),有人说,在于绝对现实的认识(Erkennen)(νοῦς),还有人说,在于非物质性(Immaterialität)。站得住脚的只有：上帝的本质,无非就是其存在。Essentia, quae non est aliud quam esse suum[本质,无非就是其本身的存在]。④

不过在此要知道：Praedicatum est idem subjecto[谓词与主词是同一的]。Quae statim cognitis terminis cognoscuntur[它们直接由已知之术语可知] = per se nota[自明]。所以,上帝的存在直截了当确切无疑。托马斯拒绝这种看法——De opinione dicentium quod Deum esse demonstrari non potest, cum sit per se notum[关于认为上帝不可证明而是自明的那些人的看法]⑤——还有其他人的看法：quod Deum esse sola fide tenetur et demonstrari non potest

---

③参见本书"附录：补充25"。

④《论存在者与本质》(*De ente et essentia*, cap. 6)[...]（一个词无法识读）。参《〈箴言录〉卷一评注》(*Sent. I.* dist. 8 qu. 1 art. 1)；亦参《神学大全》(*S. th.* I qu. 1 art. 4)。

⑤《反异教大全》(*S. c. g.* lib. I, cap. 10)。

[上帝存在,只能靠信仰把握,而不可证明]。⑥

只不过:per se notum dupliciter[自明有两种情形]:1. secundum se et non quoad nos[就其本身而不相对于我们而言],2. secundum se et quoad nos[就其本身和相对于我们而言]。Homo est animal; animal est de ratione hominis[人是动物;动物无人的理性]。如果 omnibus notum, quid sit animal, quid sit homo[所有人都知道,何为动物,何为人],那么,omnibus per se notum[对于所有人而言都是自明的]。⑦但若非如此,尽管本身貌似有理,也就是说,句子本身的内容由其本身出发表明本身是真实的,如果此内容得到充分把握。

Sed quia nos de Deo non scimus quid est, non est nobis per se nota (haec propositio: Deus est), sed indiget demonstrari per ea, quae sunt magis nota quoad nos et minus nota quoad naturam, scilicet per effectus[但因为,我们不知道上帝之所是,上帝对于我们而言不是自明的(这是前提:上帝存在),而是需要通过某些事物来证明,这些是我们更为知晓的事物,对这些事物的本质,我们却所知较少,也就是说,需要通过结果来证明]。⑧

也就是说,以某种方式,est nobis naturaliter insertum cognoscere Deum esse in aliquo communi sub quadam confusione, in quantum

---

⑥同上,章12。Per se notum[自明]:参康德,先天,分析和综合。[托马斯,]《论真理》"问题十,条目 12;《反异教大全》(*S. c. g.* lib. I, cap. 10)。

⑦《论真理》"问题十,条目 12;[参]《反异教大全》(*S. c. g.* lib. I, cap. 10)。

⑧《神学大全》(*S. th.* I qu. 2 art. 1 resp.)。亦参见本书"附录:补充 26"。

scilicet Deus est hominis beatitudo, homo enim naturaliter desiderat beatitudinem. Quod naturaliter desiderat naturaliter cognoscitur ab eodem. Sed hoc non est simpliciter cognoscere Deum esse, sicut cognoscere venientem non est cognoscere Petrum, quamvis veniens sit Petrus; multi enim perfectum hominis bonum, quod est beatitudo, existimant divitias; quidam vero voluptates; quidam autem aliquid aliud[知道上帝以某种普遍而令人疑惑的方式存在,是我们的天赋,因为,上帝的确是人的福祉,人的确天然地渴望福祉,人天然的渴望,人自己天然地知晓。但这并非简单地知道上帝存在,正如,知道有人来了,并不就知道这人是彼得,尽管来人可能是彼得;很多人的确认为,人的完善,这种福祉,就是财富;有些人却认为,人的完善是快乐,还有人认为,人的完善是其他什么东西]。⑨

demonstratio[证明]概念⑩:1. Per causam[通过原因],demonstratio propter quid[用什么来证明],per priora simpliciter (διότι)[仅仅通过前提(由于此)];2. per effectum[通过结果],demonstratio quia, per ea, quae sunt priora quoad nos (ὅτι)[证明,因为,通过相对于我们而言的前提(正因为)]。

Effectus manifestior quam causa[结果比原因更明显],因此,per effectum procedimus ad cognitionem causae[我们通过结果达成对原因的认识]。Deus non per se notum quoad nos[上帝对于我们而言并非自明],但 demonstrabile per effectus nobis notos[通过我们已知的结果可以证明]。

---

⑨《神学大全》(S. th. I qu. 2 art. 1 ad. 1)。
⑩《神学大全》(S. th. I qu. 2 art. II)。

条目3：Deum esse, quinque viis probari potest［上帝存在，可用五路来证明］：Deus［上帝］被证明是1. primum ens immobile［最初的不动的存在者］；2. primum efficiens［最初的作用者］；3. necessarium（a se）non ex alia［非出于他者（出于自身）的必然之物］；4. maxime ens bonum et optimum［以最高形式存在的善和至善的存在者］；5. primum gubernans per intellectum et omnium ultimum finem［最初的由理智驱动并且趋向所有事物的终极目的者］。

Primus motor immobilis［最初的不动的推动者］，若非同时是prima causa［始因］，就不可能存在。最初的原因，反过来必定［是］ens a se et necessarium［出于自身的存在者和必然的存在者］；后者又是ens perfectissimum［最完善的存在者］，而后者，一旦事物都是其之外的现成之物，它无非就是supremus gubernator［最高的推动者］。

这些属性，只有在非受造的存在者身上才可能发现；通过证明一个这样的存在者的现成之在，就取得了increatum absolutum［绝对的非受造者］的现成之在。

由cognitum an sit［知道是否存在］得出quomodo sit［以某种方式存在］。

1. 由immobilitas［不动］得出immutabilitas［不变］，immensitas［不可测］，aeternitas［永恒］，以及如此等等。

2. 由prima causa efficiens［起作用的始因］得出omnipotentia［全能］。

3. 由ens necessarium［必然的存在者］plenitudo perfectionis［完满之充盈］（充满），immaterialitas［非物质性］（非物体性

[Unkörperlichkeit]），actus purus［纯粹的行为］（纯粹的现成之在）。

4. 由 primum gubernans［最初的使动者］得出 sapientia［智慧］，voluntas［意志］，providentia［先见］，existentia idearum［理念的实在］。

由任何一点可以推论出任何一点！

（二）逐一论述 quinque viae［五路证明］

1. 证明：Prima et manifestior via ex parte motus；ens immobile［第一路和较为明显的一路证明，出自运动方面；不动的存在者。证明的确凿内容：Certum est enim, et sensu constat, aliqua moveri in hoc mundo. Omne autem quod movetur, oportet ab alio moveri... In moventibus non est procedere in infinitum; quia sic non esset aliquod primum movens, et per consequens nec aliquod aliud movens［确定的是，并且感官可见的是，在这个世界上，有些事物被推动。但每个被推动的事物，都由他物所推动……运动不可能进至无限；因为，如此一来，就不会存在某个第一推动者，结果也就没有其他某个推动者］，也就是说，Ergo necesse est devenire ad aliquod primum movens, quod a nullo movetur, et hoc omnes intelligunt Deum（movens immobile）［所以，必然会推及某个第一推动者，它不被任何事物所推动，所有人将其理解为上帝（不动的推动者）］。Motus［运动］，κίνησις［运动］，μεταβολή［变化］，Umschlag［转变］，Veränderung［变化］。

Motum［受动者］——movens［推动者］；受动者——使动者。Immobile movens［不动的推动者］本身当中具有运动之理由。运动的来源和起源。⑪

证明的要害不在于,运动序列不可能没有终结,必定在某处结束,而在于 idem non potest esse movens et motum secundum idem; Ergo omne, quod movetur, ab alio movetur[使动者与相应于同一使动者的受动者不可能是同一个事物;因此,每一个受动者,都被他物所推动]。⑫ 论证 progressus in infinitum[进至无限](ἄπειρον[无限者], πέρας[终结]——ὁρισμός[限制], perfectio[完满]),对于古代存在论而言,具有一种完全不同的效力,并非因为,我进至无限的存在者,而是进至虚无。

2. 证明: Secunda via ex ratione causae efficientis (primum efficiens)[第二路证明出自起作用的原因之理由(第一作用者)]。此路证明已然包含在第一路证明之中了。Omne quod fit, ab alio fit. Non datur processus in infinitum in causis efficientibus. Ergo est necesse ponere aliquam causam efficientem primam, quam omnes Deum nominant[每个已然存在的事物,都出自他物。起作用的原因中,提不出进至无限的过程。所以,必须设定某个首要的起作用的原因,所有人都名之为上帝]。

在此还提出 efficiens[作用者]、effectus[结果]、perfectio[完满],以展示托马斯意义上,在上帝的存在中具有本质性的内容。恰恰这一点,在亚里士多德那里是缺失的。

---

⑪与此相应,参比苏阿雷兹,《形而上学的辩驳》(Metaph. disp. 29 sect. 1 n.7)。至今在多明我会士与耶稣会士之间仍有争议(praemotio physica[物理前动])。

⑫接下来的证明与此相对!

3. 证明:sumpta ex possibili et necessario (ens necessarium) [（第三路证明）出自可能性和必然性（必然的存在者）]。Inveniuntur quaedam possibilia esse et non esse. Impossibile est autem, quod omnia entia sunt contingentia (bedingt) ad esse et non esse (quia contingens aliquando non est, nisi praesupponatur ens necessarium a quo est). Ergo existit ens absolute non contingens, sive ens absolute necessarium[可以发现,有些可能之物存在,有些可能之物不存在。但这是不可能的:所有存在者的存在和不存在都是偶然之物（有条件的）（因为,偶在者有时候不存在,除非预先设定必然的存在者,它是偶在者之所来自）。所以,这就表明,绝对的存在者不是偶在者,或绝对的存在者是必然之物]。

4. 证明:quarta via sumitur ex gradibus qui in rebus inveniuntur (maxime ens) [第四路证明出自所发现的事物的等级（最高的存在者）]。Invenitur... in rebus aliquid magis et minus bonum, et verum, et nobile... Sed magis et minus dicuntur de diversis, secundum quod appropinquant diversimode ad aliquid quod maxime est.... Est igitur aliquid quod est verissimum, et optimum, et nobilissimum; et per consequens maxime ens.... Ergo est aliquid quod omnibus entibus est causa esse et bonitatis et cujuslibet perfectionis... et hoc dicimus Deum[可以发现……在实事中,有某种事物更多或更少具有善性、真实性、高贵性……但说不同的实事更多或更少如何如何,根据是其以不同方式接近某个最高的实事。……因此,有某种最真实、最好、最高贵的事物;从而它是最高的存在者。……所以,有某种事物是所有存在者的原因,也是所有善性的原因,也是任何完满之原因……我们就称其为上

帝]。

原则上:Maxime tale in aliquo genere est causa caeterorum[这种最高的存在者,在某种属中,是其他事物的原因]——causa[原因]是就 causa exemplaris[范例之原因]而言(制作,ποίσις[制作])。Deus[上帝]:maxime tale in ratione entis[这种最高的存在者,就在于祂是存在者的理由];不是 genus[属],而是 supremum analogatum[类比至高之物]。

5. 证明:Quinta via sumitur ex gubernatione rerum[第五路证明出自对实事的推动]。Videmus enim quod aliqua quae cognitione carent, scilicet corpora naturalia, operantur propter finem... Unde patet quod non a casu, sed ex intentione perveniunt ad finem... nisi directa ab aliquo cognoscente, et intelligente; sicut sagitta a sagittante. Ergo est aliquid intelligens, a quo omnes res naturales ordinantur ad finem; et hoc dicimus Deum[因为,我们看到,有些事物缺乏认识,当然它们都是天然的物体,它们由于目的而活动……因而,显然,它们并非出于偶然,而是有意要达成目的……除非它们有某个有知者和有智者所指引;正如箭由弓箭手射出。所以,存在某个有智者,所有天然的实事都受它支配而趋向目的;而这就是我们所谓上帝](τέλος[目的],神学的上帝证明)。

1. 此路证明的实际含义和吸引力,在于中世纪神学家的鲜活的信仰。

2. 哲学上的实质内容和包含其中的可能性的界限。

这个界限的证明,并不意味着对生存状态含义(existenziellen Bedeutung)的否定性评价。反过来,这种生活含义,因为,它指向其他力量和理由,哲学可以通达,所以,它不可能取代界限和存在论上不充分之物。在严格意义的哲学研究的整体历史上,中世纪原则上不具有重要性,而只有确定的特色,并占据传承中继之位置。但这样的中世纪,必须认识和从原则上加以理解,如果我们想理解近代哲学的难题性及其基础,而非仅仅了解形形色色的学说和立场。

(三)证明中对存在论难题的误判

此外:这不是对证明本身的批判,也不是对一种上帝存在的证明整体之理念的批判(不是问,是否合乎逻辑,是否绝对有说服力,而是问,一种上帝存在的证明整体,是否具有某种意义;而这时一个神学难题)。相反,只是按照存在论意图,记录三重内容:

1. 存在之理念＝现成之在。证明的立足点:videmus[我们看到],sensu constat[感官可见],inveniuntur[被发现],都指向存在者,存在者在此,也就是说,存在者过去已在此——制成(hergestellt)。制成之物(das Hergestellte),要求有一个创制者(Hersteller)。⑬ 存在理解之视野,为证明奠基:创制(Herstellen)和制成之物作为现成之物。创制者,自身必须现成。这个创造者存在,也就是说,从虚无中创制,这一点,在存在论上,并不违背下述命题:创制和如此现成之在,规定了存在之理念;相反,只是确证了此命题。

2. 存在论理念模糊不清,因为,所选取的 metaphysica specialis[特殊形而上学]的部分,并非存在论的任务,而是一种存在者层

---

⑬Deus[上帝]——artifex[工匠],τεχνίτης[匠人],τέχνη[技艺],λόγος[言辞],πράγματα[实践],τέλος[目的],εἶδος[形式]。

次上,对一个存在者的经验式规定,对存在者的推断。与此相对,存在论难题,恰恰是被误判之事,上帝特定的存在方式,人的特定的存在方式之难题,存在整体。⑭

证明的起点:作为受造物的存在者,也就是说,作为在此—制成之物和如此站立者,作为当前到场之物(Vorfindliches)之全体;videmus[我们看到],sensu constat[感官可见],inveniuntur[被发现]。存在者,正如纯粹的看过去(Hinsehen)与之照面,观察、确—定(Fest-stellen)也与之照面,尽管并未区别,它是实用物还是纯粹的物体,它是不是有生命之物——动物、植物,它是不是人。一切,都是下述意义上的:它是现成的。更准确地说:它有时候在,有时候不在,它出现又消失了,变化了;制成之物。这种现成之物,制成之物,要求有一个创制者,创制者先前就存在,并且绝对存在,也不是制成的,而是一直现成。Artifex[工匠],创制者,τεχνίτης[匠人],τέχνη[技艺],λόγος[言辞]——在创制某物时,本身通晓(Sichauskennen)。存在者与此本身通晓相对。因此,属于存在者的规定部分的是质料和形式,存在者以质料和形式造成。两者即时的统一性,规定了每一个制成之物、现成之物。在τέχνη[技艺]视野中,鲜活的存在理解被[……]*套用于每一个存在者。

然而,只是,在古代——柏拉图,亚里士多德——存在论对其

---

⑭康德摧毁一门存在者层次上的关于存在者的科学意义上的形而上学;他抓住了一门出于omnitudo realitatis[全部真实性]的科学之理念,与沃尔夫—莱布尼茨针锋相对。

*还有更多速记词语。

必要条件,并无完全的洞见。后来,洞见变得更少,希腊人的思辨研究的指导线索衰落了,思维的其他母题(Motive)占据了统治地位。对于中世纪—经院哲学而言,根本没有原则性和独立自主性,而只是服务于神学。然而,这样一来,所有对存在者的追问,最终都不以存在为定向,而是以特出意义上的存在者为定向。关于先验之物的普遍的、虚假的(scheinbar)形式学说,只具有预备功能,它绝不可能纯粹为了自身而利用研究。从而,复又完全遮蔽了古代哲学(柏拉图,亚里士多德)的原初意向。但传承下来的财富,还是挤进了一种特殊的神学体系,此体系对于这种形式的希腊的难题性而言是陌生的。

哲学的概念,复又变得含混不清。关于最终原则的科学,可以意指:关于存在者之存在的科学,但从根本上(im Grunde)意指:关于本真的存在者上帝的科学。存在者层次上的和存在论的问题提法、经验和批判,也比以往更混乱了。这就需要康德的巨大的批判成就,哲学从而才能走出混乱,向自由迈出第一步。

由此:在全部存在者中,只可见(gesehen)现成之在有区分。特定存在方式的生命、此在、现成之在的对面,则不可见(Blind)。

3. 关于形而上学 cosmologia[宇宙论]和 psychologia[灵魂论]的过渡部分,表明:这些过渡部分,被不假思索地从形而上学角度规定为,从属于作为现成之在的存在之理念,此理念尚未得到讨论。然而,尤其是自然本身和人,自然既未特别作为自然(als Natur)而被发现,人也未作为历史性的人(als geschichtlicher)(res naturalis[自然实事])而被发现,所发现的基本规定却是:受造物,维系和依赖于上帝。世界图像(Weltbild)的性质。

活力(Lebendigkeit),失去便无法重获。"自然",从存在论上看,是新的哲学取向由以生发出来的唯一领域,所以,到目前为之,从原则上(也就是说,从存在论上)作出的全部解释,当然也要采纳。

关于中世纪范围的基本说法,尤其适用于关于人的此在的存在论;只是需要澄清,这种存在论对上帝论和普遍存在学说之整体的依赖性。

关于上帝的如此(Daß)和所是(Was)的认识,包括三条道路:

1. via causalitatis, qua cognoscitur, an est[因果之路,由此道路可知,祂是否存在];

2. via negationis (remotionis), qua cognoscitur essentia (invisibile, immobile, infinitum) [否定(排除)之路,由此可知本质(不可见,不动,无限)];

3. via excellentiae, qua cognoscitur finis ultimus (divinitas) [卓越之路,由此可知终极目的(神性)]。⑮

在上帝存在的证明中,被证明为现成的内容——ens primum[最初的存在者],immobile[不动者],efficiens[作用者],a se[由己],maxime ens et gubernans[最高的存在者和使动者]——,从现在起,要就上帝之所是,作出更准确的规定。首先是所谓纯粹存在论上的演绎(deduktiv),也就是,排除(remotiv):Impossibile est, Deum corpus esse; non est aliqua materia in ipso; non ex materia et forma compositum; idem est, quod sua essentia et natura[这是不可能的:上帝是物体;祂之中不可能存在某种质料;祂不可能由质料

---

⑮参《〈罗马书〉义疏》(Comm. in Ep. ad Rom)。

和形式构成;祂的本质和本性是同一的]。不是 suppositum[在下之物],不是 compositum[构成物],纯粹形式,Deitas[神性];Deus est sua vita, essentia. Essentia suum esse, omnino simplex, summum bonum[上帝就是其生命、本质。本质就是其存在,完全纯一,至善]。⑯

1. Ipsum esse rei sit aliud ab ejus essentia[实事本身的存在不同于其本质]。所以,ipsum esse rei necessario causatum vel ab aliquo exteriori, vel a principiis essentialibus ejusdem rei[实事本身的存在,必定要么出于某个外在的事物,要么出于同一个实事的本质原理]。可是:Impossibile, quod esse sit causatum tantum ex parte essentiae rei, quia nulla res sufficit quod sit sibi causa essendi, si habeat esse causatum. Oportet quod habeat esse causatum ab alio. Hoc autem non potest dici de Deo[这是不可能的:存在如此源自实事之本质的部分,因为,没有哪个实事足以成为其自身应当存在者的原因,如果它的存在有原因。所以,它的存在必定源自他物。但不可能如此来谈论上帝],因为,Deus prima causa efficiens. Impossibile ergo, quod in Deo sit aliud esse, et aliud ejus essentia[上帝是起作用的始因。因此,这是可不能的:上帝的存在是一回事,上帝的本质又是另一回事]。

2. Esse[存在] = actualitas formae[形式的现实性],某物的纯粹外观的在场性(Anwesenheit)。In Deo autem nulla materia[上帝中的确没有质料],或者更准确地说,没有 potentia[潜能];actus

---

⑯参《神学大全》卷一,问题三,条目 3(S. th. I qu. III art. 4):Utrum in Deo sit idem essentia et esse[上帝的本质与存在是否同一]。

purus[纯粹行为], essentia[本质], suum esse[其存在]。Esse enim est actualitas omnis rei[因为,存在就是每个实事的现实性]。⑰

二十一、善与至善

Quaestio 5[问题五]: De bono in communi[论普遍的善]。

Bonum transcendens[超越的善] = idem quod ens, ratione diversorum[同一个存在者,出于不同的理由]; appetibile[可欲之物], 可求之物。Omne ens bonum[每个存在者都是善物]。① Omne ens inquantum ens est bonum[每个存在者作为存在者都是善物]。从而: Omne enim ens inquantum est ens, est in actu et quodammodo perfectum[因为,每个存在者作为存在者,都是现实的和某种方式的完满之物](创制), quia omnis actus perfectio quaedam est. Perfectum vero habet rationem appetibilis et boni[因为,每个行为都是某种完满。完满之物的确有可欲之理由和善之理由]。② Unde sequitur, omne ens inquantum hujusmodi, bonum esse[因此,每个具有此种方式的存在者,都是善物]。Actualitas[现实性]——perfectio[完满]! In bono ratio perfectionis[在善物中,有完满之理由]。

完成之在(Fertigsein) (a)制—成,现成, (b)制—成——完成, 完满(相对地)。所以,善物在存在论上与存在者有同样的起源。

---

⑰[《神学大全》卷一]问题五,条目1。
①参条目3。
②参条目1。

创制。完成之物作为可动用之物和作为本身可求之物。

Deus bonus[上帝善好]? Perfectio effectus est quaedam similitudo agentis[完满的结果与行为者有某种相似性],依赖于创制者。Cum omne agens agit sibi simile. Unde ipsum agens est appetibile et habet rationem boni. Deus autem prima causa effectiva omnium. Manifestum est, quod sibi competit ratio boni et appetibilis[因为,某个行为者都会做与之相似的事情。因此,行为者本身是可欲的,也有善之理由。但上帝是所有事物的有效始因。显而易见,善和可欲之物的理由,与上帝本身相符合]。

Utrum Deus sit summum bonum[上帝是不是至善]。③

Deus non in aliquo genere et ordine. Omnes perfectiones desideratae effluunt ab eo sicut a prima causa[上帝不属于某种属或秩序。所有所渴求的完满,都源自作为始因的祂],并且,尽管 sicut ab agente, non univoco, sed quod non convenit cum suis effectibus[源自行为者,却非源自单义的行为者,而不与其本身的结果相一致]。Bonum in Deo[善在于上帝],是在超越的(überragenden)意义上!

但似乎不可能说上帝就是 summum bonum[至善]。因为,summum addit aliquid supra bonum, alioquin omni bono conveniret. Sed omne, quod se habet ex additione ad aliquid, est compositum; ergo summum bonum[至高之物为善物增加了某物,否则它就会与每个善物相一致。但每个由增加于某物而拥有自身的事物,都是复合物;因此,至善]是一种 compositum[复合物];但 Deus aber

---

③问题六,条目2。

omnino simplex. Ergo Deus non est summum bonum[上帝完全纯一。上帝不是至善]。

可是:Summum addit supra bonum non rem aliquam absolutam, sed relationem tantum; relatio autem, qua dicitur aliquid relative ad creaturas, non est realiter in Deo, sed in creaturis; in Deo vero secundum rationem: sicut scibile relative dicitur ad scientiam, non quia ad ipsum referatur, sed quia scientia refertur ad ipsum. Et sic non oportet quod in summo bono sit aliqua compositio, sed solum quod alia deficiant ab ipso[至高之物加于善物之上的,不是某种绝对的实事,而只是关系;可是,关系,被认为与受造物有关,并非真实地属于上帝,而是真实地属于受造物;却是按照某种方式属于上帝:正如可知之物被认为与知识有关,并非因为它与自身相关,而是因为知识与它相关。正因为如此,在至善中必定不存在某种复合,而只应当说,其他事物从至善堕落了]。

托马斯的存在论的轮廓的中心,在于关于先验之物(Transzendentalien)的学说;并且,只要verum[真实]和bonum[善]属于先验之物,所有现成之物也就都与作为绝对的存在者的上帝有关——在双重意义上:verum[真实]——由上帝所设想和创造,以上帝为出发点,并且反求诸上帝(zu ihm zurückstrebend)。从而,为更进一步规定受造物中的出色的造物、人,奠定了存在论基础。

因为,托马斯在包括人类学于其中的Summa theologica[《神学大全》]第二部分的Prologus["序言"]中如此说:postquam praedictum est de exemplari scilicet de Deo, et de his quae processerunt ex divina potestate secundum eius voluntatem; restat ut consideremus de eius imagine, id est, de homine, secundum quod et ipse est suorum operum principium, quasi liberum arbitrium habens, et suorum operum potestatem[在对范例,也就是说上帝,在对出自神圣潜能并符合其意志之物,作出陈述之后,有待我们思考的还有其肖像,也就是人,就人而言,他也是其作为的开端,正如他拥有自由的决断,并且拥有其作为之潜能]。

Homo differt ab irrationalibus creaturis in hoc, quod est suorum actuum dominus[人不同于非理性的造物之处在于,人是其行为的主人]。④ 并且,他凭借 rationem et voluntatem[理性和意志]。由此,liberum arbitrium dicitur facultas voluntatis et rationis[自由的决断被说成是出于意志和行动的能力],actiones sind proprie humanae[真正意义上的行动是人的行动],quae ex voluntate deliberata procedunt[它们出自作出决定的意志]。[……]*

关于 actiones[行动]的存在论的基本原理:Omnes actiones quae procedunt ab aliqua potentia, causantur ab ea secundum rationem sui objecti. Objectum autem voluntatis est finis et bonum. Unde oportet quod omnes actiones humanae propter finem sint[所有行动出自某种潜能,由潜能引起,并符合其对象之理由。但意志的对象是目的和善。因此,所有人的行动应该都是为了目的]。但这只符合托马斯主义存在论意义上的每个存在者!⑤ 可是——proprium est rationalis naturae, ut propter finem agit … quasi se agens, vel ducens in finem[这是理性本性的属性:为了目的而行动……如

---

④《神学大全》卷二,问题一,条目 1。

* 一些速记词语(无法识读)。

⑤《神学大全》卷二,问题一,条目 2。

驱动自身或将自身引向目的]。

区分(1)appetitus naturalis[自然欲求](inclinatio[倾向],倾慕……)如为某物所驱动,(a)sive in finem apprehensum, sicut bruta sive animalia[或为目的抓住,如野兽或动物],(b)sive in finem non apprehensum, sicut ea, quae omnino cognitione carent[或不为目的抓住,如完全匮乏认识的事物];(2)appetitus rationalis, voluntas, se ipsummovens[理性欲求,意志,自动者],将自身引向目标者,就其存在状态而言,与目标有本质关联。他者好像被拖向目标。

Actus speciem recipiunt ex fine[行为从目的获得种];行为所是和行为如何,由其朝向什么和为了什么所决定。Forma[形式], actio[行动]的本质规定。但如今 in his, quaepropter finem sunt, non est processus in infinitum; ergo est unus ultimus finis[这些为了目的的事物当中,没有趋向无限的进程;因此,有一个终极目的]。⑥

二十二、托马斯人类学的决定性特征

在我们过渡到对笛卡尔的分析之前,要对托马斯的人类学的特征作出简短总结。①

存在论有"两极"(zwei Pole)——方法论上的一极,事实上的一极。Deus[上帝]作为 exemplar essendi[应当存在者之范例]。

---

⑥参见本书"附录:补充27"。

①参见本书"附录:补充28"。

以此为定向的是 De ente in commune[《论普遍的存在者》]：transcendentalia[先验之物]，summum ens[最高的存在者]，明显与 verum[真实]和 bonum[善]相关；in ordine ad aliud[出自与他者的秩序中]，也是虑及先验之物。

Deus creator[上帝是创造者]——exemplar[模范]；homo[人]——imago[肖像]。Homo creatum[人是受造物]，但他的 essentia suorum operum principium[本质就是其作为的开端]，他本身是其作品的开端和作为的领导者。

按其解释：actus voluntatis et intellectus, se agens in finem[出于意志和理智的行为，将自身驱向目的]。Finis[目的]——objectum[对象]，不是由于，外在于它的某物尚且现成，并且与之有关，而是与其本身有内在关系。自由的为此—持守(Dafür-halten)，抉择之可能性，自由。出于意志和理智的行为是这样的行为：在可能性中作选择，并且总是已然作出了选择。

活动(Tätigkeit)——活动之为活动与某物有关，此物与这种作为之为作为相对立。所有做，都出于朝向某物，这是它奋力以求之物，存在出来(Aussein)之所向，目标，本身却是可以企及之物，为此而做，并且所求就是这样的事物，我们认其为 bonum[善物]和 appetibile[可欲之物]。人的所有作为，所做作为之事，本质上都是由目标所建构的。确立一个目标并非偶然；确立的只是规定的目标，或者更准确地说，只是此在实际上的无目标性(Ziellosigkeit)。确立目标，或者更准确地说，若无目标，没有确立的目标，要处理规定的目标，就只具有可能性，因为，这本质上只涉及一个目标。只有追求目标的作为，才能确立一个规定的目标。

如此这般生存，由选择，由选择抓住其最本己的存在可能，所规定。放弃选择，也只是一种选择。也只有在此基础上，才是单个行动的主人，才是其当时具体的做法和要求的主人。但与此同时，存在者完全按其存在由上帝得到规定，只要上帝在时间中启示自身，并且在作为恩典和恩赐的管理者的教会中，具体地规定人的此在，自由意义上的人类学难题，就容易集中于关于自然和恩典的难题。在此，只是概述理性的存在论基础。

回顾非同寻常的时刻，就会消减一些事情，可这样一来，本质性的难题之发展就表现出来的了。②

通过系统的初步思考，发展出了四个难题视角（Problemperspektiven）：追问存在（Frage nach Sein）；世界（自然）的存在；人的存在；真理。（中心：在此在—生存—世界之中；本身发展出了—创制—及由此而来的存在理解。）这四个难题视角之间有内在关联。

古代哲学，就是以追问存在（世界，自然）开端的，从存在论上借助世界—自然的存在概念（Seinsbegriff）。中世纪经院哲学，首先以主题方式将此遗产系统化，并以作为 summum ens［最高存在者］的上帝为定向。中世纪的这种托马斯主义的存在论，从此以后，为新哲学奠定了基础，尽管恰恰在于，这种新哲学的新开端，有确定的范围和方向："此在"（Dasein），"意识"（Bewußtsein）。

事实将表明：新哲学中对存在的追问，并非前所未有。相反，与难题（4），与真理联系在一起，并且重又以传统存在论为基础。对真理难题的核心讨论，将最初的存在论方向封闭［入］认识主体、人之中。通过这种同时对真理和认识的思索，讨论还以变形

---

② ［边注：］"总结 17. 1"。

方式发现了数学物理学,也从而对(2)=自然,提出了新的存在论观点。

与此相反,存在问题(Seinsfrage)之整体及其传统中心:上帝。从形而上学角度,人与上帝的存在关联(Seinsbezug),首先不可动摇。存在问题:prima philosophia[第一哲学];如此导致,近代哲学由以开启的主要作品,就是笛卡尔的《沉思》(Meditationen):Meditationes de prima philosophia[对第一哲学的沉思]。然而,并非存在,而是认识之真理和认识主体,成为了主题。

Omnes conveniunt in appetitu finis ultimi; quia omnes appetunt suam perfectionem adimpleri, quae est ratio ultimi finis[所有人都契合于终极目的之欲求;因为,所有人都欲求实现自身的完满,这是终极目的之理由]。但关于如今总是被认为这种最终目标之存在于其中已然完成之物,non omnes conveniunt in ultimo fine[并非所有人都契合于终极目的]。③ 最为外在的目标,所有人,无论是否意识得到,都从根本上以之为走向。④

着眼于finis[目的],还要区分:1. 其本身,所是,res ipsa[实事本身];所是——εὐδαιμονία[幸福];2. 它总是如何被拥有,被使用,被占有(in Besitz ist),usus rei[使用实事];布置(Auslegung)就是摆好(Zurechtlegung)和实现(Verwirklichung)。

对于所有受造物——rationale et irrationale[有理性的和无理性的]——首先着眼于(in der ersten Hinsicht)一个目标:Deus[上帝]。但受造物总是根据其存在方式参与此目标。Homo:ac-

---

③《神学大全》卷二,第一部分,问题一,条目7,回应。
④参见本书"附录:补充29"。

tiones, intellectus, voluntas[人：行动，理智，意志]；所以，rationales creaturae consequuntur ultimum finem cognoscendo et amando Deum[有理性的造物，通过认识和热爱上帝来追求终极目的]；这种 adeptio ultimi finis[达成终极目的]＝beatitudo[幸福]。⑤

In quibus hominis beatitudo consistit[人的幸福何在]？参"补充"。⑥

Ultimi finis possessio[拥有终极目的]，并且，尽管 finis 作为举止(Verhaltung)，建构出了人的本质，liberum arbitrium[自由的决断]，intellectus, voluntas[理智，意志]。所以，任何情况下，都 in operatione[处在活动之中]，然而，处在何种 operatio[活动]之中？不是物质财富，不是名望，不是权力，而是 summum ens[最高存在者]，Deus[上帝]——然而……而是在出于人的最高的特出的存在可能性的纯粹举止(Verhalten)中——认识，意愿。关于举止的什么？认识。为什么不是关于举止的意愿？因为，意愿仍然是向一存在出来(Aussein-auf)，也就是说，尚未朝向目标，不是已满足的无所求的逗留(Verweilen)——διαγωγή[消遣]。

Finis[目的]也是本真的存在者，并且，尽管就其存在而言是 actus purus[纯粹的行为]，ἀεί ὄν[永恒的存在者]。所以，intellectus[理智]作为 visio[观看]是最纯粹的 operatio[活动]。

这种 operatio[活动]之建构。

1. consecutio[达到]（观看并企及 summum bonum[至善]），
2. comprehensio[理解]（意愿并把握 summum bonum[至

---

⑤《神学大全》卷二，第一部分，问题一，条目 8，回应。
⑥参见本书"附录：补充 30"。

善]),

3. fruitio[享有](享用并停息于 summum bonum[至善])。

总结:人的最高存在方式,也就是说,其本真的存在,如此举止,以达 ἀεί[永恒],以达绝对在场者(schlechthin Anwesenden),停驻于它,投身于它,安宁,διαγωγή[消遣]。这符合绝对存在者的绝对的不可忍受性(Unverwindlichkeit)。人的生存之理念,当前之物的纯粹当前(reine Gegenwart des Gegenwärtigens),id est bonus, summus[这就是善者,至高者]。这符合古代的存在论的大方向,托马斯接受了此大方向。⑦

本真的存在者就是纯粹的在场者;相应关联于:当前。参比笛卡尔、康德、黑格尔;直观(Anschauung),辩证法。——过渡是晚期经院哲学。个体化原则,haecceitas[此性]。逻辑,认识,确定性。

---

⑦参亚里士多德,《尼各马可伦理学》,卷六和卷十。

第二部分
勒内·笛卡尔

René Descartes

二十三、弁言：以四个视角为定向

从 13 到 17 [世纪] 的跳跃，但也具有一种间接关联。正是此间接关联有待澄清。四个视角，托马斯在 De veritate [《论真理》] 中着手研究了：先验之物（Transzendentalien），Deus [上帝]，homo [人]（increatus*[非受造者]，creatura [受造物]）。

笛卡尔：真理有同样的基础，也有存在论定向。但已然没有了清楚的说明（explizite Exposition）和解释（Interpretation）。还对真理概念作了修改（modifiziert）。

由此出发，并且提问：

1. 在何种意义上？Certum [确定之事]。关于真理，效用（Geltung），可靠性（Gewißheit）。①

2. 动机何在？数学的认识理想。认识、领会和追求固有之所是（eigenes Was）。新在何处？②

---

*[中译按] 原文如此。

① 参《哲学原理》（Princ. I, 1 und 2），[《笛卡尔全集》（Œuvres de Descartes publiées par Charles Adam & Paul Tannery. Tom. I – XII, Paris 1897—1912. Tom. VIII: Principia philosophiae）。]

② 参见本书"附录：补充 31"。

3. 因此，如何根本扬弃（Aufheben）形而上学？Dubitatio［怀疑］，cogitatio［思考］，res cogitans［思考实事］。规定世界、自然和res extensa［广延之物］的方式，出于对存在、extensio［广延］的可能的认识方式（Erkanntheit）之理念。由此，以何种方式对哲学的全部难题性另作定向：res cogitans［思维之物］，mens［心灵］，animus［灵魂］，Subjekt［主体］，ego cogito［我思］，意识，我，自身，真理，谬误，自由。

4. 我、主体（此在）之优先性。基本问题：根据这种存在者的此种核心的优先性，同一个存在者之存在，是否已原初地并且以与之相称的方式得到规定，或者，这种规定，是否尚未取得，以及为何它必定尚未取得。

如果这种规定自此缺失，在康德及其后继者那里，也根本未获得成功，近代哲学的决定性开端，在主体那里同时意味着，忽视（Versäumnis）了存在论问题，与此相关的基本问题：sum［我在］，"我在"（ich bin），生存（Existenz）！忽视，也就是说，在老一辈人那里尚在，也就是说，接受了经院哲学和古代的存在论。主体被当作存在论上的一种现成之物意义上的 res cogitans［思维之物］，或者更准确地说，此在的存在含义（Seinssinn）尚未从根本上得到规定。

从根本上通过如此定向的对笛卡尔形而上学的理解，原则上可以获得对所有后来的哲学的理解（斯宾诺莎，莱布尼茨，英国经验论，康德）。

二十四、生平——著作——版本①

对所标明的难题的说明,紧接对笛卡尔的主要著作 Meditationes de prima philosophia[《第一哲学沉思录》]的解释,兼顾 Principia philosophiae[《哲学原理》]和 Regulae[《指导悟性的规则》]。在解释难题之前,是对沉思的一项一般性概览;目标和开端。此前:笛卡尔的精神渊源,拉·弗莱什(La Flèche),奥拉托利会(Oratorium)。生平。

(一)传记资料②

笛卡尔(1596—1650)。1596 年生于图莱纳(Touraine)郡的拉海(La Haye)。在拉·弗莱什的亨利四世学院(Collège Henri IV)受教和学习。1613 年开始,在巴黎长期(groß)[?]生活和活动,接着突然在巴黎完全遁世生活两年之久。后在尼德兰、巴伐利亚和帝国军队中服役,30 年代战争期间,参加过几次战役。

1619 年 11 月 10 日,在诺伊堡(Neuburg)第一个决定性的发现:mathesis universalis[普遍数学]之理念。

笛卡尔返回巴黎,出售其物品,外出游历。后来,他离开法兰西,隐姓埋名停留于荷兰多地。只与他在拉·弗莱什的年轻友人

---

① 这是海德格尔拟就的标题。
② 这是海德格尔拟就的标题。

和同学梅森(Mersenne)*往还。在此期间,他拟定了其最初的科学理念。

17世纪40年代末,他应瑞典公主克里斯蒂娜(Prinzessin Christine von Schweden)邀请,访问了她的领地。气候,生活方式,一切,都差强人意。他病逝于1650年2月11日。

(二)主要著作③

《论世界》(Le monde)。应该是成书于梅森1633年的著作④之后。因伽利略(Galilei)被教皇判定有罪已路人皆知,他将此书稿隐而不发。死后于1677年才出版:《论世界或论光》(Le monde ou Traité de la Lumière)。

取而代之的是《谈谈方法》(Discours de la Méthode)和《短论》(Les Essais)(《论屈光》[La Dioptrique],《论天象》[les Météores],《论几何》[la Geométrie]),1637年。mathesis universalis[普遍数学]的方法例证。

Meditationes de prima philosophia, in qua Dei existentia et animae immortalitas demonstratur[《第一哲学沉思录,其中证明了上帝的实在性和灵魂不死》],1641年。第二版的详细书名:His adjunctae sunt variae objectiones doctorum virorum in istas de Deo et

---

* [中译按]马林·梅森(Marin Mersenne, 1588—1648),法国神学家、哲学家、数学家、音乐理论家,被誉为"声学之父"。

③这是海德格尔拟就的标题。

④大概意指:《科学真理反对怀疑论和皮浪主义》(M. Mersenne, La Verité des sciences contre les Sceptiques et les Pyrrhoniens. Paris, 1630)。

anima demonstrationes; Cum Responsionibus Authoris[《以此结合博学之人的各种责难于关于上帝和灵魂的证明之中；随附作者的回应》]，1642。关于 objectiones septem[七项责难]的扩充,参上书。

Principia philosophiae[《哲学原理》],1644,4 部分。出自笛卡尔之手的法文版 pars I.[第一部分],重述了《沉思》。

《论灵魂的激情》(Traité des passions d'l'âme),为普法茨伊丽莎白公主(Prinzessin Elisabeth von der Pfalz)撰写,1646 年,笛卡尔停留荷兰期间,与她有多次交往。1649 年出版。

遗作:《论世界》。《三卷书简》,1657—1667 年。Opera posthuma mathematica et physica[《数学与物理学遗作集》],1701。

这就是最重要的著作[？]。还有更早期的著作:Regulae ad directionem ingenii[《指导悟性的规则》]。

(三)版本

1713 年,拉丁文,9 卷四开本(Quartbände)。

1824—1826 年,法文本(Cousin, Octav)。

目前,12 卷《全集》(Œuvres, ed. Ch. Adam et P. Tannery, 1897—1910)。卷 XII 中有亚当(Adam)撰写的"生平"。

用于研究的版本:

《沉思》(Meditationen, ed. Buchenau, 1913 (Meiner), ohne Objektionen. Güttler, 2. Aufl. 1912)。

《规则》依据 1701 年初版(1. Originalausgabe)——布赫瑙(Buchenau)1907 年版。

德译本:2 卷本《沉思,规则,谈方法,原理,灵魂的激情》

(*Meditationen*, *Regeln*, *Abhandlung über die Methode*, *Prinzipien*, *Die Leidenschaften der Seele*; Meiner, das ganze in 2 Bänden)。

二十五、笛卡尔与拉·弗莱什①

在前述对笛卡尔的概括考察中,以及在"引言"中已然说过:经院哲学—古代存在论之于笛卡尔的根本重要性。

战﹡前不久——还是在讲座课上听说:笛卡尔如流星,横空出世(aus Nichts da)。这光映对黑暗和野蛮。司空见惯。无知之野蛮,此番落到了康德派一方。但这——先于所有事实关联——从精神史和文学角度如何可能?

拉·弗莱什。三年哲学课程。1609/1610,《逻辑学》《伦理学》;1610/1611,《物理学》《数学》;1611/1612,《形而上学》。每天两堂两小时的讲座课,每天一堂复习课。每周六一次小论辩,每月一次大论辩,使用拉丁语。

权威:由托马斯·阿奎那解释的亚里士多德。教授们的准则:Communiores magis quo nunc approbatas philosophorum sententias tueri[要比持守当今哲人们所认可的见解更为持平]。自然是出自修会的全部训练科目,由当时耶稣会编写的可以做到的(gangbaren)[?]手册可以证实。哲学体系。苏阿雷兹(1548—1617),Disputationes metaphysicae[《形而上学的辩驳》],1597 年。

---

①这是海德格尔拟就的标题。参吉尔松(Gilson),《笛卡尔的自由与神学》(*La liberté chez Descartes et la théologie*, 1913, p.5ff.)。

﹡[中译按]指第一次世界大战。

圣保罗的欧斯塔西乌斯(Eustachius a Sancto Paulo)*，Summa philosophica quadripartita[《哲学的分为四部分的大全》]，1609年，以清晰和精确著名。

离开耶稣会学院后，似乎有个完全的中断时期。但27年后，他1639年在旅途中致耶稣会士梅森的信中还说，他旅途随身带着《大全》和圣经。1640年，他却澄清说，他从20岁开始，就没有再读过耶稣会的哲学。影响越少在文学上明确表现出来，在所有核心难题方面就更为基本。而且，这不仅是一种形式上的规定性，譬如，一种术语之接受意义上的规定性，而是哲学和神学也就是信仰的实际内容之接受，也只有在此基础上，笛卡尔"物理学"最终的存在论难题，才能得到把握。

当然:托马斯和耶稣会的神学，并非唯一的权威，若着眼于方法论，也许还不是首要的权威。更高的权威毋宁是奥拉托利会的神学:世界圣职联合会(Kongregation von Weltpriestern)，由枢机主教贝律尔(Kardinal Bérulle, 1575—1629)创立，其意大利模范是菲利普·内利斯(Philipp Neris)，1556年。以奥古斯丁为权威和模范。

1626年以来，枢机主教贝律尔对笛卡尔的个人影响。笛卡尔熟识一批奥拉托利会最著名的成员。他的良知顾问和第二天命。

---

* [中译按]圣保罗的欧斯塔西乌斯，17世纪法国神学家、哲学家，当时最重要的知识人和教会人士，法国反宗教改革的领袖，他的Summa philosophica quadripartita[《哲学的分为四部分的大全》]，1609年出版后，风靡欧洲，成为当时最广为使用的教科书，也为笛卡尔所使用和钟爱。

新神学。卓越的约翰内斯·达马思克努斯(Johannes Damascenus),纳齐安兹的格里高尔(Gregor von Nazianz),克莱芒的伯恩哈德(Bernhard von Clairvaux),首先是保罗(Paulus)和奥古斯丁——奥古斯丁先于托马斯。思辨方面和感性方面都是,但从而还有新柏拉图主义(Neuplatonismus)!上帝的统一(Einheit)和善是非常的规定性。

瑞比欧(Gibieuf),索邦大学教师,神学,枢机主教贝律尔的弟子,著有 De libertate Dei et creaturae[《论上帝的自由和受造物的自由》],1630 年。参下文对《沉思》的解释。瑞比欧此著对笛卡尔的新形而上学有核心重要性,但与经院哲学的关联非常密切。即使强迫笛卡尔作出某种表态,也不会一清二楚。如何对自由作出回答(Auskunft)[?]?特兰托大公会议(Tridentinum),1545 年以降。在反宗教改革的特兰托大公会议上,由枢机主教贝拉明(Kardinal Bellarmin)对难题首先作了详尽讨论。

Dei[上帝的]praescientia[前知]和 providentia[天意]、bonitas[善性]、misericordia[同情]和 libertas hominis[人的自由]之间的关系,是一个古老的神学难题,在晚期经院哲学中依然活跃。路德:笛卡尔从小就知道并特地讨论过 De servo arbitrio[《论受束缚的决断》],1525 年。这本书,以批判方式回应了人文主义者伊拉斯谟(Erasmus)的一本著作 De libero arbitrio diatribe[《论自由决断》],1524 年。路德,在神学上,否定人的自由,也就是说,人无法从自己出发走出无望,重归为走向上帝的存在者。

在根本上由耶稣会所主导的反宗教改革运动中,这个难题被重提。西班牙经院哲学:莫林纳(Molina),De concordia gratiae et liberi arbitrii[《论恩典与自由决断的和谐》],1585 年。肯定人的自由无须恩典,让上帝成为多余。

Libertas indifferentiae[中性的自由],有两面性的自由之在(Freisein),人既受强制又不受强制。Libertas propensionis[习性之自由],恰恰通过为 bonum[善]而决断,才会变得自由。

瑞比欧此著十年后,又出版了一部巨著,题名:《奥古斯丁》——著者为伊贝恩(Ypern)主教让瑟尼乌斯(Jansenius)。课题:奥古斯丁神学反对经院哲学,以发展托马斯和莫林纳主义。

数学物理学的繁荣。这在哲学上有双重意味:1. 从自然固有的合法则性出发来解释自然,而不诉诸上帝的创造力。问题:这种固有合法则性的存在者与上帝的关系如何。2. 方法上的理想,要比认识、数学证明和公理体系更严密。

文艺复兴,人文主义:人的发现,其固有的命运由自我决定。②

二十六、关于沉思的方法建构

Meditationes, in qua Dei existentia et animae immortalitas demonstratur[《沉思,其中证明了上帝的实在性和灵魂不死》],1641 年。"书简""致读者前言""大纲",《沉思》文本卷 I—VI。

"书简":人们在其中可以体会面对宗教裁判所的恐惧和伽利略的命运。所写下的这些全部置于"沉思"之前的文字表明,内容绝非随意为之,而是在经院哲学意义上讨论了第一哲学诸原则。

"前言":这些写给读者的弁言,指向"沉思"的一些核心难

---

② 参见本书"附录:补充 32"。

题:理念之概念和存在论的上帝证明出自上帝的唯一理念。但"前言"首先将注意力指向:决定性的内容,在于 rationes[理由]之 series[序列]与 nexus[连接],在于理由之次序与联结,也就是说,在于观察的方法论建构和进程。本质内容教会错失,若只选取和讨论学说要点。

内容之关联,我略而不计,以便标明每一沉思的主要特征,为解释固定的问题作准备。

六大沉思的题名:

I. De iis quae in dubium revocari possunt[论可能引起怀疑的事物]。论存在者,对它的认识,或者更准确地说,对它的已认识之存在(Erkanntsein),可能遭到怀疑。

II. De natura mentis humanae: quod ipsa sit notior quam corpus[论人心的本质:它比物体更为人所知]。论人的精神的本质(Wesen):它比物体性(körperlich)存在者更为人所知(相对于物体性的存在者,精神在可领会性上具有优先性)。

III. De Deo: quod existat[论上帝的存在]。上帝现成在手。

IV. 真与假。在此标题下对 III. 和 I./II. 之关联作了真正核心的沉思。

V. 和 VI. 物质自然与精神的存在论关联之难题。存在者的关联的普遍存在论难题。斯宾诺莎:关于一个实体之属性的核心学说。莱布尼茨:单子论的基本思想。逐一探讨沉思中所揭示的难题性。对先验之物的先验认识之难题,在康德那里,其根源同样在于此。

二十七、第一沉思①

（一）绝对可靠的认识的标准

何种存在者是这样的存在者：对其所臆想的已认识性（Erkanntheit）是可疑的，从而是不可靠的？因而，从根本上，这个标题的肯定性意图是发现这样的存在者：对它的认识，绝对无可置疑，绝对可靠。何种认识 inconcussum［不可动摇］，不可动摇，从而也是进一步认识的共同基础？何为原初的认识的特质？一个问题！还有回答方式？关于某事物的一种绝对可靠的认识——陈述—定理（Aussage-Satz）。这个前提（相应于两个问题），本身包含着一项关于何为本真认识的认知（Wissen）和理解（Verstehen）。（现在暂且是预告。）所以，在此好像就有原初的"认识"。进而言之：一种对存在者和存在的理解，也同时被作为前提，这是一种对本真地存在着的存在者的确定解释。

笛卡尔要沿何种道路走向此目标？显然是如此：他穿越了他所认识的存在者，也穿越了属于他的领会方式，以检验这种领会方式是否能满足绝对可靠的认识之理念。

从而，这是在先的指导线索和衡量标准，以此来评估，在先给予的认识，是否与其相符合。这个前提，首先绝非这种此在（Dasein），而是重视：按照第一沉思的方式，从根本上认识有差别的存在者之领域和不同的认识方式与阶段。宣布这些并揭开考察进

---

① 标题为海德格尔所加。

路,是解释的第一项任务。

(二)怀疑之进程

Propositio[前提]:Firmum et mansurum stabilire in scientiis[确立认识中确定的内容和其余的内容]——a primis fundamentis denuo inchoare[从最初的基础重新开始]——eversio generalis mearum opinionum[总体推翻我的观点]。

这如何进行?逐一讨论和检验每一种意见吗?非也,而只是其基础,也就是说,ipsa principia[这些原则],由以出发的前提是什么,意见本身得以可能有怎样的基础,这就是要检验的。所以,并非我日常所获之全部经验,不是其所有自我表象(Sichvorstellen)、想像(Einbilden)、幻想(Phantasieren),而是感性认识之总体,想象(Einbildung)之总体。与此相应:不是每个客体,而是最初相对的对象和客体本身的存在方式。

笛卡尔如此穿越的不是存在者和随便一系列领会方式,而是有某种秩序的领会方式,秩序从属于道路,道路当在 fundamentum[基础]前延伸:

sensus[感官]	相对的"对象"
per sensus (amentia, somnus)[通过感官(失去心智,睡眠)]	小的和远的
imaginatio[想象]	最接近身体
intellectio[理解]	particularia[独特之物]
pura intellectio[纯粹的理解]	generalia[普遍之物]
	universalia magis simplica[普遍之物而非单一之物]
	(物理学,天文学,空间,时间,大,维度)
	simplicissima[最简单]——maxime[最大]
	generalia[普遍之物]

所以，在此有不可置疑之物。不过：所有 opiniones[观点]以得到详细探讨了吗？没有忽略核心观点——Deus[上帝]？也就是说，我自己，从而还有我出于受造和确定方式的举止，不完满，而完全不考虑：我是否将我所领会之事，臆测和规定为真的还是假的；这种认识有可能如此作出选择，以至于我既领会不到什么，也不会产生错觉（täusche），而是从根本上导致颠倒（verkehrt）！不依赖于运用我的自由的方式，而是颠倒了我的本质（Wesen）；由此无法唤醒，也无法中断错觉。

原则：1. 举止，我以其为基础来领会某物的举止，有可能既揭露，又遮蔽、阻挡。2. 存在者本身，如此举止——所由来（woher）。按其含义，笛卡尔未在此转弯，并在这时引入了上帝，而存在者，只要它存在，就是受造的 ens[存在者]，就是 ens creatum[受造的存在者]。从而返回到作为最终原则的 creator[创造者]。

不过，正如这个问题必然从属于道路，同样也必然会臆测：我有可能是上帝如此创造的。Deus[上帝]就是 summus bonus[至善的上帝]。如果我不断产生错觉，我会认为存在之物存在着（seiend），又会认为存在之物不存在（nicht seiend），如此一来，我的本质——不考虑我是否臆想拥有或不拥有真理——本身当中就有了一种 falsum[虚假]，也就是在存在论意义上。然而，Omne ens[每一个存在者]，est verum[都是真实的]——本质如此（wesenhaft）！

但人们必定会问：笛卡尔为何不从一开始就提出这种思考，为何先详细讨论能力（Vermögen），若果真有这种可能性：我的本质，原则上被颠倒了？不过，如果我可以说，从上帝的同一个理念出发,这种情形不可能存在,那么,我从而也就知道,什么才是绝对可靠之事物,然后还有一个事实:我偶尔会产生错觉。最终,必定有可能存在一种无可置疑的可靠的认识,按此,诉诸上帝的权利也会变得明朗,也就是说,我的本质不可能颠倒,具有可靠性。

由此,笛卡尔的基本取向变得显而易见:他所寻找的,完全不只是一个 fundamentum simplex inconcussum[不可动摇的单一基础],相反,后者必然也会保障对上帝的基本认识。

他将所有可能的认识活动(Erkennen),置于对一种严格的认识之理想的需求和评估(Abschätzung)[?]之下。为此,却还需要一种关于认识活动本身的可能方式的定向,靠一种对本质之颠倒或颠倒之不可能性的简单思索,还不能获得此定向。进而言之:讨论通过上帝可能性,是最后的步骤,以便将怀疑之道路引向 fundamentum[基础]被寻找之处。只要我简单地抓住上帝之理念,我就知道,我不会完全颠倒,因此,如凭借认识能力之所为,我也会以某种方式意会到真理。难题恰恰是:基础是怎样的?如此支配,从方法上不考虑上帝,并且在此也按照到目前为止的原则行事,也就是说:assensionem cohibere[保持同意],removere[排除],suppositio falsi[虚假之假定]。

形成的结局(Endsituation)——造成一种欺骗精神(Lügengeist)。Omne habeo pro falso②[我认为一切都是虚假之物],我使自己产生了错觉,所以,认为一切都是虚假,认为没有什么是真的。Manebo in hac meditatione obstinate defixus[我停驻于

---

②海德格尔误写为"falsum"。[中译按]falsum 是主格,介词 pro 支配夺格,所以,falsum 应变格为 falso。

这种沉思,坚定不移]。对自身的怀疑式探求之孤立(Isolierung)。我固守一点,就是我之所有:不认可一切。以此态度,总是不断探求无可置疑的某物,无论有可能存在什么,都完全不重要,无论涉及何种实事内容,无论按照这种可靠的认识可以认识怎样的存在者,无论在此孤立中是否还有某物,并且立于虚无之前,这样才算可靠(gewiß)!

二十八、第二沉思①

（一）"我在"之真理性

标题首先使人感到意外,因为,它处在"第一沉思"结尾。虚无——不是纯粹的虚无,而是面对虚无的设定之在(Gestelltsein);却总是还要寻求一个 fundamentum[基础]。

把握处境:Rursus eandem viam tentare[重新尝试同样的道路],removere[排除]不可靠之事,pergamque porro[我更进一步],removere[排除]先行。无论如何,有可靠的某物,哪怕只有一点是可靠的:"没有什么可靠之物"。如果一切事物和任何事物都不存在,如果不同意其现实存在,这种怀疑会将走向何方？一切事物完全从根本上都用不可靠性标示出来了——一切事物,我通过怀疑寻求一个 fundamentum[基础]时能够与之交往的一切事物。

---

①标题为海德格尔所加。（编者在形式上使之与"第二十七"和"第二十九"直至"第三十二"相符合）。

最终，难道上帝不正是这样一位上帝，qui mihi has ipsas cogitationes immittit[祂将这些思维本身置入我当中]？或 ipse author[祂就是始作俑者]？Nunquid ergo saltem ego aliquid sum[因此，岂非至少我以某种方式存在着吗]？Negavi：Habere ullos sensus, ullum corpus[我否认：我有任何感官，有任何身体]。Haereo[我犹豫不决]：没有它们，我还能存在吗？只是：Mihi persuasi nihil plane esse in mundo, nonne igitur etiam me non esse[我自己确信世上彻底什么也没有，莫非连我也不存在]。难道这不意味着，连我也不存在？

然而：我已说服自己，[我]不存在。我已否认，我没有意识和身体。Imo certe ego eram[相反，我确实是存在的]！但是反过来：也许，使我产生谬误的人，只是一个骗子；可是：haud dubie[根本不用怀疑]——ego etiam sum, si me fallit[说明我是存在的，如果他欺骗我]。他使我在我的思想中产生了错觉，只要他愿意，nunquam tamen efficiet, ut nihil sim quamdiu me aliquid esse cogitabo[但绝不会发生这样的情形：我是无，尽管我认为我以某种方式存在]。所以，statuendum ergo[因此，可以确定]：hoc propositum "ego sum, ego existo", quoties a me profertur, vel mente concipitur, necessario esse verum["我存在，我生存"这个前提，我每每提及，或我心每每想到，它必定是真实的]。

据此，可以发现一个 veritas[真理]。何种真理？我在, ego sum[我在]？我被发现存在着？非也，相反断定：Quoties dico ego sum, hoc dictum verum est[我每每说我在，这个说法是真实的]。"当"我思考时，只要我在思考，我就存在。这种内在关联之构成，作为这个思考中的我的同时被给予之在(Mitgegebensein)：propositio[前提]！最初的认识，不是直观一个被给予之物，而是发现这种实情(Vorfinden dieses Sachverhaltes)。

比较2、3、4。Dum cogito, me existere cogitare debeo[当我思考时，我必思我在]。Cogito ergo sum[我思故我在]——并非结论，也未发现一种单纯被给予的存在者，而是 veritas simplex[简单真理]，尽管也是一个绝对 evidente veritas externa[显而易见的外在真理]。Propositio[前提]——单纯陈述，"我在"，不是公理，因为，我还有可能不在，我在并非必然。这个陈述关涉所述——陈述中之所述——并非必然。恰恰相反，陈述必须由每个有思考的我来实现，因为，在思考中，同时发现了我思。由此，只要我在思考，我就存在(反过来也成立：只要我存在，我就在思考)。这取决于："思"，cogitare[思]，在此之所谓。由此，笛卡尔现在提出问题：Quisnam sum ego ille, qui jam necessario sum[那个必定存在的我是谁]？

在此，笛卡尔自己不是说：我必定存在，并且，这个我在必然就是(mithin)最初的基础性认识之存在吗？我在必定意指：只要我思考，我的存在必定同时被思(mitgedacht werden)。必定—存在(Notwendig-sein)意指无条件的同时所思之在(Mitgedachtsein)(存在与真理！)。我作为思者，必定以生存方式(existierend)思考，也就是说，cogitatio[思]就是 conscientia[心识](较晚！)。我的这种同时所思之在，必定从属于我的思考。

(二)对精神之本质的限定

我是谁和我是什么？决定(das entschieden)如何形成？若在现实认识的意义上，这些规定显然必须与已发现的公理有同样的显而易见性(Evidenz)。它们必须在这个现在可及的基础之上获得:ego[我]对于作为存在者的我,显而易见是被给予的。

从现在起,将在下述意义上运用 propositio fundamentalis[基础性前提]:我在我之中之所见,我在孤立中之所见,这个基础性前提,先前已通过怀疑之道路而达成,也就是说,我是什么:对这个问题的回答,必须与基础性缘因(fundamentalursache)有同样的显而易见性和可靠性,omnium certissima evidentissimaque cognitio[所有认识中最确定和最显而易见的认识]。因此,按照 ego[我]之所是之规定(Wasbestimmung),任何向这样的事物,向遭到怀疑之物的回溯,都被隔断。既非习传的答案(定义),亦非 sensus[感官],亦非 imaginatio[想象](per sensus[通过感官]),也就是说,并非 corpus[身体]之整体。也就是说,为 quid sum[我之所是]的限定,不是习传的对人的定义:animal rationale[理性的动物], corpus[身体]!

首先,对于笛卡尔而言,具有决定性意义的,不是他对 ego[我]的陈述,而是,如何(wie),在何种方法论基础上,对 natura mentis[心灵之本性]的限定才能建立起来。以否定方式显明这一点,是通过对容易想到的规定企图的撤回(Abhebung)。

Quare jam denuo meditabor[因此,现在我要重新沉思]……因此,我要重新思考,我先前把什么当成了我的本质,在我抵达现在的思考之前,这些思考将我引向 fundamentum[基础]。从先前的谬误中,我将完全移除的内容,通过建立于基础性认识之上的被告知的理由,也只能稍有动摇,所以,最终刚好只留下了可靠和不可动摇的内容。

由此显然:以怀疑方式彻查之内容,不能随机引用。那么,我是什么？Homo[人]！然而,homo[人]意指什么？我可以说"animal rationale[理性的动物]"吗？但我还必须问:"Quid sit animal, quid rationale[什么是动物,什么是理性的]"？但如此多的必须,我没法对其作同样的精细分析。尤有甚者,我要注意,向我呈现的内容:每当我问,我是什么,quid sponte et natura duce occurrebat[自动和由自然引导出现了什么],自动和以自然方式呈现给我的是什么,无先入之见,不顾及习传的认识。

向我显现出来的是什么？我有脸、手、胳膊,整个是一架由四肢构成的机器,在尸体上也可以发现这些,人们称其为 corpus[身体]。此外:我养活自己,我行走,我感受,我"思考"。这类事物将我与 anima[灵魂]相关联。灵魂是什么,对此我少有关注,但与此同时总有某物表象于我,如气、火、苍穹。

可我完全相信我知道什么是 corpus[身体]:由一个身形限定,能够用一个位置来规定,占据空间,这样在此空间之内,将其他任何身体排除在外。通过触摸、看、听、品尝、嗅可以得知之物,可以多种方式驱动之物,尽管不是自我驱动,而是由他物驱动,就是所涉及之物。如此恰恰从根本上正是这 corpus[身体],才是我所知之物,关于 anima[灵魂]我从根本上一无所知。

但我,相应于已实施的 remotio[排除],如何才能说出同样的内容——我就必须运用 sensus[感官]、intellectio[理智]和 imaginatio[想象]。但这些都会产生错觉,而只给出虚假之物。关于这样的事物,不会向我呈现出任何内容:nihil occurrit[无物出现],正当我自然地并且无先入之见地环顾我自身时。无论以何种方式与 corpus[身体]相关之内容,都不可能进入 ego[我]之所是之规定(Wasbestimmung)。但是,我归之于灵魂的品质,情况又如何？营养,行走,与身体相关联,所以,removendum[应当排除]!

　　Sentire[感知]? Etiam hoc non fit sine corpore[它的发生仍不无身体];相应于 per sensus[由感官]所获之物:误解(Irren),妄想(Wahnvorstellung),想象(Einbildung)。Cogitare[思]? Hic invenio:cogitatio est[在此,发现:就是思维],存在的是我能判归其有存在之物,因为,它已然在 cognitio certissima et evidentissima[最确定和最显而易见的认识]的意义上被给予了。Dubitare[怀疑]! Cogitatio sola a me divelli nequit[唯有思与我不可能分离]。Cogito[我思]——sum[我在]——existo[我生存]! Quamdiu sum[我存在多久]? Quamdiu cogito[我思多久]! 因为,有可能,我会停止思考,并且从而停止存在。我存在这一点,并非必然。Nihil nunc admitto nisi quod necessario sit verum. De iis tantum quae mihi nota sunt, judicium ferre possum[我如今不会承认任何东西,除非它是必然真实的事物。关于我所知的这些事物,我能加以判断]。② 我只容许,也就是说,我只承认,必然真实的事物才存在着。首要意义上的真实就是:我在,只要我思,或者更准确地说,我思,只要我在。我之所是及其存在,按此,就是 cogitare[思]。因此,我是一个存在者,res[实事],它有思,cogitat[它有思]。这个 ego[我]:res cogitans[思维之物];这种 praecise tantum[确切如此]。Res vera, vere existens, sum[真实的实事,真实存在者,我在]! 术语:mens[心灵], animus[灵魂], intellectus[理智], ratio[理性],如今包含一种真正的和严格的所汲取的含义(geschöpfte Bedeutung)。Ego[我]不是 animal rationale[理性的动物],而是

---

　　②页 22(应为页 21,按 Adam-Tannery 前揭书,卷 VII)。

res cogitans[思维之物]。Quid est hoc[这是什么]? Nempe res: dubitans, intelligens, affirmans, negans, volens③, imaginans quoque et sentiens[当然实事:怀疑者,理解者,肯定者,否定者,愿者,还有想像者和感知者]。④

事实上:这个我确实就是第一人称的我(Dieses Ich bin ich doch)。⑤ Quid est, quod a mea cogitatione distinguatur[区别于我的思维的,是什么]?⑥ 可与 res cogitans[思维之物]区分的存在者那里有什么? Quid est, quod a me ipso separatum dici possit[能被说成是与我本身分离的,是什么]? 能说它存在、存在着、与我分离的存在者那里有什么?

如果,也是部分地,我通过自由幻想为我想像出来的事物,不可能现成在手,vis tamen ipsa imaginandi revera existit, et cogitationis meae partem facit[但想像者的力量本身是存在的,并且,它造成了我的思想的部分]。我看到光,听到声响。Falsa haec sunt[这些是假的],我只是在做梦! At certe videre videor[但我相信我确实在看]。但确实,我真知道,我在看,我在听——videor videre, audire[我相信,我在看,在听]。这不可能是假的,也可能,我所看到的——在梦中或醒着时或精神错乱时——,也许是一种幻象。不是 videre lucem[看到光],而是 videor videre est proprie, quod in me sentire appellatur; sic sumptum nihil aliud est quam cogitare[我相

---

③补充:nolens[不愿者]。
④只是初步列举,都还要分类。——参《哲学原理》(Princ. I, 9)。
⑤页 23 finis[结尾](Adam-Tannery 前揭书)。
⑥页 24(Adam-Tannery 前揭书)。

信,这就是看,就是所谓我当中的感知;如此所以为的,无非就是思]。

因此,本真的 sentire[感知]也是一种 cogitare[思],在思中,可以找出感知的本质。因为,cogitatio[思维]⑦的本质,就是 conscientia[良知],自我意识,同时思考自身(sich mitdenken)。我思,伴随着所有我的表象。所以,笛卡尔也能够将 sensus[感知]和 imaginatio[想象]用作 cogitatio[思维],尽管它们系于 corpus[身体]。思维的本质是通过自我意识建构起来的。Cogito, ergo sum[我思,故我在]:这是基础性认识的一个结果(比较:reditus in se ipsum[回归己身])。感性感知,不能按此方式来感知自身:标示固有的领会方式,但 intellectus[理智]却能。本质等级越高,回归就更为原初。

这可使一切都存在。Res cogitans, ego cogito[思维之物即我之思]必须绝对被给予;因为,我不会丧失此信念,res corporeas, quarum imagines cogitatione formantur, et quas ipsi sensus explorant, multo distinctius agnosci quam istud nescio quid mei[物体性的实事,其影像由思维所构成,也得到感官本身的验证,对这些物体性实事的了解,要比我所不知的那种事物明白得多]。⑧

这是否符合一条定理:ego[我]之认识是最显而易见的,相反对物体性事物的直接和确定的感知则非如此,后者在存在论上,通常充当了最清楚的(deutlichste)认识?比较此前:corpus[身体], anima[灵魂]。其情形究竟如何?让我们仔细考察一番。我

---

⑦比较《哲学原理》(*Princ.* I, 9)。

⑧页25(Adam-Tannery 前揭书)。

们不打算对身体作一般性研究,而只考察完全确定的内容,并对经验方式作出研究。Sumamus exempli gratia hanc ceram[我们选取蜂蜡作为例证]。

第二[沉思]提问:什么造成了此到场的存在者的存在(das Sein),靠何种能力才可以本真地领会存在者?所给予的是什么?就出自切下的蜡块薄片,还有蜂蜜的味道和本身带有的花香。颜色,形状,大小;握着,硬,冷,碰一下,有声音。在所有这些情况下,我都非常明显地领会到此事物。说话间,它接近了火。味道和气味变淡了,颜色变化了,外形也变了,融化,变热,几乎不再能拿得住,碰一下,也没了声音。

Remanetne adhuc eadem cera[它还是同一块蜂蜡吗]? Remanere fatendum est[不应当承认还是]。那么,它曾经之所是,在它接近火之前,我曾以存在者所指,若我如今还认为它是同一个存在者,那么,发生的所有变化又在何处? Corpus apparens istis modis, nunc diversis[物体表现出来的那些方式,如今不同了]。当我说蜂蜡时,我指的是,这种显现给我的在变化中剩下的东西。如今它本身是什么? Extensum quid, flexibile, mutabile; capax aliquid mutationum[广延的某物,可伸缩,可变化;有某种大的变化]。应当如何更准确地理解它,我曾经又是如何理解它的?不是说这些确定的modi[样式],这无关紧要。我将这发生了某种变化的剩下的圆形的东西放在面前。但是,我能让所有可能的变化表象给我吗?不可能!想像!我同时意指这样的事物:我无法让其真实地表象给我。那么,是什么?所有可能的变化,capacem esse comprehendo[我理解会有很多]。而这种comprehensio[理解]不是sensus[感觉]和imaginatio[想象],而是perceptio[感知];sola mentis inspectio[只是心中的检查]。我所认为的本真的存在者,通过所有变化,并且在所有变化中,通过感觉和想象无法通达,mentis inspectio[只是心中的检查]。Comprehensio des ἀεί[对永恒的理解],对这标志着变化之可能性的永恒的理解,并不是一种确定有效真实的变化。⑨

二十九、第三沉思①

(一)总体规则:清楚明白的经验通过我的精神获得

获得了什么? I. 最后场合前的沉思。II. 沉思(a) fundamentum[基础]:伴随着 cogito[我思]的必要的我之共同被给予之在,(b) quid sum, res cogitans[我之所是,思维之物],无关乎 res corporea[物体性实事]。

现在有什么?闭目,塞听,也就是说,堵塞素有身体通道和经验方式。Meque solum alloquendo et penitius inspiciendo[只与我自己交谈,也只更深入检查我自己]——深入探究,使我为处在这种孤立中的我自己更熟悉和更亲密。Quae sentio extra me fortasse nihil sint, tamen cogitandi modi, als solche, in me esse sum certus[我所感知之物,也许没有什么超越于我之外,可是,应有之思维

---

⑨参见本书"附录:补充33"。
①标题为海德格尔所加。

方式,作为应有之思维方式,我确定它们存在于我之中]。②

Forte adhuc apud me alia, ad quae nondum respexi[也许,在我之中还有其他我尚未审查过的事物]？自我这里,尚未穷尽一切我能以与基础性认识同样的方式据为己有的事物！Sum certus[我是确定的]！我还知道,quid requiratur[需要什么],为了我能有可靠的基础性认识,什么不可或缺？什么标明了 prima cognitio[首要认识]？

In ea nihil aliud est quam clara et distincta perceptio[在此认识中,有的无非是明白又清楚的感知]。其中无他,除了一种明白又清楚的,对我所拥有之物,对我认为它存在着的事物的朴素经验。而且,看起来,我能够从基础性认识中同时获得,使基础性认识成为可能的 regula generalis[总体规则]。Illud omne est verum, quod valde (recht) clare et distincte percipio[那一点完全真实:感知非常(很)明白又清楚]。这条规则,当然会因此而被动摇,基础性认识,也从而会被动摇,如果可以证实:尽管我按此规则经验到了某物,此物却不存在。

因此,暂且:penitius inspiciendo[更深入检查]——regula generalis[总体规则]。此总体规则若要能成立,就像我所要求的那样,它本身,凭借其作为指导规则之权利,必定如此可靠,就像本身表现为尺度之可靠性。**我必定能够认为,与其固有的规则含义相符合的规则是可靠的。**

我能如此吗？这就是事实上的我吗？先前我不认为关于地、

---

②Extra me[超越于我之外]——in me[在我之中];对于超越之难题(Problem der Transzendenz)的基本讨论,具核心意义。

天、星辰的很多想法是可靠的？但就此我在规则意义上领会到了什么？显然，ipsas ideas talium rerum menti meae obversari［这类实事的这些理念向我的心显现］。但我现在也不否认，illas ideas in me esse［那些理念就存在于我心中］。可是，我先前曾臆想，另有某物也是可靠又确定，这就是 res, a quibus istae ideae procedebant［那些理念所由来之实事］——extra me esse［外在于我］，但就此我其实是搞错了。

可是，我已然在 regula［规则］意义上，给出了算数和几何学的真理，它们也要遭到 remotio［排除］吗？那又是为什么？因为，我认为，就我的本质而言，我有可能歪曲：我 evidentissime［最显而易见］的领会之物，并不存在。尽管我没有理由相信，这是一个骗人的上帝，可另一方面，nec quidem adhuc satis scio utrum sit aliquis Deus［我也的确不足以知道它是不是上帝］。Metaphysica dubitandi ratio［怀疑者的形而上学的理由］。怀疑的存在论的理由。并非出于 cogitatio［思维］本身的内在本质。

（二）证明上帝的存在（Existenz）作为任务

只要上帝的存在不绝对确定，从而，祂不可能骗人或导致歪曲这一点，也不绝对确定，regula generalis［总体规则］就无保障。因此，必须首先证明上帝的现成之在具有同样的可靠性，基础性原理运用的就是这种可靠性。由此，regula generalis［总体规则］本身方能证明自身具有形而上学的合法性（Rechtmäßigkeit）。

质疑：**圆圈**！靠 regula generalis［总体规则］证明上帝的存在，而 regula generalis［总体规则］又出自上帝的存在。如此，1. 什么都没有证明，2. 就此必须问：这是否切合笛卡尔眼中的相互关系，

regula generalis[总体规则]在何种意义上是"前提",由此可以推出某种结论。

任务:上帝存在的证明绝对可靠,也就是说,证明 esse rem extra me[这是外在于我的实事]绝对可靠。我能否完全从我的意识——res cogitans[思维之物]——出发,并且也能在 regula generalis[总体规则]的意义上,经验到一个非意识方式的存在者的真实的现成之在?我何以完全认识存在者之为存在者?认识之真理何在?认识何以建构?什么从属于认识?何种 cogitationes[思维]形成认识?如何完全确定这些思维的秩序,何种等级的 cogitationes[思维],能说它们是真实的?真实的问题链条处在"第三沉思"之下。回答这些问题,亦可洞察笛卡尔对认识难题的具体理解,也就是说,洞察近代和现代认识论的开端!

(三)理念的分级(Klassifikation)

1. cogitationes[思维]的分级:

(1)ideae[理念];voluntates[意志];affectus[情感];judicium[判断];

(2)actus intellectus[理智行为];actus voluntatis[意志行为]。

Forma[形式]:1. imago[肖像]之 cogitare[思];2. aliae cogitationes alias praeterea, amplius[其他思维,更广泛的思维]。Voluntates[意志]——judicia[判断]。Subjectum apprehendens[领会可感之物],当前之物的在先给予(Vorgeben des Vorliegenden)!③

---

③布伦塔诺(Brentano)的原理!所有行为,不是表象,就是以表象为基础。参见本书"附录:补充 34"。

2. veritas[真理]和 falsitas[虚假]proprie[究竟]何在？（比较托马斯，veritas transcendentalis[先验真理]为 proprium intellectus[理智所固有]。）笛卡尔：judicium[判断]——assensio[同意]。Idea[理念]？非也！理念什么也不给予，理念对现实性并无裁判！真实，就是我表象(daß ich vorstelle)。

Voluntas[意志]？尽管想有歪曲，或希望某物，它并不存在。④仍然是真的，因为……(daß...)

Judicia[判断]？在此 cavendum[应当避免]。将在我之中存在着的理念，分配给外在于我之事物过程中，最为常见的谬误。Judicare[判断](a)因此，将 Immanentes[无所不在的](ideae[理念])归于先验之物，(b)同意某物。

3. 由此显而易见：理念对于认识具有建构性——imagines[肖像]，自我呈现之物，in cogitatione formatur[在思维中被构成]。⑤

4. 划分：innatae[天然理念]；adventitiae[外来理念]；a me ipso factae[我造成的理念]。是否所有这些并未排除 1 或 2 或 3，nondum originem clare perspexi[我尚未明白地看透起源]。

5. ⑥主题，首先，并且根据主导性难题，de iis, quas tamquam a rebus extra me existentibus desumptas considero[关涉这些理念：我思考它们如同思考存在于我之外的事物]。为什么我认为这些理念相互协调？(a)A natura doctus[有知出于自然]，(b)non a mea voluntate[而非出于我的意志]。

---

④ "第三沉思"6。
⑤ 页 25(Adam-Tannery 前揭书)。
⑥ 海德格尔标为"6"。

第二部分　勒内·笛卡尔　185

　　这是可靠的理由吗？符合 regula generalis［总体规则］的要求吗？

　　ad［补充］(a) Spontaneo quodam impetu［出于某种自发的冲动］,而非(aber nicht⑦)lumine naturali, quae duo multum discrepant［出于自然之光,此两者区别很大］。

　　ad［补充］(b)(1)并非出于我的意志？这并非标准,因为,若并非出于我的意志,由此出发,也绝不会得出结论:必定出于外在事物;在我之中,也许还有其他我所不知道的力量。(2)即使真的出于事物,non inde sequitur［由此也得不出］:它们必定类似于所遭遇的事物。太阳的表象之间有巨大不同:感觉像很小的圆盘,但思维中的太阳要比地球大！而且,感性经验中最不相似的事物,恰恰本身最为显而易见 ex caeco impetu［出于盲目的冲动］,而非 certo judicio［确定的判断］。

　　这两条理由——impetus naturae［自然的冲动］而非我——我不能引以为据,如果超越(Transzendieren)应有一个基础,基于 regula generalis［总体规则］意义上的一条可靠理由。

　　然而,如何获得这样一条理由？Idea［理念］本质上:referre eam, in me ad rem extra me［将我之中的理念,归于外在于我的实事］。我如何能够从我之中的 idea［理念］出发,证明 res［实事］之现成［das Vorhandene］？轮轴之 idea［理念］,所有部分都围绕它旋转。它本身首先边缘要更光滑(schärfer)。⑧

　　Realitas［真实性］不只是自我指涉(Sichrichten)的空洞的指向

---

⑦海德格尔插入:这是页 29 上的引文。
⑧参"第三沉思"和"第四沉思"的"补充"。

(Worauf)(realitas objectiva[客观真实性]),而是所表象之物本身;不考虑,这里意指的存在者本身,是否现成。只要意指存在者,对其现成性本身不作决定,在所表象之物的内容中,就还有现成性。

Realitas objectiva[客观真实性]就是所意指。⑨ Realitas des objectum[对象之真实性]只是 qua objectum[对象之理念],因此,并无 plus realitatis[更多真实性]。Realitas objectiva[客观真实性]也各种各样吗,若着眼于 realitatis[真实性的] plus[更多]和 minus[更少]之 quantum[数量]? 还是说,realitas actualis rei perceptae qua percepta et ideo objectiva[所感知到的实事的真实性,作为所感知到的真实性,也因此是客观的真实性]? 显然,只有这样才算桥梁,而这正是导入的含义。

足矣:现成之在前—立(Das Vorhandensein ist vor-gestellt),并如此从属于 perceptio[感知],虽然现成之在(perceptum[所感知之物])并没有 realitas actualis rei cogitantis[现实的思维之物的真实性]。⑩

(43)⑪Iste modus essendi (quo res est objective in intellectu) objectivus competit ideis ex ipsarum natura[那种客观的应当存在者(实事因此客观存在于理智之中),出于其本性,符合理念]:1. 也就是说,idea[理念]作为 perceptum[所感知之物]= idea objectiva[客观理念];2. 作为 perceptum[所感知之物],却具有客观真实

---

⑨参见本书"附录:补充35"。

⑩迷狂之难题(Problem der Ekstase)。

⑪Adam-Tannery 前揭书页码。

性的某种内容;在 qua perceptum[作为所感知之物]的理念中,具有双重真实性,也有双重含义。

因此,realitas objectiva[客观真实性],在也许是任一"理想"的存在的意义上,并非所表象的内容本身的现实性的方式(»cogitatum« qua cogitatum["所思之物"作为所思之物])。

realitas objectiva[客观真实性]同样很少是表象本身的现实性、cogitare[思]也就是 res cogitans[思维之物]或一种 modus[样式]的存在的现实性、也就是 realitas formalis ideae actualis[现实的理念之形式上的真实性]。⑫

Idea[理念](perceptionis[属于感知]):

1. percipere[感知]——realitas actualis[现实的真实性](rei cogitantis[属于思维之物]);

2. perceptum[所感知之物]:

(a)qua perceptum[作为所感知之物](根据笛卡尔关于 1.1)是 modus essendi[应当存在者的方式],quo res est objective in intellectu per ideam, quantumvis imperfectus, non tamen profecto plane nihil est, nec proinde a nihilo esse potest[按此方式,实事通过理念,客观存在于理智之中,尽管不完满,但也并非完全不存在,因此也不可能出于虚无];

(b)qua ens in se[存在于自身之中的理念]——per extensa[通过广延之物],realitas actualis corporis[现实的物体的真实性](也就是说是超越的[transzendent]);

(c)qua ens in se secundum existentiam possibilem essentiamque

---

⑫出于两者,但也以某种方式是三者之一。

(repraesentatam) perceptum[存在于自身之中的理念,符合可能的存在性和(表象出来的)本质];existentia[存在性]=realitas objectiva idea[真实性,就是客观理念],也就是前置的(objizierte) realitas formalis (perceptionis)[形式的真实性(属于感知)];

(d) qua perceptum[作为所感知之物], realitas objectiva[客观真实性]也以某种方式属于(a) realitas actualis ideae[理念的现实的真实性],属于 idea[理念]之 totum[整体]。

如此便是 idea[理念]之整全的概念。例如:idea Dei[上帝之理念]。

(41)[13]Plus profecto realitatis objectivae in se habet, quam illae per quas finitae substantiae exhibentur[它本身的确有更多客观真实性,这是通过有限实体而被展现出来的客观真实性]。Idea Dei plus realitatis habet secundum realitatem objectivam[上帝之理念,就客观真实性而言,具有更多的真实性],因此,也属于 idea[理念],此 idea[理念]拥有 realitas actualis, quae mutuatur a cogitatione mea[取自我的思维的现实的真实性],就是 idea[理念]之 totum[整体]。

Quod plus realitatis habet, magis perfectum est[因为,它有更多真实性,所以,它更完满]。Hoc non potest esse ab eo quod minus[这种更完满之物,不可能出自较少完满之物]。但只要是 ens[存在者],其 realitas[真实性]必定 a causa[有原因]。Lumine naturali manifestus: tantumdem ad minimum esse debere in causa efficiente et totali, quantum in ejusdem causae effectu[自然之光表明:(真实性)

---

[13]Adam-Tannery 前揭书页码。

在能动的和整体的原因中,应该至少与在其原因之结果中一样多]。

这一点不仅适用于 realitas actualis[现实的真实性],也适用于 realitas objectiva[客观的真实性]。这反过来意味着,idea[理念]只要求 realitas actualis[现实的真实性],它 ex se qua percipere exigat[由所感知到事物本身当中获得]现实的真实性,"理念就现实地存在于意识之中。"因为,理念就是对所表象之物的表象,它同时担保这样一种作为 causa[原因]的 realitas actualis[现实的真实性]所固有的理念——存在(Idea-sein),它至少满足 realitas[真实性],它让真实性作为 objiciens[前置者]与表—象(Vor-stellen)对立。一个 idea[理念],[作为所感知之物],表象这个或那个存在者,hoc profecto habere debet ab aliqua causa in qua tantumdem sit ad minimum realitatis formalis quantum ipsa continet objectivae[它必定从某个原因中获得了存在者,在此原因中,至少形式的真实性,与其所包含的客观的真实性一样多]。⑭

Causa idearum secundum realitatem formalem et objectivam[理念的原因,就形式的和客观的真实性而言],所具有的 modus essendi formalis[应当存在者的方式是形式上的]。尽管如此,quamvis forte una idea ex alia nasci possit[虽然一个理念也许由另一理念产生],如此却不会 regressus in infinitum[溯至无限],而最终会溯至一个理念,其原因中包含全部现实的真实性,这样的真实性,在 idea est tantum objective[理念中是如此客观]。

现在,从所有这一切出发,就 idea[理念]及其因果关联,我会

---

⑭页 42 末尾,Adam-Tannery 前揭书页码。

得出什么结论？extra me[外在于我的]超越的存在者的存在（形成之在）的普遍原则。因果性原理；causa efficiens totalis[整体的能动的原因]。

细究理念：关于我本身的理念（perceptio, sine difficultate[感知,无难度]）；上帝；物体性（无心,无生命）的事物；天使；生物；人。我作为 res cogitans[思维之物]，能够从我本身当中建构出何种理念？

补充（1）他人,天使,生物。既然这样的事物并非存在于我本身之外,那么,我就能轻易地由关于我、上帝和物体性事物的理念中,建构出关于这些事物的理念。

补充（2）Idea rei corporeae[物质事物之理念]：Non tantum[并非如此]：不可能由我产生。内容可如先前 cera[蜂蜡]之情形来分析！双重性：（a）per pauca clare et distincte percepta[通过少数明白又清楚地感知到的事物],（b）confuse et obscure[混乱又模糊]。

补充（a）Extensio[广延], figura[图形]（产生自那些事物的运动）, situs[位置]（将各种形状纳入其中之物）, motus[运动]（mutatio situs[位置的变化]）,此外还有 substantia[实体], duratio[持续], numerus[数]。

补充（b）光,颜色,声音,气味,味道,热,冷, tactiles qualitates[可以触觉的品质]在此,我完全不知道, idea[理念]是否出自存在者或不存在者。理念有可能是虚假的。理念？出于判断吧？是的！proprie veritas formalis[真正意义上的形式的真理]。与此相对,在此是 veritas materialis[质料的真理]：Non rem tamquam rem repraesentare[并未将实事表象为实事]。我感到冷,这是某种

res[实事]？但也许冷只是热不在场,本身根本不是存在者。什么翻转过来就是热？是这还是那,还是neutrum[什么都不是],我无法判定。这些理念,Tam parum clarae et distinctae[很少是明白又清楚的]。

但从本质上讲,任何idea[理念]都是idea rei[实事之理念],也就是说,任何理念都表现某物。但如果冷不是包含者(Umgreifendes [？]),那么,idea materialiter falsa[理念从质料上讲,就是虚假的]。

对于这样的理念,我无须寻找某个与我不同的始作俑者：

(a)它们是虚假的,而之所以如此,是因为我缺少某物,并且我的本性并不完满；

(b)它们是真实的,而我并未弄清楚,它们为何不会由我产生,quia tam parum realitatis mihi exhibent[因为,它们很少向我展示出真实性]。

补充(a)关于它们,我有清楚明白的认识：substantia[实体],duratio[持续],numerus[数]；ab idea mei ipsius mutuari possunt[它们不可能为从属于我本身的理念所代替]。Substantia：res, quae per se apta est existere[实体：本身适合存在的实事]；duratio[持续]：现在我在,并且我先前也在；numerus[数]。Has ideas ad quascunque alias res possum transferre[我能将这些理念转换为任何其他实事]。

Extensio[广延], figura[图形], situs[位置], motus[运动]：并非in me formaliter[形式化地存在于我之中]。但它们是什么？Modi substantiae[实体之方式],属于比我本身更低的存在等级——因此,它们in me eminenter[显著存在于我之中]。

3. Sola restat idea Dei［剩下的唯有上帝之理念］。

内容：Idea substantiae infinitae［无限实体之理念］。可是，ego substantia［我是实体吗?］，Infinitum［无限］，不具剥离性（privativ），非 per negationem［通过否定］，而是通过肯定：Prior idea infiniti entis perfectiori［更为完满的无限的存在者之优先理念］。关于 finitum［有限］，并非 gradatim［逐级有别］，而是无止境地不同。Plus realitatis objectivae, quam ulla alia continet［比其他任何理念，都所包含更多客观真实性］。

Idea innata［天然的理念］，连同 cognitio mei ipsius［对我本身的认识］，entis finiti［对有限的存在者的（认识）］，已然被给予了。Fieri non potest, ut existam talis naturae qualis sum, nempe ideam Dei in me habens, nisi revera Deus etiam existeret. Ex hoc uno, quod talis idea in me sit, sive quod ego ideam illam habens existam, manifeste concludo Deum etiam existere［这是不可能的：我有我这样的本性，在我之中确有上帝之理念，而上帝却事实上不存在。由我之中由此理念这一点，或者由我存在着，并拥有那个理念，我显然可以得出结论，上帝的确存在］。

作为 summum bonum［至善］，祂不可能是 fallax［骗子］。Velle fallere vel malitiam vel imbecillitatem testatur, nec proinde in Deum cadit［有意欺骗，被证明，要么是邪恶，要么是缺陷，因此，不会落入上帝之中］。Ego, ens creatum［我，受造的存在者］，我的本质不会翻转；regula generalis［总体规则］本质上从属于我的认识，不可能误导。所有方面都是确定的，就没有更进一步与此相对的实例（Instanz）了吗？

三十、第四沉思①

(一)谬误之难题

真理与谬误的形而上学；只是如此根本的(radikale)奠基！如此提高的透明性：ego[我]，res intelligibilis[可理解之物]，Deus[上帝]。在此停留：Regula generalis[总体规则]。

可是，我还是欺骗了我自己，并且不断陷入谬误。这怎么可能，如果我的确从上帝那里拥有了 facultas judicandi[应有的判断力]？②

不过：Ego tamquam medium quid inter Deum et nihil, inter summum ens et nihil constitutum; de non ente participo[我就像置于上帝与虚无、最高的存在者与虚无之间的中介；我分有了非存在者]，也就是说，non sum ipse summum ens[我并非最高的存在者]，因此，desunt plurima[匮乏巨大]。错误：non quid reale, sed defectus, nec proinde ad errandum mihi opus est aliqua facultate in hunc finem[并非真实之物，而是缺陷，因此，要犯错误，我不需要某种能力以达此目的]。可是还不够！上帝可能如此将我塑造为 ens non-potens errare[不可能犯错误的存在者]——为何不能？Anne ergo melius est me falli quam non falli[因此，我受骗要比我不受骗更好吗]？我骗自己，这样也许要比我不骗自己更好？

---

①标题为海德格尔所加。
②错误难题(Error Problem)。

谬误和虚假究竟是从哪里来的？如果要就谬误的来源、可能性和必然性,得出某种结论,就必须知晓其本质。误识(Irren),认识(Erkennen), cogitatio[思维]=3个等级;在哪个等级上？两种facultates[能力], simul concurrentes[同时发挥作用]: a facultate cognoscendi et a facultate eligendi sive ab arbitrii libertate[由于认识之能力和选择之能力或决断之自由]。两个构成部分,需探问其perfectio[完满]——privatio[匮乏]在此。

Solus intellectus percipit ideas[唯有理智感知理念]。这种facultas perexigua [et] valde finita[能力小(又)非常有限],在上帝那里则 immensa[不可测量]。Sola voluntas nullis limitibus circumscripta experior, facultas in suo genere perfecta[唯有意志,我体验到它不会有任何局限,这种能力,就其本身的属而言,是完满的]。

自由=(a) absentia coactionis secundum determinationem appetitus[就欲求之限定而言,缺乏限制],(b) appetitus[欲求], inclinatio[倾向]。尽管(a)着眼于与之结合在一起的认识,在上帝那里,自由度更高也更有效,(b)着眼于同样可欲之物的可能的范围,相反,自由 in se formaliter et praecise spectata[看上去,本身并不确实,也不连贯]。在笛卡尔那里,关于自由,也 absentia determinationis[缺乏限定],奥古斯丁式的[?]propensio in bonum[向善]。③ 我越苛求自己,我越自由。存在之规定,出于其对自身的苛求。Simul totum intellectus et voluntas[同时整体之理智和意志]。更为完全的结构要素之整体=voluntas[意志]。④

---

③笛卡尔,页43以下。
④自由,参托马斯的"前言""人类学",见《神学大全》,卷二,第1部分。

voluntas[意志]的作用范围和跨度,涵括了 intellectus[理智]的作用范围和跨度。真实的只是我 clara et distincta perceptione[凭借明白又清楚的感知]所领会之物,而非相反 obscure et confuse[模糊混乱地]领会到的事物。只有这种 perceptum(clare et distincte)[(明白又清楚地)感知到的事物]= verum[真实之物]从而也是 bonum[善物]。意志,从而还有同意,也能够与 obscura et confusa[模糊而又混乱之物]联系起来。有可能存在一种 non continere voluntatem inter eosdem limites[在同样的限度之内不支持意志的情形],也就是说,存在一种 deflectare a bono[违背善的情形](违背 vero[真实]或 certo[确定]之情形),也就是说,usus non rectus voluntatis[没有正确运用意志]。但这种偏离的存在论含义是:运用自由,运用存在之可能性,后者造就了我之完善。

这种 perfectio[完满]是 erroris[错误]的可能原因。Error non inest in facultate, sed in operatione[错误并非内在于能力,而是内在于活动]。在自由存在中,以其实行,自由的自我进入,并为其本身采取了自由的活动。缺点,defectus[缺陷],在 errare[犯错]时,不在于出自上帝(causa prima[第一因])的自由的优先地位的存在论状态,而在于 causa secunda[次要原因]。上帝对谬误存在所负有的责任,绝对可以免除。culpa[罪责]要归于我。Actus alienus[不宜行为][?],从存在论上讲,a Deo[出于上帝],actus imperatur a me[对行为的命令出自我本人]。

上帝不可能有意欺骗我。祂不可能给予我 facultas errandi[犯错的能力],不可能给予我必定会犯错的存在可能性。但我事实上犯了错,所以,我有错误的可能性,这种可能性,我必定得自上帝。这种可能性何在?谬误究竟出于何处?还是,说到底,有此可能性的受造之在,要比无此可能性者更好?⑤

Error ist privatio, usus non rectus[错误就是匮乏,就是不正确的运用],也就是说,deficiens a propensione in bonum[匮乏向善之倾向]。但 privatio[匮乏]的存在论含义(caecitas[盲目]以及诸如此类)。⑥ Privatio autem, in qua sola ratio formalis falsitatis et culpae consistit, nullo concurso Dei indiget, quia non est res[可是,匮乏,形式上的虚假和罪责的唯一根由就在于此,无须上帝同意,因为,匮乏不是实事]。反过来:Verum judicium[真实判断]是一种 usus rectus[正确的运用],也就是说,continere voluntatem (assensionem) ut ad ea tantum se extendat, quae illi clare et distincte ab intellectu exhibentur[通过支持意志(赞同),他完全使其本身达成了由理智明白又清楚地展现给他的那些事物]。真实的认识:同意一种这样的 perceptum[所感知之物],也就是说,verum[真实之物]。任何 clara et distincta perceptio est aliquid[明白又清楚的感知都是这样的事物];这样的 res[实事]必定是 verum[真实之物],也就是说,是 transcendens a Deo[出自上帝的超越之物],从而也是 bonum[善物],它要求 assensus[同意]。按此,从形而上学角度看,人的认识之真理,根本在于 1. veritas Dei[上帝的真理],ergo ens creatum[因此,是受造的存在者];2. libertas arbitrii[决断的自由],这也属于我,因为,这是 ad imaginem et similitudinem Dei creatum [符合上帝的形象和肖像受造物]。

---

⑤参见本书"附录:补充36"。
⑥页72,见 Adam-Tannery 前揭书。

(二)回顾到目前为止的进程

第一至第四沉思:

所寻找的 fundamentum simplex[单一基础], veritas[真理]。通过 cogitare[思], me esse[我在]同时被给予。regula generalis[总体规则]也在此。这个标准,作为绝对可靠性之标准。

可能性:本质倒转。不可能,即使出于上帝之所为。

上帝——祂存在吗？如何证明祂的存在,尽管是在 regula generalis[总体规则]的意义上？第三沉思的上帝存在的证明≠存在论意义上的证明。所以,regula generalis[总体规则]不是我的本质的倒转。但我还是经常自欺。错误何来,如果我是 ens creatum[受造的存在者]？

三十一、第五沉思:上帝的存在再证

Ego cogito[我思]确实,上帝的存在也确实,从而 regula generalis[总体规则]也是确实的。谬误之可能性,没有实例,而仅仅证明,我来自上帝。在此情况下,需要再次探讨上帝的属性(Attribute)、我本身和 natura mentis[心的本质]。但首先要回想通向终境(Endsituation)的起点,怀疑,不可靠性。由此尝试,从怀疑中浮出,并得出结论。

Videamque an aliquid certi de rebus materialibus haberi possit[让我看看,能否从物质实事中得出某种确定的结论]。① 在我确证

---

① 首先参看"第六沉思"。

res extra me［外在于我的实事］的存在之前，considerare debeo illarum ideas, quatenus sunt in mea cogitatione［我应当思考，它们当中的理念，在何种程度上，存在于我的思维之中］，并查究，它们中哪些是 distinctae［明白的］，哪些是 confusae［模糊的］，也就是说，哪些符合 regula generalis［总体规则］。

Distincte imaginor quantitatem［我明白地想像量性］：清楚地向我表象，我形成了一幅关于它的图像，向我表明了大小。Quantitas：rei quantae extensio in longum, latum et profundum［量性：实事在长、宽和深方面的广延之程度］。（Quantitas［量性］在中世纪关于优先地位之物质本性的存在论中［in der mittelalterlichen Ontologie der materiellen Natur der Vorrang］）。

在 extensio［广延］中有 partes［部分］，我重又 assigno［规定］这些部分：magnitudo［大小］，figurae［图形］，situs［位置］，motus［运动］，duratio［持续］。此外，attendendo percipio innumera de figuris, de numero, de motu［我通过注意感知到关于图形、数、运动的无数内容］。在就这些方面有所发现时，根本没有意识（Bewußtsein），没有什么新的发现，而只有对我已知之物的重识（Wiedererinnerung），ἀνάμνησις［回忆］。

并且，在此我发觉了无数的理念。几何关系本身，quae etiamsi extra me fortasse nullibi existant, non tamen dici possunt nihil esse［尽管它们也许并不存在于外在于我的任何地方，但也不能说它们根本不存在］。我是否实际领会了它们，依赖于我的意志，non tamen a me finguntur, sed suas habent veras et immutabiles naturas［但不是我的构想，而有其自身的真实不变的本性］。关于三角形：内角和＝两直角。

Quae proprietates sunt verae, quandoquidem a me clare cognoscuntur, ideoque aliquid sunt, non merum nihil: patet enim illud omne, quod verum est esse aliquid[这些特点是真实的,因为,我对其有明白的认识,所以,它们是某种事物,而非纯粹的虚无:因为,显然,任何那种真实的事物,都是某种事物]。(这个原理反过来: omne ens est verum[任何存在者都是真实的]; convertibilia transcendentia[可变的先验之物]!)

Ea omnia, quae ad rem pertinere clare et distincte percipio, revera ad illam pertinent[所有这些,我明白又清楚地感知到属于实事的特点,事实上就属于那个实事]。所有我清楚明白地作为属于一个存在者之本质的内容,事实上就属于此本质。存在之于上帝之本质的必然的从属性意指:祂必然存在,祂必然现实地存在着(wirklich existierend)。我如何 in me[在我之中]发现了 idea Dei[上帝之理念]? 清楚明白不亚于[一个]三角形。清楚明白一点也不少,existentia[实在性]属于其 essentia[本质],因为,祂是 ens perfectissimum[最完满的存在者],但存在(Existenz)是一种与不存在(Nichtexistenz)相对的肯定性规定和优点。Existentia non potest separari ab essentia Dei[实在性不可能与上帝的本质分离]。从神学角度,并无实际不同,也就是说,existentia[实在性]就属于 res[实事]本身。所以,上帝存在。

难道这里不存在诡辩(Sophisma)? 我无法设想没有山谷的山,但由此得不出,山和山谷现实存在之结论! 不能肯定——而只是说,它们,有可能存在或不存在,彼此不可能分离。这些关于山和山谷的讨论,也适用于上帝的 essentia[本质]和 existentia[实在性]。由此得出祂存在? 非也,由我的思想得不出此结论,相

135

反,因为,我必须如此思考祂,所以,祂必定在此前已然如此存在了,ipsius rei necessitas me determinat[实事本身的必然性决定了我]。按此上帝的存在之再证,笛卡尔才拾起了 res corporea[物体性实事]的 existentia[实在性]问题。

三十二、第六沉思:论物质性事物的现成之在

An res materiales existant[物质实事是否存在]? Scio: quatenus sunt purae Matheseos objectum posse existere[我知道:在多大程度上,纯粹数学的对象有可能存在],因为, ipsas clare et distincte percipio[我明白又清楚地感知到了它们]。因为, Deus efficiendi est capax ea omnia quae ego percipiendi sum capax[上帝有能力形成我有能力感知到的所有事物]。尽管 perceptum[所感知之物]也包含一种 repugnatio[抗逆]于其中。所以,可能性是有保障的。然而,现实性呢? Res corporea[物体性实事],要通达它,不单靠 intellectus[理智],尽管要靠后者方可通达其本真之所是;康德。Ex imaginandi facultate sequi videtur res materiales existere[看来,物质实事的存在,出于想象者的能力]。Quid est imaginatio[何为想象]? Quaedam applicatio facultatis cognoscitivae ad corpus ipsi intime praesens, ac proinde existens[某种认识能力运用于向它本身直接呈现、也因此存在着的物体]。直接的当前拥有 res materiales[物质实事]的方式。(笛卡尔由何处得出了存在之结论? 由 intentum[所意向之物]还是由 realitas formalis intentionis[形式化的意向的真实性]? 还是由两方面?)

研究以澄清 imaginatio[想象]:differentia, quae est inter imaginationem et puram intellectionem[想象与纯粹理智活动之间的区别]。Triangulum imaginari[想象一个三角形]意指：1. intelligere illud esse figuram tribus lineis comprehensam[将其理解为由三条线构成的图形]；将某物理解为；intueri acie mentis istas tres lineas tamquam praesentes[靠心灵的敏锐，看到那三条线就在眼前]；三条线本身的可视化。

Chiliogonum cogitare[思考一个千边形]：1. Aeque bene intelligo illud esse figuram constantem mille lateribus[我同样可以将其理解为由一千条边构成的图形]；2. sed non eodem modo illa mille latera imaginor, sive tamquam praesentia intueor[却无法以同样的方式想象那一千条边，或看到它们就在眼前]。

有 consuetudo aliquid semper imaginandi[总是想象某物的习惯]。因此，quoties de re corporea cogito, figuram forte aliquam confuse mihi repraesentem[每当我思考物体性实事时，我也许都是以模糊方式将某种图形表象给了我]；patet[显然]，所见之物不是千角形，因为，这与我思考一个万角形时的所见之物，在任何方面都无不同。

五角形和千角形，我能 figuram intelligere absque ope imaginationis[不靠想象的力量来理解图形]。Possum etiam eandem imaginari, applicando scilicet aciem mentis ad ejus quinque latera, simulque ad aream iis contentam[我也能想象同样的图形，也就是将心灵的敏锐，运用于其五条边，同时运用于其所围成的空间]。在此表明，imaginatio opus est[想象是需要的]。Peculiaris animi contentio, qua non utor ad intelligendum[灵魂特别的尽心竭力之情形，并未应用于理解]。这种 nova animi contentio differentiam inter imaginationem et intellectionem puram clare ostendit[灵魂非同寻常的尽心竭力之情形,并未表明想象与纯粹理智活动之不同]。

Ista vis imaginandi, prout differt a vi intelligendi, ad essentiam mei ipsius non requiritur[想象的那种力量,与理解的力量不同,并非我自身的本质之所必需]。即使失落了这种力量,manerem ille idem qui nunc sum（res cogitans）; unde sequi videtur illam ab aliqua re a me diversa pendere. Non res cogitans, probabiliter tantum corpus existere[我仍然是那同一个人(思维之物);由此看来,可以得出结论,那种力量依赖于不同于我的某种实事。并非思维之物,而是这种物体,很可能存在]。

imaginatio[想象]的对象,还有颜色、声音、气味,以及如此等等——但并不确然! Quia perceptio haec melius sensu[因为,通过感官我可以更好地感知这些对象]。

De sensu est agendum[感官也需要研究]。由此可以推断出certum argumentum pro rerum corporearum existentia[某种支持物体性实事之实在性的确定的论点吗]?① 在此得到支持的论证,realitas actualis sensus[实际感官的真实性]和realitas objectiva[客观真实性],并不具有此特点:它们所具有的可靠性,与我证明上帝存在,证明一个世界存在,证明人有一个身体这样的实事,不具有同等的可靠性。

尤有进者,由检验理由而得出的本质洞见,无非就是:对我们自己的认识,和对上帝的认识,是最明白也最可靠的认识。

---

① 在此与corpus[物体]有某种关联。尽管两者——res cogitans[思维之物]和res extensa[广延之物]——真实不同。

在我们提出批判问题之前,正需要对笛卡尔的存在论来一次概观,并且首先要更准确地问,他是如何从存在论上规定存在者的,首先照面的是:世界的存在。②

三十三、对笛卡尔的总结①

(一)res cogitans[思维之物]在存在论上的不确定性

对"第六沉思"的解释,得出了多重结论:(1)ego cogito[我思](人的存在)的优先性;(2)核心定向于作为 summum ens[至高存在者]的上帝;(3)verum[真实之物]=certum[确定之物];(4)cognitio[认识]=assensus[同意];(5)res corporea[物体性实事]=res extensa[广延之物]。

(2)指明:旧存在论居于统治地位。(1)(3)和(4)显示,还是实施了一种哲学的难题性的转变。这意味着什么?着眼于四个指导性视角(存在,人,世界,真理),此转变是如何发挥作用的?

人们坚持认为,靠笛卡尔,近代哲学有了一个全新的开端和萌芽:以主体为定向。这意味着什么?与此向主体的转变相应,也有对此存在者、对 res cogitans[思维之物]的存在论规定吗?绝对没有。与此问题转换有关,确有对存在的追问吗?绝对没有。整全的真理与整全的存在之间的关联,获得了某种澄清甚或询问(Befragung)吗?绝对没有。这一点,现在需要作出具体证明。同

---

②参见本书"附录:补充 37"。
①标题为海德格尔所加。

时必须标明,为何 res cogitans[思维之物]在存在论上尚未确定,为何对存在的追问尚未提出。

在何种程度上,res cogitans[思维之物],ego[我],在存在论上不确定? 在此,究竟能否超出笛卡尔的构想,更进一步? 基础认识的内容是:cogito, sum[我思,我在],也就是说,ego sum[我在]在 cogito[我思]中的同时被给予之在,并非当然没有条件。基本真理就是 me esse[我在]在 cogitare[思维]中的内在包含性(Einbeschlossenheit)。此实情的无可置疑性,就是 certum[确定之事],就是第一 veritas[真理]。ego sum[我在]本身说明了什么,应如何为 sum[(我)在]之存在划界,甚至只是作为难题,对笛卡尔而言,根本不是问题。ego[我]在 cogitare[思维]中无可置疑的同时现成之在,就够了。如此 ego[我]之存在得到规定了吗? 没有! 一次也没有追问过人的存在(Existenz des Menschen)!

(二) 通过可靠性来先行规定

为此有何要求? 此存在者本身被经验到。但它不就是这吗? Cogitationes[思维]还有在此的 ego[我]? 这也许同时被知晓,但它既非 cogitatio[思维]本身,亦非 ego[我]本身,而是与他者相符合的某物的同时在先发现之在的实情。

因为,笛卡尔寻求的是一个 certum quid[确定的某物],一个绝对无可置疑之物,所以,首要的兴趣,恰恰不在于:所遭遇的存在者本身是什么又如何存在。极而言之,必须要说:ego[我]和 cogito[我思]碰到基本真理,根本属于偶然。两者的同时现成之在,明白无疑。笛卡尔只寻求一种无条件的可靠性,他想要真理,他据此可靠性认为真理是可靠的,存在如常。尤有进者:笛卡尔一开始就将真理解释为可靠性。他将我据以认为我真实存在的方式,将我使自己保持在真理之中和保存真理的方式,与真理本身等而同之:真理作为据有真理,作为 assensus[同意]。然而,真理总是某个存在者的发现性(Entdecktheit)。因此,真理总是符合所遭遇的存在者的存在方式。与此相对,所寻求的一种无条件的可靠性,也就是保持一种无可置疑性之可能性,还有可能的可靠真理之为真理所关涉的存在者,变得无关紧要。

因为,笛卡尔首要并且唯独寻求作为基本真理的一种无条件的可靠性,所以,cogito[我思]之 ego[我]就其存在而言,仍未得到规定。

我在、sum[我在]的存在论含义,意指:必然现成,更好的情况:在任何 cogitare[思]中,都有到场之在(vorfindlichsein)。Sum[我在],我一直到场,每当 cogito[我思]。然而,到场之在,对于 cogitare[思]中所虑及之某物而言,与 Ego[我]之实在(Existieren)绝非一回事:生存(Existenz)鲜为可能的到场性(Vorfindlichkeit)的先决条件。由到场性出发,生存也不可能得到澄清,到场之在与自我(Selbst)画等号的可能性更小。

我们看到:这个 ego cogito[我思],作为列于哲学难题性之中心的 res cogitans[思维之物],并且作为此 res[实事]之 realitas[真实性],并未得到规定,因为,笛卡尔唯独寻求某种可靠性,并将真理与其等而同之。提问和奠基的极端方式(Radikalismus)只是假象;他触及根本(Wurzel)如此之少,他恰恰掩盖了根本,并且隔断了通往根本的道路。

(三)指示生存着的此在的存在状态(Seinsverfassung)

若据理能够这么说,就必须通过指导,对生存着的(existierenden)此在的存在状态作出确定划界!此言何谓?这里当然并非要探究此在之存在论,而只是指出一点:如果笛卡尔的确研究过 ego[我],那么,他不可能对其完全认识不清。令人瞩目的是:共同现成性(Mitvorhandenheit),到场性(Vorfindlichkeit),无论我何时思,无论我思多久。在此:ego[我]之思,并非无有尽头和绝对恒久,没有开端和结尾;它有其"在此期间"(solange)。笛卡尔会说:确切无疑,对它的考虑是这样进行的:被谈论的是作为 substantia finita[有限实体]的 res cogitans[思维之物]。但这就够了吗?还是说,如此一来,此在之有限性的特定的存在论之在(das spezifisch ontologische Sein),恰恰并非未认识清楚?这种此在就处在两端即生死之间吗?生在何处,死又在何处?并且,这种处在两者之间当如何思考?此在是否已将其生轻易地超越,如其穿越车站?还是说,只要我曾经并且永远地出生了,我就存在?我出来存在(existiere),只是作为出生之人(gebürtiger)。而死——它是某处的一个终点,我终于来到这里,还是死不知从何处过来碰到了我?还是说,死其实并非已然永久处在此在本身当中,作为一种特出的可能性,也就是出来存在的绝对不可能性之可能性(Möglichkeit der schlechthinnigen Unmöglichkeit der Existenz),以至于,此在方生已死,也就是说,自身与死成比例地,将死本身纳入其中?此在出来存在,自身只是延展于(erstreckend)生死之间。它出来存在本身就具有这种延展性(Erstrecktheit)。它从根本上并非也并不仅仅现成,相反,就出生而言,我已然在,而就将来而言,我在从根本上伴随着死(als sterbend)。

死就是我的死,生也一样。自我的持久性(Ständigkeit),由其与生死的存在关联所决定。生死这两者,有可能一直被遮蔽,从而,自我并不拥有其自身,是非本真之物。但自我也有可能本真地出来存在。对于任何此在出来存在所具有的出来存在的基本可能性,将不作更进一步的探究;而只探究这么多:我是否本真地存在,这一点,绝非如此无关紧要地显而易见,或者更准确地说,并非如 cogito sum[我思故我在]那样显而易见。譬如,死之可靠性,要比任何数学公理更可靠,并且还从本质上具有其他特质。

(四)笛卡尔遮蔽此在的原因

然而,此在的出来存在,仍然必定被遮蔽着,因为,笛卡尔并未如其本身那样来看待 res cogitans[思维之物],而是完全将其视为一种 fundamentum inconcussum[不可动摇的基础]。作为认识之理想,漂浮在他眼前的,完全是数学认识,是数学认识特定的显而易见和证明方式。②

从而,笛卡尔并非简单地由数学借用了一种确定的方法,而是反过来通过思索数学认识,第一次从根本上揭示了数学之理念,并将其与科学概念完全等而同之。Scientia[科学] = cognitio certa et evidens[确切又明了的认识],可靠又明白的认识。科学之理念,在此是普遍形式化的,与存在者的某一确定的范围无关,而只考虑可靠性之理念。这种可靠性质理念本身,通过 regula generalis[总体规则]来划界:clara et distincta perceptio[明白又清楚的

---

② 参《指导才智的规则》。

感知]。

Etenim ad perceptionem, cui certum et indubitatum judicium possit inniti, non modo requiritur ut sit clara, sed etiam ut sit distincta. Claram voco illam, quae menti attendenti praesens et aperta est: sicut ea clare a nobis videri dicimus, quae, oculo intuenti praesentia, satis fortiter et aperte illum movent. Distinctam autem illam, quae, cum clara sit, ab omnibus aliis ita sejuncta est et praecisa, ut nihil plane aliud, quam quod clarum est, in se contineat.③... Potest esse clara perceptio, quae non sit distincta; non autem ulla distincta, nisi sit clara.④[事实上,对于感知,对于确定无疑的判断能够建立于其上的感知,不仅要求其明白,还要求其清楚。我把那种感知叫作明白的感知,它是显现并公开于关注着的心灵之前感知:正如我们所谓被我们明白看到的那些事物,它们向观看的眼睛显现,强烈和公开到足以激动眼睛。我把那种感知叫作清楚的感知,它既是明白的感知,又与其他所有感知不同和截然有别,其中包含的内容显然无他,而只是明白之物。……明白的感知,有可能并不清楚;但任何感知,除非它是明白的感知,都不可能是清楚的感知。]我所谓明白的表象(Vorstellung)(也就是所表象之物[Vorgestellte]),对于一种指向明确的把握而言,它本身在场并且显而易见。同样,我们所谓明白可见之物,对于看过去的眼光而言是在场的,强烈和公开可见到足以激动看过去的眼光。然而,很清楚,那种所表象之物,这种——本身明白之物——与所有其他所表象

---

③《哲学原理》(*Princ.* I, n. 45)(Adam-Tannery 前揭书,卷 VIII,页 22)。
④同上,《哲学原理》(*Princ.* I, n. 46)。

之物有别和有其界限，以至于它本身当中包含的，无非就是明白之物。一个表象，在不具有清晰性的情况下，有可能是明白的，但没有哪个清晰地表象出来的事物，不也是明白的事物。

譬如，某种疼痛，有可能如此完全被给予。我们还是会将这种被给予性，与某种模糊的判断联系起来，在此过程中，我们会将疼痛，譬如，置于牙齿中，但疼痛也只是好像在牙齿中。莱布尼茨后来评论说，这种明白而又清晰的认识之原则，也许本身很少明白而又清晰。这个评论是中肯的，但目前不宜展开讨论。我们仅致力于这一问题：以此原则为指导线索，如何为科学之概念划界，这种科学概念，如何对存在论的基本问题发挥作用。

从属于 scientia[科学]的本质性的构成部分，就是 intuitus[直觉]和 deductio[演绎]。Per intuitum intelligo… mentis purae et attentae… non dubium conceptum, qui a sola rationis luce nascitur[通过……纯粹和关注的心灵的直觉……我理解到了没有疑惑的概念，这是唯独由理性之光产生的概念]（为此，praesens evidentia[当前的显而易见]必不可少）；experientia[经验]，ἐπαγωγή[归纳]；res absolutae[绝对之物]。⑤ Per deductionem intelligimus illud omne quod ex quibusdam aliis certo cognitis necessario concluditur⑥[通过归纳，我们理解了每一个那种从其他某些确知之物得出的必然结论]（在此有 mutus sive successio quaedam[运动或某种前期后继]）；res respectivae[回顾之物]。奠基关系（Begründungszusammenhang），

---

⑤《指导才智的规则》（Regula III 6）= Adam-Tannery 前揭书，卷 X，页 368）。

⑥同上，页 369。

ordo[秩序],series[序列]。

按此,科学上可以认识的事物,就是要求以 intuitus[直觉]方式在先给予的事物,也从而可以作为 deductio[演绎]之 fundamentum[基础]的事物:科学之理念的数学化,mathesis universalis[普遍的数学]。此 absolutum[绝对之物]并非统一性意义上的,一种基于其存在方式的杰出的存在者,而是数学上的绝对之物,它也许永远存在,其要求,足以从方法论上支持 regula generalis[普遍规则]。Natura magis simplex[自然很大程度上是简单的]。

从科学之理念出发,可以断定科学的可能和必然的对象的基本性质(Grundbeschaffenheit)。不足以支持之物,被排除于科学认识的领域之外。

这种科学之理念,是寻求一个 fundamentum simplex[简单基础]的指导原则。此原则的实行,采取怀疑方式。由此,显而易见:根本未以包含实事的方式指向 res cogitans[思维之物]本身。

这甚至也适用于对 res corporea[物体性实事]的解释。在此,问题并非:内在于世界之中的存在者的存在,是如何建构起来的?而是:直接被给予的存在者的存在,必须如何才能得到把握,从而,在 cognitio certa et evidens[确切而又明了的认识]是意义上,也就是说,在科学上变得可以认识?存在必须数学化;substantia[实体]的本质属性,从而只是 extensio[广延]。

这种对内在于世界之中的存在者的解释,影响如此广泛,以至于这种特质成了基础性特质。人们后来不可能不注意到,尚有其他存在者的地方,也要以笛卡尔的立场(Position)为前提(价值特质,保有价值的事物)。

四个视角:

1. 对存在的追问,未在任何地方提出。

2. 对人的追问,未得到规定,并且尽管恰恰靠的是 ego[我]之优先地位。存在者之全体中的人的存在,Ethica more geometrico demonstrata[《由几何学方式证明的伦理学》]。

3. 世界的存在:res extensa[广延之物]。

4. 真理作为可靠性。

按照认识之次序,首先,先于其他所有事物,所通达之物,就是 res cogitans[思维之物]——在此,反过来:认识之首要步骤,就是 percipere[感知],就是 idea[理念]。理念的内容,包含着的总是存在者脱离实存的(existenzfreie)的本质,也就是从属于其可能性的内容。某物的可能性,先于其现实性,a priori[先天]。但只要可能性,本质性(Wesenheiten),在理念中表现自身,而理念更为熟知,并且先于对超越之物认识而可以把握,那么,Apriori[先验之物],作为正在实现的可能性意义上的在先之物,在主体的先行的可知性意义上,也就成了"更先之物"(Früher)。从而,先验之物也就变成了"主观之物"(Subjektive)——先于所有经验上超越的经验(vor aller empirischen transzendenten Erfahrung)而可以通达,从属于 res cogitans[思维之物]。从而使康德关于先验之物的探讨成为可能,它"就停放在心头"(im Gemüt bereitliegt)(mens sive animus[精神或灵魂])。⑦

---

⑦参见本书"附录:补充38和39"。

第三部分
巴鲁赫·德·斯宾诺莎

Baruch de Spinoza

三十四、生平——著作——版本

（一）传记资料

巴鲁赫（本内迪克特）·德·斯宾诺莎（Baruch［Benedikt］de Spinoza，1632—1677）。生于阿姆斯特丹；出身于一个极有名望和极为富有的犹太—葡萄牙人家庭，这个家庭移居荷兰，以躲避西班牙和葡萄牙的迫害。最初的课程是塔木德（Talmud）导论，迈蒙尼德（Maimonides）的著作，尤其是犹太中世纪经院哲学。很快，斯宾诺莎就开始自作主张，与习传的信仰发生争论。1654年，父亲去世后，他修了拉丁语和希腊语课程，并以此为基础，投入神学研究，也就是当时来自西班牙的、强有影响和经过革新的亚里士多德式的经院哲学。（当斯宾诺莎谈论经院哲学、形而上学和哲学时，他指的就是托马斯、苏阿雷茨及其学派。）更为直接地受到经院哲学的影响，起初未绕道笛卡尔。

1656年，因其"无可容忍的异端邪说"，被逐出犹太教团体，并将其革除教籍。由此开始深入研究笛卡尔和自然科学，同时撰写自己的哲学著作。他曾在荷兰各地居住，最后在海牙（Haag）随斯比克的（van der Spyck）画家居住，1677年2月21日殁于此处。（所以，他的250周年忌日到了。）

他靠磨镜片维持部分生计。1673年,普法茨选帝侯卡尔·路德维希,召其至海德堡(Heidelberg)任哲学教席。他谢绝了,因为,他担心这会妨害他的哲学自由。在荷兰,斯宾诺莎生活孤独少友。十分广泛的书信交往,成为其哲学的重要资源,与其保持书信交往的人,有阿姆斯特丹的医生路德维希·迈耶(Ludwig Mayer aus Amsterdam),还有不莱梅的海因里希·奥尔登堡(Heinrich Oldenburg aus Bremen)。在海牙,斯宾诺莎也时常与莱布尼茨相聚,并为其朗读其《伦理学》的部分内容。但两者间并无更为亲近的私人关系。

斯宾诺莎认识的所有人,包括他的对手,都器重他的人品(Wesen),这种人品的特征,就是清白又沉静。从未有人见过他笑,也从未有人见过他悲伤,他始终彬彬有礼,乐于助人,不伪善也不沽名钓誉。

(二)著作①

Tractatus de Deo et homine ejusque felicitate[《论神和人及其幸福》](1661年前),Ethica[《伦理学》]之准备。

Tractatus de intellectus emendatione[《论理智之改进》]*(身后出版于1677年)。Est ex prioribus nostri philosophi operibus, testibus et stilo et conceptibus jam multos ante annos conscriptus["出自我们的哲人的早期作品,风格和观念证明它撰写于多年前"]

---

①由文本推断出的标题。

*[中译按]中译本参见:[荷兰]斯宾诺莎,《知性改进论》,贺麟译,北京:商务印书馆,1986。

("前言")。在这部论著中，人们可以看到一种与笛卡尔论方法类似的研究——《伦理学》的一项认识论准备，他也表明了这一点。

Tractatus theologico-politicus[《神学—政治论》*]（1665 至 1670 年之间）。对宗教中的思想和言论自由的一项辩护。若要说不同之处，quandoquidem religio non tam in actionibus externis quam in animi simplicitate ac veritate consistit, nullius juris atque autoritatis publicae est. Ratio obtinet regnum veritatis et sapientiae. Theologia autem pietatis et oboedientiae.［那是因为，宗教信仰并不在于外在的活动，而在于灵魂的单纯和真实，它不属于任何法权和公共权威。理性握有真理和智慧的王权。神学却从属于虔敬和服从。］

Tractatus politicus[《政治论》**]（撰写于死前不久）：与霍布斯(Hobbes)论辩。国家活动(Staatswesen)的目标不是自由，而是安全。

Principia philosophiae Cartesianae I et II more geometrico demonstratae[《以几何学方式证明笛卡尔哲学原理的第一、二部分》]。②

---

*［中译按］中译本参见：［荷兰］斯宾诺莎，《神学政治论》，温锡增译，北京：商务印书馆，1996。

**［中译按］中译本参见：［荷兰］斯宾诺莎，《政治论》，冯炳昆译，北京：商务印书馆，1999；［荷兰］斯宾诺莎，《政治论》，谭鑫田、傅有德、黄启祥译，桂林：广西师范大学出版社，2016。

②海德格尔划去了 Renati Des Cartes Principiorum philosophiae［勒内·笛卡尔的哲学原理］。

Cogitata metaphysica[《形而上学思想》]。*

Ethica more geometrico demonstrata[《以几何学法则证明的伦理学》**]（不断修订，直至斯宾诺莎去世）。下文将详加研究。

（三）版本③

近代哲人中，没有谁的文本流传如斯宾诺莎那样不确定。唯一的文本来源，至今仍然是遗作版，除了两部由斯宾诺莎本人操劳的印本和一部犹太著作的荷兰文译本。关于19世纪发行的版本，只有梵·弗洛腾和兰德版（Joh. van Vloten und J. Land, 1882/1883）可用。1895和1914年的两个重印本，错误满篇，莫说这两个重印本没有以充分广泛的文本校勘为基础。

盖博哈德（Carl Gebhardt）称（参《海德堡科学院会议报告1916》[*Sitzungsberichte der Heidelberger Akademie der Wissenschaften 1916*]），在旧的荷兰文遗著副本中，有两个文本来源。他能够证实，这些译本并未以印刷本为据，而是出自已轶失的斯宾诺莎手稿。就Principia philosophiae Cartesianae[《笛卡尔哲学原理》]和Cogitata[《形而上学思想》]而言，盖博哈德证实，译者是斯宾诺莎后来的编者，对很多文本段落作了根本改变。

基于此新根据，盖博哈德受海德堡科学院委托，编成一部新

---

*［中译按］中译本参见：［荷兰］斯宾诺莎，《笛卡尔哲学原理》，前揭书，页131-187。

**［中译按］中译本参见：［荷兰］斯宾诺莎，《伦理学》，贺麟译，北京：商务印书馆，1997。

③由文本推断出的标题。

版斯宾诺莎著作集,于上一年出版了:《斯宾诺莎著作集四卷》(Spinoza, *Opera*, IV Bände)——目前是科学研究的标准版本。(关于斯宾诺莎的更早的文献,应当注意:雅克比[Fr. H. Jacobi],《关于斯宾诺莎的学说以及致门德尔松的书信》[*Über die Lehre des Spinoza und Briefe an Moses Mendelssohn*, 1785]。赫尔德[Herder],《上帝——几则对谈》[*Gott-einige Gespräche*, 1787]。)

对莱辛(Lessing)、歌德(Goethe)和谢林(Schelling)的影响,如所周知。④

弗罗伊登塔尔(J. Freudenthal),"斯宾诺莎与经院哲学"(Spinoza und die Scholastik),见《哲学论文集:献给策勒尔荣获博士学位50周年》(*Philosophische Aufsätze. Ed. Zeller zu seinem 50 jährigen Doktorjubiläum gewidmet*, 1887, S. 89 -198)。

施通普夫(C. Stumpf):"斯宾诺莎研究"(Spinozastudien),《普鲁士科学院论文集1919》(*Abhandlungen der preußischen Akademie der Wissenschaften*, 1919)。

---

④莱辛:"没有其他哲学,除了斯宾诺莎的哲学。若还要我向你们列举什么人,那么,我不知道还有他人。"这是出自"雅克比论其与莱辛的对话"的首句话,见《莱辛著作集》(G. E. Lessing, *Werke*. VIII. Band. München 1979, S. 564)。

三十五、Ethica Ordine Geometrico demonstrata [《以几何学法则证明的伦理学》]泛论

（一）斯宾诺莎存在论的基本意图

此在之存在论，以对存在整体的一种解释为根据。存在者之存在，传统上认为，见于实体，更确切地说：实体之实体性（Substantialität）。回忆笛卡尔：substantia infinita［无限实体］——substantia finita［有限实体］：res cogitans［思维之物］和 res extensa［广延之物］。基督教神学意义上的关联，上帝作为 prima causa［始因］。无限的实体，并非 a se［由己］，而是 per se［自为］。通过考察托马斯主义的存在论，进而表明：Primus conceptus［首要概念］（虽然 confuse［模糊］）就是 ens［存在者］，ens［存在者］得到本真理解，是在上帝、summum ens［最高的存在者］之概念中。

可以这样来把握斯宾诺莎哲学的基本动机（Grundabsicht）的大致特征：若将存在本真地理解为上帝，并以 intuitus［直觉］开启笛卡尔意义上的哲学认识，从而由此基本观点出发，演绎出所有其他内容，就是将一切依附于对存在本身的明白而又清晰的洞见，而所有存在者都必须由存在本身出发，通过严格的演绎来理解。这种问题提法，导致斯宾诺莎将 summum ens［最高的存在者］，substantia infinita［无限实体］，理解为独一无二的存在者，一切都存在于其中，一切都因其而"存在"，也就是说，一切都因其而可以理解。

由此，人的存在的根据，在于与原初存在的原初关联（amor

Dei intellectualis[上帝的理智之爱])。若存在见于 summum ens[最高的存在者]之实体性,则解释的主要任务就是讨论实体概念。此项讨论遭遇的困难,并非微不足道。因为,从根本上讲,(伦理学)形而上学要能得到理解,就必须明确地同时实施演绎的每个步骤。我们必须限于澄清这部著作的主要原理。

(二)著作结构

这部著作有五个部分:I. de Deo[论上帝], II. de natura et origine mentis[论心的本质和起源], III. de origine et natura affectuum[论情感的起源和本质], IV. de servitute humana seu de affectuum viribus[论人的奴役或论情感的力量], V. de potentia intellectus seu de libertate humana[论理智的潜能或论人的自由]。

方法—技术设计:每一部分都始于定义;这些定义确定了基本概念。然后,提出 axiomata[公理],除了由直觉证明的基本概念,还有已奠定的基本原理。

由定义和公理推导出 propositiones[命题](定理)。然后,作出 corollaria[推论](结论),后者由定理产生,进而作出 scholia[评注],后者是对 propositiones[命题]的补充证明。每一部分的定义、axiomata[公理]、propositiones[命题]、corollaria[推论]和 scholia[评注],都以数字分别编号,这样一来,斯宾诺莎在更进一步的演绎中,不断回头指示参考当初作为前提的基本原理和基本概念和已然完成的证明,而不必再次全部引述它们。

尽管技术设计一目了然,内容却仍有模糊之处。人们不能说,由此已然获得了一种对斯宾诺莎的从哲学上而言的可靠的总体解释。相反,对斯宾诺莎的解说,仍然非常需要以世界观上的范畴如泛神论(Pantheismus)、决定论(Determinismus)或身心平行论(psychophysischer Parallelismus)，以及如此等等，为定向。① 要理解实体之理念，也就是本真存在的存在者之存在理念。

经院哲学：Modus specialis entis［特殊方式的存在者］。笛卡尔：Per substantiam nihil aliud intelligere possumus, quam rem quae ita existit, ut nulla alia re indigeat ad existendum.［通过实体，我们所能够理解的，无非就是如此存在的实事：它的存在无须借助其他任何实事。］② 一个存在者，它如此存在着，以至于它要存在，无须其他存在者；一个这样的存在者，绝对不需要其他某个存在者，unica tantum potest intelligi, nempe Deus.［能作如此理解的独一无二的实事，当然就是上帝。］所有其他存在者，都需要 concursus Dei ［上帝的襄助］。

斯宾诺莎对此实体概念的把握，还要更为极端，以至于，在他看来，只有一个实体——他称其为上帝。对实体的解释，为实体性划定了界限，也就是说，存在者之存在以实体为根据(qua Substanz)。前文已然表明：传统上，存在意指现成性，其中就有创制性(Hergestelltheit)和在场性(Anwesenheit)。根本无须创制之物，其固有之所由来(Woher)本身靠其自而现成之物，在原初的绝对现成性的意义上，满足这种存在之理念。以这种方式存在之物，其存在，existentia［实在性］，也持久不断。存在＝持久不断的现成性。

---

① 四个视角具有一种特别体系化的统一性和同一性(Einheit und Identität)［？］。

②《哲学原理》(*Principia* I, n.51)。

斯宾诺莎始终以此存在理解为定向来思考实体概念,由他勾画出了存在者之大全的存在状态(Seinsverfassung)及其可能性。

三十六、Ethica, pars prima[《伦理学:第一部分》]

(一)存在论的基本概念

第一部分8项定义,为存在论的基本概念划界:(1)causa sui[自因],(2)res finita[有限之物],(3)substantia[实体],(4)attributum[属性],(5)modus[样式],(6)Deus[上帝],(7)res libera[自由之物],necessaria[必然之物],(8)aeternitas[永恒]。

我们看到,正如在笛卡尔那里,对存在整体的追问,也未提出。他的思考仍围着传统的存在理解打转。他如此作为的指标:接纳了对summum ens[最高的存在者]的存在论解释。进而表明,这样的存在者,接纳了方法论上的核心功能的res cogitans[思维之物],仍然未能按其存在方式而得到澄清。对一种原初的存在论上的难题性的阻碍,无处不在。而没有接纳中古—古代的存在论。在希腊的存在理念的意义上,对存在者之大全的体系化,在斯宾诺莎那里实现了最为极端的发展。若称新的解释就是其泛神论学说,则在科学—哲学上意味着:所有存在者,将不会以绝对的现成性之理念为指导线索来解释,而是作为存在者,退回到实体的统一性和唯一性及其实体性。

补充(1)绝非偶然:《伦理学》第一部分(De Deo[论上帝])

始于 causa sui[自因]。① 我按其本身的原因(根据)所理解的这个事物,其本质中包含存在(Existenz),或者更准确地说,对其本质的可能把握,无非就是它存在着(existierend)。这个定义有"两面":1. 考虑到 causa sui[自因]本身之所是,2. 考虑到 causa sui[自因]必须如何来把握。同样的情形,常常,尤其见于对实体的定义。(存在和概念存在[Begriffensein],本质可能性和可把握性[Begreifbarkeit],同时出现;存在和思考性[Gedachtheit]。)②

基本信念,这是斯宾诺莎形而上学的基础。认识方法由 intuitus[直觉]和 deductio[演绎]所决定,因为,斯宾诺莎认为,scientia intuitiva et ratio[科学就是直觉之物加上论证]。同样,斯宾诺莎的形而上学,也有两个基本信念。

Primum conceptum est ens[首要概念是存在者],而非随便哪个特殊的被给予性(Gegebenheit),如 cogito[我思],而是存在秩序中的首要之物和本真之物,这也是最初所认识之物:Natura divina... tam cognitione quam natura prior est.[神性……先于认识,也先于自然。]③

纯粹的思考中之所思,就是存在之物;或者更准确地说,反过来,存在之物,以及就其存在而言出于实体之物,必定也是按其 idea[理念]所思之物,或者更准确地说,出自 idea[理念]之物。这

---

①参见本书"附录:补充 40"。
②若哲学的难题性是如此形成的,则前提显而易见:本真的认识只见于 intellectio[理解],而不见于 opinio[意见]和 imaginatio[想象]。
③《伦理学》第二部分, propos. 10[命题十], schol. 2[评注二]。[中译按]"41 节"。中译参见《伦理学》,同前,页 53。

一信念,无非就是将 realitas formalis[形式的真实性]与 realitas objectiva ideae[理念的客观真实性]等而同之。这一点,在明确表现于如下原理:Quod in intellectu objective continetur, debet necessario in natura dari.④[包含在客观理智之中的事物,必然应当居于自然之中。]Quicquid ex infinita Dei natura sequitur formaliter, id omne ex Dei idea eodem ordine eademque connexione sequitur in Deo objective.⑤[形式上出于上帝的无限本质任何事物,客观上也都依据上帝之中的同一秩序和同一联系,出自上帝之理念。]Idea eodem modo se habet objective ac ipsius ideatum se habet realiter.⑥[理念客观地保有自身的方式,与理念之所见真实地保有自身的方式是一样的。]后一条原理,对关于属性和 modi[样式]的学说,有更进一步的发展。

(二)逐一论述八项定义⑦

1. Causa sui[自因],纯粹从存在论上来解释,其本质中包含 existentia[存在]。这就是原因,原初—本质(Ur-wesen),没有将 esse[存在]排除于其本身之外——原初的 res[实事],在它之前,什么实事也没有,它也不需要这样的实事;这里的"原因"并不考

---

④《伦理学》第一部分,propos. 30[命题三十],demonstratio.[证明]。[中译按]"41 节"。中译参见《伦理学》,同前,页 30。

⑤《伦理学》第二部分,propos. 7[命题七],corr.[推论]。[中译按]"41 节"。中译参见《伦理学》,同前,页 49。

⑥《论理智之改进》第二部分。[中译按]"41 节"。中译参见《知性改进论》,同前,页 31-32。

⑦参文本。标题为海德格尔所加。

虑结果，causa[原因]并非某种因果关系意义上的存在者，它就像先于存在者本身而在，自身按其自性(Selbstheit)产生出来；相反，causa[原因]是存在整体的一种方式，更准确地说：是某个存在者的原初存在方式。反过来，这种对绝对的存在者的解释，或者更准确地说，对其存在的解释表明，通过存在之理念，也同时思考了创制(Herstellung)。由 essentia involvens existentiam[包含存在的本质]出发，本身并不必然会走向 causa[原因]之整体，故此，也许存在＝现成性(Vorhandenheit)。⑧

2. Res in suo genere finita[自类有限之物]，是一个存在者，它能够被另一个具有其本质的存在者所限定。Corpus[物体]——我们总能够设想一个更大的物体；同样，cogitatio[思维]也可以由 cogitatio[思维]所限定。

1 和 2：res infinita[无限之物]——res finita[有限之物]。笛卡尔的存在论的基本划分：substantia infinita[无限实体]——substantia finita[有限实体]。斯宾诺莎的划分，从纯粹形式角度看是普遍的。

3 至 6 是具有决定性的定义。

3. Substantia[实体]，quod in se est per se concipitur[处在其自身之中并且通过其自身而被领会之物]，处在其自身之中，并且就其本质而言，无关乎他者。在于其自身的绝对的现成性＝实体性。在经院哲学中，对 in se[在其自身之中]与 in ordine ad aliud[在与他者的等级关系之中]，正式作出区分。但斯宾诺莎同时还根据形式上的所思性(formalen Gedachtheit)与本真的现成性之同

---

⑧参托马斯：Deus[上帝]——causa prima[第一因]。

一性,将 a se[由其自身](比较1),causa sui[自因],还有 per se[通过其自身],为其自身(für sich),纳入此概念之中。Non indiget conceptu alterius[无须他者之观念];这一点也适合于笛卡尔的 substantiae finitae[有限实体],因此,没有实体(keine Substanzen)!

4. Attributum[属性],quod intellectus de substantia percipit[理智关于实体所感知到的内容],作为方式,实体仿佛由以将自身传达给经验,为何此处引入属性,又为何不引入实体本身[?],尽管词义(Wortsinn)要作一划分(zu-teilen)。所以,在此实际的理解,也是一种帮助。属性,划一分(Mit-teilen),虽然只有两种属性。

笛卡尔的见解:Verum tamem non potest substantia primum (in erster Linie für sich und an sich) animadverti ex hoc solo, quod sit existens, quia hoc solum per se nos non afficit[然而,的确,实体不能首先(首先为其自身和就其自身)唯独从这存在之物出发而被注意到,因为,这存在之物通过其自身无法影响我们]。⑨ 这纯粹的存在,并不刺激(affiziert),也就是说,不会作为存在者而照面。⑩ 因此,所有存在论,还有一个基本难题:它仍是否定之物。因此,实体必须以属性传达自身。根据斯宾诺莎,无限多的属性中,只有两类我们可以通达:cogitatio[思维]和 extensio[广延]。笛卡尔的有限实体本身所指,在斯宾诺莎那里属于无限实体本身(斯宾诺莎的实体不但是 res cogitans[思维之物],也是 res extensa[广延之物]),只具有我们可通达性之"名义"(Auszeichnung)。为何它就是这种无限实体,并且只有此名义,斯宾诺莎[没有]提出理由,

---

⑨《哲学原理》(Princ. I n. 52)。海德格尔误写为25。
⑩康德:存在不是真实的谓词。

也没有能力提出理由。Attributum[属性]——constituens essentiam substantiae[构成实体之本质]。⑪

5. Modus[样式],substantiae affectiones[实体之状态],id quod in alio est[它处在他物之中],per quod etiam concipitur[又通过他物而被领会]。⑫ 属性的无限性与实体是一回事。这些 Modi[样式],方式(Weisen),反过来又是对实体的限制(限定[Determinationen]),συμβεβηκός[偶性]——偶然归属于(zufällt)实体之物,就其本身而言却不应归于(nicht zukommt)实体之物。比较 Propos. I[命题一]:Substantia prior est natura suis affectionibus.[实体,就其本质而言,先于其状态。]对 Propos. V[命题五]的 Demonstratio[证明]:Depositis affectionibus et in se considerata[抛开状态而专注于(实体)自身],它是实体唯一和真实的本质。Modus[样式]之所是,不属于实体,却以实体为前提。因为,modi[样式]不仅基于 determinatio[限定],后者总意味着一种 negatio[否定],并且本身就是一种终结(Verendlichung)。但实体的确具有有限性,它排除了任何 negatio[否定],排除了任何 determinatio[限定]。任何属性,都的确印证了(drückt...aus)完全无限的实体,并且也是无限的。⑬ 由此出发,可以理解:

6. Deus[上帝],ens absolute infinitum[绝对无限的存在者],non in suo genere[而非自类(无限的存在者)],后者可以由其他 genera[属]之属性所否定。从属于 absolute infinitum[绝对无限

---

⑪参见本书"附录:补充41"。

⑫《伦理学》第一部分,def. V[定义5.]。

⑬比较经院神学:上帝的品质,ens simplicissimum[最单纯的存在者]。

者]的是任何 essentiam exprimit[表达本质]的事物,ens absolute infinitum negationem nullam involvit[绝对无限的存在者不包含任何否定][14],也就是说,Deus[上帝]作为 omnitudo realitatis[全部真实性]就是实体,也就是存在本身(essentia[本质]——suum esse[本身的存在],经院哲学)。

要点重述。存在论上的基本概念,实体(S.[ubstanz]),属性(A.[ttribut]),样式(M.[odus]),得到讨论。对于斯宾诺莎而言,这些概念是现成的,它们作为自明的基本范畴(Grundkategorien)而被采纳。乍看上去,它们的来源并不明显。但追问此来源是必要的,如果要思考,这些概念能否担当起这种普遍而又基本的功能,而它们尤其在斯宾诺莎的体系中有此功能。

追问本身,不是要追究,而只是想点明,必须在何处探寻这些概念的起源。就其本身而言,现成之物和同时现成之物,首先在关于存在者的观察中显明自身,尽管是在就观察中所给予之物而表达自身的观察中,与此同时,这种自我表达就此谈论的所给予之物是如此这般。这种指示性的谈论的基本形式,绝对堪称希腊的 λόγος[逻各斯]。存在者之存在和存在的状态结构,是由对存在者最初的观察性处理中收获的。在未明确理解和把握存在理念的起源的情况下,认可据此理念规定对待存在者的本真态度。(比较托马斯的 beatitudo[幸福],亚历山大的 θεωρία[沉思]。)

当斯宾诺莎认为,他以一种确定的体系终结了希腊的存在理念,他必定也会将对待存在者的态度,或者更准确地说,将存在本身,解释为观察性的认识(betrachtendes Erkennen),而人的存在之

---

[14]《伦理学》第一部分,对 def. V[定义5]的 explicatio[说明]。

理念,也从而由对存在整体的存在论上的基本理解出发,而已然被预先规定为 αεί[永恒]。

对基本概念的定义之后果,并非偶然。斯宾诺莎并非由以某种方式预先给予的一种上帝之理念出发,测量此理念的基本规定,相反他的哲学意图是思考存在理念,将此理念中作为绝对理念来思考的存在者,与绝对地存在着的上帝等而同之。

7. Res libera[自由之物],出于自己的本质的必然性而存在的事物,a se sola determinatur[唯独由其自身所限定]之物。比较笛卡尔,libertas[自由]作为上帝之最高规定和人在此同样所具有的相似性。Propensio in bonum[倾向于善],也就是如今通过此在对存在(Existenz)的主体 determinatio[限定],存在(Existenz)属于此在之本质(Wesen)。必然存在(existiert)之物,是最自由的事物,因为,它绝对 causa sui[自因],由其本身出发规定自身(necessitas determinationis[限定之必然性])。必然性,在 necessitas coactionis[共同行动之必然性]意义上,就是以一种必然和不变的方式,受到某个他者逼迫而存在和活动。

8. Aeternitas[永恒]就是存在(Existieren)本身,如果它被领会为必然出于对一种永恒在者的定义。如果 aeterna veritas[真理永恒],concipitur sicut rei essentia[它被领会为实事之本质],那么,per durationem et tempus explicari non potest[它就不能用持续和时间来解释]。⑮

⑮《伦理学》第一部分, def. III[定义8]。

(三)几条典型原理⑯

I.⑰ Substantia prior est natura suis affectibus.[实体,就其本质而言,先于其状态。]

II. Duae substantiae, diversa attributa habentes, nihil inter se commune habent.[两个实体,若具有不同属性,则它们之间毫无共同之处。]

III. Quae res nihil commune inter se habent, earum una alterius causa esse non potest.[它们之间毫无共同之处的实事,其中一个不可能是另一个的原因。]

VI. Una substantia non potest produci ab alia substantia.[一个实体不可能由另一个实体所产生。]

XIV. Praeter Deum nulla dari, neque concipi potest substantia.[除了上帝,不可能提供也不可能设想任何实体。]

XV. Quicquid est, in Deo est, et nihil sine Deo esse, neque concipi potest.[任何存在之物,都存在于上帝之中,离开了上帝,没有什么能够存在,也没有什么能够被设想。]

XVIII. Deus est omnium rerum causa immanens, non vero transiens.[上帝是所有事物的内在持存的原因,而确非超出其外的原因。]⑱

根据 XV,extensio[广延]也作为 attributum[属性]属于上帝。

---

⑯标题为海德格尔所加。
⑰海德格尔的编号,指《伦理学》"第一部分"中的"命题"。
⑱因为,祂是唯一的实体。

上帝是一种"延展的本质"(ausgedehntes Wesen)——这一点如何理解？比较 XV 之"评注"：Conclusimus substantiam extensam unum ex infinitis Dei attributis esse[我们得出结论，广延的实体是上帝的无限属性之一]，这是上帝（总体）之中的 omnitudo essentiarum[全部本质]！排除与此相对的质朴观察，其根据在于一个不相称的量性概念(Quantität)。

与此相对，需要指出：Quantitas duobus modis a nobis concipitur, abstracte scilicet, sive superficialiter, prout nempe ipsam imaginamur, vel ut substantia, quod a solo intellectu fit.[量性为我们所感知的方式有二：或是我们以抽象或者说就以表面方式来想象其本身，或是将其作为实体，因其只是理智的产物。]在第一种情况下(quantitas prout in imaginatione est[就存在于想象中的量性])，它是 finita[有限的]、divisibilis[可分的]，ex partibus conflata[由两方面合成的]。在第二种情况下(quantitas prout in intellectu[就存在于理智中的量性])，quod difficillime fit, infinita, unica, indivisibilis[它最难达成，无限，唯一，不可分]——它不是这种或那种 Quantum[量]，而是量性本身。⑲ extensio[广延]之属性从属于实体，但并不是说，上帝也是广延的(ausgedehntes)、可度量的事物，而是说，essentia extensio[广延之本质]从属于实体性。因为，若非如此来规定实体，广延的事物究竟如何可能存在？只是它们的存在 per determinationem[受到限定]。从而，determinabile[可限定之物]必定事先就存在，并且绝对先于一切 negatio[否定]，也就是说，肯定性最终在于其本身，也就是说，真的从属于实体。

---

⑲ 比较康德！

何为 res particulares［特称实事］？ Nihil sunt, nisi Dei attributorum affectiones sive modi, quibus Dei attributa certo et determinato modo exprimuntur.［它们无非就是上帝的属性的状态或样式,靠这些状态和样式,上帝的属性以确定和限定方式得以表明。］[20]

上帝作为其本身的,也就是说,作为属性之无限性的无限自由的原因,斯宾诺莎按照经院哲学的规程,称其为 natura naturans［能动的自然］。但所有 modi［样式］,就其作为事物而言,它们存在于上帝之中,并且不靠上帝,仍不能得到把握,是它们形成了 natura naturata［能动的自然］。

单个人的 Voluntas［意志］和 intellectus［理智］之于作为 attributa rei［实事之属性］的 cogitatio［思维］,正如 motus［运动］和 quies［静止］之于 extensio［广延］。这种 extensio［广延］和 cogitatio［思维］,就是先验之物。

属于 natura naturata［能动的自然］的单个事物,必然出自上帝不变的本性(Natur),它们的创造,既非出于任意,也没有规定的目的。[21]

---

[20] Expressio［表现］,莱布尼茨！
[21] 存活着的本质本身(Das wesende Wesen selbst);存在作为绝对的存在者(das Sein als das schlechthin Seiende)。并非一种形式上的 metaphysica generalis［普遍形而上学］,而是追问人之存在(Sein)、实在(Existenz)、res cogitans sive mens［思维之物或心灵］。

三十七、Pars secunda: De natura et origine mentis[①] [《伦理学:第二部分:论心灵之本性和来源》]

形而上学以一种伦理学为旨归;因而,homo[人]及其本质是更为特殊的主题。根据笛卡尔,res cogitans[思维之物]与 res extensa[广延之物]判然有别;在斯宾诺莎那里,亦复如此。由此得出了关于 corpus[身体]、idea[理念]、duratio[持续]、realitas[真实性]、res singularis[单个实事]的 definitiones[定义]。[②] 通过对 idea[理念]的界定,值得注意:idea[理念] = mentis conceptus[心灵之概念]。

Dico potius conceptum quam perceptionem, quia perceptionis nomen indicare videtur, Mentem ab objecto pati. At conceptus actionem Mentis exprimere videtur. [我称其为概念而非感知,因为,感知之名似乎显示,心受制于客体。概念看来却表明了心灵之行动。][③]

Cogitatio attributum Dei est, sive Deus est res cogitans. [思维是上帝的属性,或上帝是思维之物。]Extensio attributum Dei est, sive Deus est res extensa. [广延是上帝的属性,或上帝是广延之物。][④]

Ideae[理念]对原因毫无 ideata[设想],身体同样少由理念来

---

① 标题为海德格尔所加。
② 文本(Text)。[中译按]此处 Text,按字面直译,不知道所指为何。
③《伦理学》第二部分,对 def. III[定义3]的 explicatio[说明]。
④《伦理学》第二部分,Prop. I[命题一]和 Prop. I[命题二]。

规定。但具有同样的必然性的是,所表象之物出自广延(Ausdehnung)之属性,正如表象出自思维之属性。由此,propositio VII[命题七]:Ordo, et connexio idearum idem est, ac ordo, et connexio rerum.[理念之秩序和联系,与事物之秩序和联系是一回事。]属性 cogitatio[思维]和 extensio[广延],自有秩序在其中,它们是一且唯一的实体的属性。Idea eodem modo se habet objective, ac ipsius ideatum se habet realiter.[理念客观地保有自身的方式,与理念之所见真实地保有自身的方式是一样的。]⑤

extensio[广延]和 cogitatio[思维]的 Modi[方式],完全是 una eademque⑥ res sed duobus modus expressa[同一实事的两种表达]。对于任何 extensio[广延]之 modus[方式]而言,在上帝中存在一个 idea[理念],而后者就是 mens[心灵](属于那种 modus[方式]的灵魂或精神)。因此,omnia, quamvis diversis gradibus, animata.[所有事物,尽管等级千差万别,却都保有灵魂。]存在者之全体,具有不同等级的灵魂。然而,idea[理念],就 ideatum[所见之物]的内容而言,不仅拥有 res extensa[广延之物],还拥有其本身;idea est idea ideae[理念是理念所属之理念],cogito[我思] = cogito me cogitare[我思我在思]。

Simulac quis aliquid scit, eo ipso scit, se id scire, et simul scit, se scire, quod scit, et sic in infinitum.[因为,一旦谁有所知,他凭自己知道自己知道它,与此同时,他自己也知道他自己知道他知道

---

⑤《论理智之改进》第六部分。[中译按]"41 节"。中译参见《知性改进论》,同前,页 31-32。

⑥海德格尔:et eademque。

什么,如此以致无穷。]⑦(当然,相对于 idea ideae[理念所属之理念],在 ordo rerum[实事的秩序]中缺乏某种关联;平行关系并非明确地不间断。)精神由理念的复多性构成,也就是说,由从属于身体的情感的理念所属之理念构成(von Ideen der Ideen von Affektionen des Körpers)。

故此,斯宾诺莎才能够说:Mens se ipsam non cognoscit nisi quatenus Corporis affectionum ideas percipit.[心灵不认识它自身,除非它感知到属于身体的情感之理念。]⑧但同时:若从属于任一 res particularis extensa[广延的特称实事]的是一个 idea[理念],而从属于后者的又是一个 idea[理念],那么,从属于任一 res particularis extensa[广延的特称实事]的,差不多就是自我意识,尽管 diversis gradibus[等级千差万别]。⑨

三十八、Tertia pars: De origine et natura affectuum [《伦理学:第三部分:论情感的本质和来源》](激情)①

De Affectuum ... natura, et viribus, ac Mentis in eosdem potentia, eadem Methodo agam, qua in praecedentibus de Deo, et Mente egi, et humanas actiones, atque appetitus considerabo perinde, ac si Quaestio de lineis, planis, aut de corporibus esset.[关于情感

---

⑦《伦理学》第二部分,prop. 21[命题二十一], schol.[评注]。
⑧《伦理学》第二部分,prop. XXIII[命题二十三]。
⑨参见本书"附录:补充 42"。
①标题为海德格尔所加。

的……本质和力量的探究,我将采取与探讨心灵潜能同样的方法,我在前文探究上帝和心灵是采取了这种方法,我还要以同样的方式思考人的行动和欲望,就像探问线、面和体那样。]②

为什么斯宾诺莎要明确强调用同样的方法？最初,人们说,affectiones[情感]是 vana[空虚的](虚无)、absurda[荒谬的](无意义的)、horrenda[令人恐惧的](可怕的),它们出于人的软弱无能,因而,由于其卑劣,不可能成为严格思考的本真对象。斯宾诺莎持有相反的观点：如果情感属于"自然",那么,它们与所有存在者一样,也受同样的法则支配。情感本身,它们作用于人的力量,以及人作用于它们的力量,必须根据其确定的原因才能得到认识。换句话说,情感并非存在者的某一更为特殊的领域,并非国中之国,相反,若有情感存在,那么,它们就处在实体之统一性中,就像 natura naturans[创造的自然]和 natura naturata[受造的自然]。

实事也表明,就像先前的解释给出了定义情感的前提。Def. III, pars III[第三部分,定义3]：由情感,我理解到身体的冲动,冲动的可能性会被情感加强或减弱,会受到情感的支持或限制——我同时也理解了这些冲动之理念。

在此,重又出现了 res cogitans[思维之物]和 res extensa[广延之物],也就是 modi[（存在）方式]的平行关系。与此相应的现象实情是,情感不是纯粹的身体事件,相反,我们如此[这般]处在情感之中：处身(Sichbefinden)和关联(Angegangenwerden)的方式。如果我们自己可能就是某种情感的 causa adaequata[恰当原因],

---

② 《伦理学》第三部分, praefatio[前言]末句。

那么，affectio［情感］就是主动性的，否则就是被动性的。Causa adaequata［恰当原因］是这样一种原因，其结果，只有由其本身出发才能得到清楚明了的认识。

就更进一步理解对情感的解释，还有一些定理：

Prop. VI：Unaquaeque res, quantum in se est, in suo esse perseverare conatur.［任一实事，当其存在于其自身之中时，都在努力保持于其自身的存在之中。］

Prop. VII：Conatus quo unaquaeque res in suo esse perseverare conatur, nihil est praeter ipsius rei actualem essentiam.［任一实事努力保持于其自身的存在之中的努力，不会超出这个实事的现实本质。］

Prop. VIII：Conatus quo unaquaeque res in suo esse perseverare conatur, nullum tempus finitum, sed indefinitum involvit.［任一实事努力保持于其自身的存在之中的努力，并不包含有限的时间，而是包含无限定的时间。］

Appetitus（Drang）nihil aliud est, quam ipsa hominis essentia, quatenus determinata est ad ea agendum, quae ipsius conservationi inserviunt. Cupiditas（Begierde）est appetitus cum ejusdem conscientia. Constat：nihil nos conari, velle, appetere neque cupere, quia id bonum esse judicamus；sed contra nos propterea, aliquid bonum esse, judicare, quia id conamur, volumus, appetimus, atque cupimus.［欲求（Drang［压力］）无非就是人的固有的本质，因为，人的规定就是必须去完成保全其本身的事情。渴望（热望）就是有自觉的欲求。显而易见：我们努力、希望、追求和渴望，并非因为我们判定它为善物；相反，我们判定某物为善物，是因为我们努力、希望、欲求和

渴望它。]③

Prop. XI：Quicquid corporis nostri agendi potentiam auget, vel minuit, juvat, vel coercet, ejusdem rei idea Mentis nostrae cogitandi potentiam auget, vel minuit, juvat, vel coercet.［任何事物增进或减少、帮助或压制我们身体的活动潜能，同一实事的理念就会增进或减少、帮助或压制我们心灵的活动潜能。］

Mens magnas potest pati mutationes, et jam ad majorem jam autem ad minorem perfectionem transire.［心灵能够感受巨大的转变，能够过渡到大完满，但也能够过渡到小完满。］这些（主观的）感受（Leiden），quae quidem passiones nobis explicant affectus Laetitiae et Tristitiae.［这些激情的确向我们表明了快乐和痛苦的情感。］④

Laetitia = passio, qua mens ad majorem transit perfectionem. Tristitia =passio, qua Mens ad minorem transit perfectionem. Praeter hos tres（Cupiditas, Laetitita, Tristitia）nullum alium agnosco affectum primarium.［快乐＝心灵由以过渡到大完满的激情。痛苦＝心灵由以过渡到小完满的激情。在这三者（渴望，快乐，痛苦）之外，我不承认还有其他主要情感。］⑤

对情感的分类，应当没法再更进一步了。还需要注意：斯宾诺莎清楚地看到，通常对具体情感的划分和标示具有偶然性。对具体情感的存在论把握，当然要有更进一步的、不同于斯宾诺莎自信已拥有的前提。此在本身的特定的存在方式，必定已然得到

---

③prop. IX［命题九］, schol.［评注］。
④prop. XI［命题十一］, schol.［评注］。
⑤同上。

了澄清。

基本问题:对此而言的存在论前提究竟是什么:一个能够存在的存在者,它在自我感觉中(im Sichbefinden)具有如此这般的心情?

情感的存在论难题恰恰在于,必须理解某物出于何种原因才可能受影响。斯宾诺莎:出于身体的现成之在,有别于 idea[理念]的现成之在。另一方面,具有本质性的又是:斯宾诺莎想通过存在论的本质考察推进到情感——不是糟糕的经验(Empirie),它对什么也澄清不了的所谓事实有帮助;而是本身需要先行于本质规定。

三十九、Quarta pars: De servitute humana seu de affectuum viribus[《伦理学:第四部分:论人的奴役或论情感的力量》]①

Humanam impotentiam in moderandis, et coercendis affectibus servitutem voco.[人在需要节制和压制情感时的无能,我称之为奴役。]②在被奴役中,我理解了人在需要克服和制止情感时的软弱无能。Homo enim affectibus obnoxius sui juris non est, sed fortunae, in cujus potestate ita est, ut saepe coactus sit, quanquam meliora sibi videat, deteriora tamen sequi.[因为,顺服于情感的人不能自主,而是受制于命运,如此在命运的支配下,尽管他可以看到对他

---

①标题为海德格尔所加。
②Praefatio[前言]。

更好的事情,却往往被迫顺从了更坏的事情。]因为,受情感支配的人,没有自主性,而是听天由命,在命运的支配下,他成了这副模样:他往往不得已而顺从了糟糕的事情,尽管他看得出对他更好的事情。究其原因,斯宾诺莎在 pars IV[第四部分]作出了解释。

何为更好和更坏,也就是说,何为善恶? Bonum, et malum quod attinet, nihil etiam positivum in rebus, in se scilicet consideratis, indicant, nec aliud sunt, praeter cogitandi modos, seu notiones, quas formamus ex eo, quod res ad invicem comparamus. Nam una, eademque res potest eodem tempore bona, et mala, et etiam indifferens esse.[善,还有恶,其实并非包含于实事之中的某种确定的性质,而是认为存在于其中,它们所表明的内容,无非就是思考方式,或我们由对实事的相互比较建构出来的观念。因为,一个实事,而且是同一个实事,在同一时间有可能好,也有可能坏,甚或无所谓好坏。]

Prop. XIV : Vera boni, et mali cognitio quatenus vera, nullum affectum coercere potest, sed tantum, quatenus ut affectus consideratur.[对善和恶的真知,仅仅作为真知,不可能压制住情感,而只有被当成情感(才能压制住情感)。]

Prop. VII : Affectus [nec] coerceri, nec tolli potest, nisi per affectum contrarium, et fortiorem affectu coercendo.[情感既不可能被压制,也不可能被消除,除非通过相反的情感或更为强烈的情

感来压制情感。]③

Prop. XX：Quo magis unusquisque suum utile quaerere, hoc est, suum esse conservare conatur, et potest, eo magis virtute praeditus est.［任何一个人越是探求对自己有用之物，也就是追求并且能够葆有自己的存在，他就更有德。］

Prop. XXI：Nemo potest cupere beatum esse..., qui simul non cupiat, esse..., hoc est, actu existere.［没有人能够渴望幸福的存在，若他不同时渴望存在、过活或或者，也就是真实地存在着。］④处事和存在有德人，只是能够说他是按照他的认识来存在的人。Prop. XXIV：Ex virtute absolute agere nihil aliud in nobis est, quam ex ductu rationis agere.［按照绝对德性过活，对于我们而言，无法就是按照理性的命令过活。］

Prop. XXVIII：Summum Mentis bonum est Dei cognitio et summa mentis virtus Deum cognoscere.［心灵之至善，就是对上帝的认识，心灵之至德，就是认识上帝。］这种善，对于所有人而言，都是共同的，并且，所有人都能够以同样的方式乐在其中。Beatitudo nihil aliud est, quam ipsa animi acquiescentia, quae ex Dei intuitiva cognitione oritur.［幸福，无非就是灵魂的满足，这种满足出于对上帝的直觉认识。］⑤

《伦理学》的第五也是最后部分已然表明，理性对情感的纯粹

---

③本质上：Affectus［情感］只有通过 affectum［情感］（才能认识）——但这里有从属于一种现成的大全的紧张（Spannung［?］）。

④Cupiditas［欲望］——essentia hominum［人的本质］——existentia［存在］。

⑤［第四部分，附录，第四点］。

认识可能是什么,与被奴役不同的人的自由何在。

四十、Quinta pars: De potentia intellectus seu de libertate humana[《伦理学:第五部分:论理智的潜能或论人的自由》]①

(一)对情感的规定

Affectus, qui passio est, desinit esse passio, simulatque ejus claram, et distinctam formamus ideam. [情感,就是激情,它将不复为激情,一旦我们形成了关于它明白又清楚的理念。]②

Qui se, suosque affectus clare, et distincte intelligit, Deum amat, et eo magis, quo se, suosque affectus magis intelligit. [明白又清楚地认识了自己和自己情感的人,就爱上帝,并且,越了解自己和自己的情感,他就越爱上帝。]③

Amor nihil aliud est, quam Laetitia, concomitante idea causae externae... Videmus deinde, quod ille, qui amat, necessario conatur rem, quam amat, praesentem habere, et conservare. [爱,无非就是快乐,伴随着外在原因之理念……从而,我们看到,爱其所爱之实事者,必然会追求保有当前实事。]④

---

① 标题为海德格尔所加。
② 将 II[命题二]改为 prop. III[命题三]。
③ [(命题)十五]。
④ 对 prop. XIII, pars III[第三部分,命题十三]的 Schol. [评注]。

我们越完美地认识了 affectus[情感]，我们的举止就越会成为纯粹的 actio[行动]，而对所知之物的纯粹认识举止，就是对上帝的认识。Deus expers est passionum nec ullo Laetititae, aut Tristitiae affectu afficitur.[上帝超离激情，也不受任何快乐或痛苦之情感影响。]⑤

Deus neque ad majorem neque ad minorem perfectionem transire potest.[上帝既不可能转变为更完善，也不可能转变为较不完善。]⑥这种转变方才使得情感成为可能。自我感受有高涨和消沉。因为，在上帝之中不存在情感⑦，所以：Qui Deum amat, conari non potest, ut Deus [ipsum] contra amet.[爱上帝的人，不能追求：让上帝反过来也爱他。]⑧因为，这必然是希望：上帝不是上帝。

Hic erga Deum Amor summum bonum est.[这种对上帝的爱就是至善。]⑨

Tertium illud cognitionis genus (scil. intuitivae) Amorem gignit erga rem immutabilem, et aeternam.[那第三种认识（也就是直觉认识）引起对不变和永恒之物的爱。]⑩反对！Ordo, et connexio idearum idem est ac ordo et connexio rerum.[理念的秩序和关联，与实事的秩序和关联是一回事。]⑪因此：Mens actualem sui Corporis exis-

---

⑤Prop. XVII[命题十七]（pars V, prop. XVII, demonstratio[第五部分,命题十七,证明]）。

⑥同上。

⑦参亚里士多德——并非同样的存在论奠基。

⑧Prop. XIX[命题十九]。

⑨Prop. XX, dem.[命题二十,证明]。

⑩Prop. XX, schol.[命题二十,评注]。

⑪参 pars II, prop. VII[第二部分,命题七]。

tentiam non exprimit, neque etiam Corporis affectiones, ut actuales, concipit, nisi durante Corpore.［心灵不会显明人自己的身体的实存,也不会认为身体的状态是真实的,除非它凭借持存的身体。］⑫因此,有对时间性持存的 cognitio［认识］——无法推向永恒。

Prop. XXII：In Deo tamen datur necessario idea, quae hujus, et illius Corporis humani essentiam sub aeternitatis specie exprimit.［对上帝,仍必定要被给予一个理念,这个理念显明了这个或那个人的身体的、从属于永恒之形式的本质。］Deus［上帝］也是 causa essentiae［本质之原因］。Sub specie aeternitatis［从属于永恒之形式］从而必须严格从存在论上去理解,着眼于永恒存在着的什么。即使身体毁坏,还会有某物留存,quod aeternum est［它就是永恒之物］。这 aeternitas non potest definiri tempore, nec ullam ad tempus relationem habere potest.［永恒不能用时间来定义,也与时间没有任何关系。］⑬如果我们作为由持存所规定的肉体之在,不可能有对某种先于身体之在的记忆,我们当然也不知道,Mentem nostram, quatenus corporis essentiam sub aeternitatis specie involvit, aeternam esse.［我们的心灵,就其包含从属于永恒之形式的身体之本质而言,它是永恒的。］⑭

Ex tertio cognitionis genere summa, quae dari potest, Mentis acquiescientia oritur.［由此第三种认识,产生了所能给予的心灵最高

---

⑫Prop. XXI, dem.［命题二十一,证明］。
⑬Prop. XXIII, schol.［命题二十,评注］。
⑭同上。

的满足。]⑮

Tertium cognitionis genus pendet a Mente, tamquam a formali causa, quatenus Mens ipsa aeterna est. [第三种认识,系于心灵,正如系于形式因,因为,心灵本身是永恒的。]⑯

Ex hoc cognitionis genere summa, quae dari potest, Mentis acquiescentia, hoc est, Laetitita oritur, eaque concomitante idea sui, et consequenter [concomitante] etiam idea Dei, tamquam causa. [由这种最高的认识,产生了所能给予的心灵最高的满足,也就是最高的快乐,它伴随着心灵自身的理念,从而也(伴随着)作为原因的上帝之理念。]⑰

但 Laetitita [快乐] concomitante causa [伴随着原因] = amor [爱],因为,causa [原因] = Deus [上帝]: amor Dei [对上帝的爱]。也就是说,Deus quatenus eum aeternum intelligimus [上帝之为上帝,是因为我们知道祂是永恒的。] 所以,acquiescentia [满足] 作为 tertium genus cognitionis [第三种认识] 和 amor Dei intellectualis [对上帝的理智之爱];在纯粹的认识中产生并从属于此认识的快乐,鲜活地(seiend)将其本己原因的认作上帝。Mentis erga Deum Amor intellectualis pars est infiniti amoris, quo Deus se ipsum amat. [心灵对上帝的理智之爱,是无限的爱的一个部分,上帝凭借它来爱自身。]⑱(这也只是重又在存在论方式作出的阐述。)

---

⑮ Prop. XXVII [命题二十七]。
⑯ Prop. XXXI [命题三十一]。
⑰ Prop. XXXII, dem. [命题三十二,证明]。
⑱ Prop. XXXVI [命题三十六]。

（二）amor intellectualis Dei[对上帝的理智之爱]

这种爱和认识，就是永恒纯粹的精神本质，这样的精神本质永恒存在于上帝之中，也从而，amor intellectualis[理智之爱]之所是，也本质且永恒地存在于上帝之中。因为，所有存在之物，都是immanente causa[内在地作为原因]，都是某种持存的原因。Nostra salus, seu beatitudo, sive Libertas consistit in constanti, et aeterno erga Deum Amore.[我们的健康或幸福，或自由，都在于对上帝的持久而又永恒的爱。]⑲

因此，最后一个 propositio[命题]⑳：Beatitudo non est virtutis praemium, sed ipsa virtus; nec eadem gaudemus, quia libidines coercemus; sed contra quia eadem gaudemus, ideo libidines coercere possumus.[幸福不是德性的报偿，而是德性本身；我们享有同样的快乐，不是因为我们抑制了欲望；相反，因为我们享有同样的快乐，我们才能抑制欲望。]㉑

虽然，斯宾诺莎的形而上学，以人的存在和本质（Sein und Wesen）为旨归，并试图离开又按照（aus und in）绝对唯一的实体来规定存在（Existenz）——从存在论上看：人的存在，化为了内在于并且作为（in und als）上帝的永恒在者之中的纯粹的现成性。

---

⑲Prop. XXXVI, schol.[命题三十六，评注]。
⑳Prop. XLII[命题四十二]。
㉑参前文 40 页的"补充 2"（此版本中："补充 31"）consecutio, comprehensio, fruitio; quietatio amantis in amato[结果，领会，收益；爱者在所爱中获得了安宁]。

166　　因此，这正是对形而上学的难题性(metaphysischen Problematik)的一种根本误解，如果人们以为，斯宾诺莎的形而上学的实体学说如此确定，以至于他已然将其"人格理想"(Persönlichkeitsideal)投射进了绝对者。相反合乎实情的是：他的存在见解(Existenzauffassung)与古典的存在理念相合。㉒

　　顾及人的特定的个别性消失了；特定的个别性，在哲学上完全不可能成为难题。莱布尼茨接过了个体化(Individuation)之难题，的确试图由实体的个别性出发，全面探究存在问题：只是部分地，并且只是否定性地，由斯宾诺莎所引起。

　　如果我们如今尝试，重新从主导性视角来把握莱布尼茨的形而上学，就首先应当表明这一点：莱布尼茨借助古代的存在论，努力提出并解决个体性(Individualität)之难题。㉓

　　我们只能指出这一点。肯定的是，这种努力必定落空，因为，个体化之难题，的确另有存在论之根，不可能予以表明。

　　㉒βίος θεωρητικός[静观生活]，在此仍然还是以希腊方式(griechisch)作出解释。

　　㉓黑格尔的特殊的形而上学体系之先驱。[紧接着的文本，无法识读。]

第四部分
戈特弗里德·威尔海姆·莱布尼茨
Gottfried Wilhelm Leibniz

四十一、生平,著作

(一)对莱布尼茨的形而上学的介绍之错综复杂

莱布尼茨(1646—1716)。介绍莱布尼茨的形而上学,比描述斯宾诺莎的特性还要困难,尽管原因完全相反。并非因为已有一个所有内容都相互连接的完善体系,而是因为莱布尼茨差不多始终只是偶尔将他的思想、难题和研究确定下来并加以划分,这些思想、难题和研究本身,却一直处在不断修正的解释(Umerklärung)当中。且不要说,我们还远未拥有一个完整而又可靠的文本基础,其研究的文学特质,使任何强行组成其体系的做法变得困难,也不允许这样做。当然,这并不是说,他所处理的难题的实际内容无内在关联又随机偶然。相反:莱布尼茨的制作如此广博而又多样,他的基本哲学难题如此单一而又核心。我们此番还必须寻找一条出路,以概观此核心难题、基本概念和基本原理——更确切地说,还要以四个视角为指导线索。

我们知道,追问存在所采取的形式,向来属于实体性之难题。斯宾诺莎说,实体从根本上讲就是存在,莱布尼茨却根据其个别部分,即单子,来把握实体的本质规定。斯宾诺莎:一个实体;莱布尼茨:无限多个实体。

这就是我们所认为的核心[难题],我们还要按照其单子论的一个标记,来阐明莱布尼茨的问题提法。出于稍后容易理解的理由,这其中已然包括了人的存在之难题,同样也包括了对世界之存在的追问。

真理之难题,在笛卡尔的开端和认识理想的方向上,经历了一个不断拓展的澄清过程,是通过划分事实真理和理性真理——这个区分,对康德而言,具有决定性意义,并且使得对由笛卡尔预构的对先验之物的主观化(Subjektivierung des Apriori)的一种更为严格的把握成为可能。这还关系到,显明如此把握的真理难题与存在问题的内在关联。

(二)生平,著作,版本

首先,略述其生平、著作和版本。

传记。普及性地从精神史角度描述莱布尼茨特质的著述,如今应当首推出自狄尔泰遗作的论文"莱布尼茨及其时代"(Leibniz und sein Zeitalter)。[①]

莱布尼茨,1646年生于莱比锡,他的父亲是那里的道德哲学教授。他16岁已深研亚里士多德。1663年完成学士论文《关于个体之原理的形而上学辩驳》(*Disputatio metaphysica de principio individui*)。在这篇论文中,他持唯名论立场,在唯名论看来,无物与本质上的普遍概念相对应,唯有个体真实存在。这篇论文表明,他对经院哲学关于此难题的争论有深入了解。

后来,他对经院哲学原理的看法有短暂摇摆,他在撰写关于

---

① 《全集》卷三,页3-80。

其形而上学理念的基本著作过程中,对这些原理作了修正,并以不断增长的理解对其作出评价。

为此,莱布尼茨在耶拿从学于魏格尔(Erhard Weigel)一年,尤专数学。1667年,他在阿特道夫大学(Universität Altdorf)获得法学博士学位。学术之途对于他而言当然是开放的,可他对此并无兴趣。他尝试通过与当时的知名学者和国务活动家交往以提升自己。通过在纽伦堡结识的冯·波依内布克(J[ohann] Chr[istian] von Boineburg)男爵,他与美因茨选帝侯(Kurfürsten von Mainz)建立了关系。在美因茨停留期间,莱布尼茨展开了丰富的著述活动。通过波依内布克,莱布尼茨对天主教和新教的再合一问题有强烈兴趣,这也是他平生关注的一个问题。

1672年,他造访巴黎。在那里,他试图鼓动路德维希十四(Ludwig XIV)征服埃及,以转移德国皇帝的权力欲。但他在巴黎期间,主要与对他具有重要意义的笛卡尔派相往还。进而,在此结识了荷兰数学家和物理学家哈伊根(Huyghens)。1673年,他到访伦敦,结识了化学家波义耳(Boyle)和一系列数学家。通过斯宾诺莎的朋友奥登布克(Oldenburg)介绍,他与牛顿(Newton)建立了通信。后来,两者间还产生了谁先发现微分的争议。

1673年当年,他返回巴黎,莱布尼茨在此研究直到1676年,布伦瑞克公爵和汉诺威皇帝(Herzog von Braunschweig und König von Hannover)任命他为图书管理员,他受聘来到汉诺威。他得撰写王室的历史。接下来的年头,他还承担了管理沃芬比特(Wolfenbüttel)图书馆的任务。

与其为撰写布伦瑞克王室历史做前期研究有关,他在德国和意大利长途旅行。在罗马和维也纳停留。在布伦瑞克王室成员中,莱布尼茨与夏洛特公主(Prinzessin Sophie Charlotte)最为亲近,公主后来成为普鲁士皇帝弗里德里希一世(Friedrich I)的皇后。她对莱布尼茨实施其建立柏林科学院(Berliner Akademie der Wissenschaften)的规划帮助极大,1700年科学院建成。莱布尼茨期待科学院汇聚全部科学研究成果,并对现实政治生活发生影响。他还计划在德累斯顿(Dresden)、维也纳和匹茨堡(Petersburg)建立科学院。匹茨堡科学院在莱布尼茨死后才建立,但始于他的推动。莱布尼茨与俄国的彼得大帝三次会晤,彼得大帝任命他为其秘密法律顾问。他在维也纳长期停留,其间为萨伏伊王子(Prinzen Eugen von Savoyen)编写了他的学说体系纲要,返回汉诺威后撰写布伦瑞克王室历史,直至1716年去世。

莱布尼茨生前独立出版了两部著作:已然提及的学士论文和《神正论》(Theodizee,1710)。他去世后,出版了一部他的体系的纲要德译本,原文是法文:《单子论》(Monadologie,1720),此外,1684年以来的《莱比锡学术纪事》(Acta eruditorum Lipsiensium)和1691年以来的《大学者杂志》(Journal des Savants)中有大量他的短论。规模最大的是他的科学通信,迄今尚未得到全面评估。

如今可用的他的哲学著作的版本需要提及:1.《哲学著作集》(J. E. Erdmann, Opera philosophica. 2 Bde. Berlin 1840)。2.《莱布尼茨哲学著作集》(C. J. Gerhardt, Die philosophischen Schriften von Gottfried Wilhelm Leibniz. 7 Bände, 1875—1890):卷1—3:《书信》;卷4—6:《著作和论文》;卷7:《补遗》。

有非常多的莱布尼茨的短论和书信尚未出版。仅汉诺威图书馆就藏有15000封书信。②

1901年,巴黎科学院和柏林科学院集成一部《莱布尼茨科学著作全集》(*Wissenschaftlichen Gesamtausgabe der Werke von Leibniz*)。柏林科学院受托起草了这个全集方案。最终集成的文献有些已付梓,有些未付梓。

已付梓的文献整理后,计有莱布尼茨2220种著作、论文和笔记,还印出他的往来书信6100封。此间收集了所有重要的图书馆和档案馆中未付梓的文献,还要加上巴黎科学院的文献。莱布尼茨手稿目录,加上已付梓的文献,约达75000种。此项学界合作编修莱布尼茨著作集的计划,在战争爆发时已近完成。法国科学院随战争爆发而退出。印刷推迟。战后,柏林科学院决定单独完成此项任务。法国学者已实施的前期准备工作必须重新来过。预计出版著作和书信两个系列40卷。每个系列的首卷书已发行。③

四十二、学说概观①

在我们思考存在论原理本身和莱布尼茨的对实体之实体性的解释之前,我们尝试简单了解他关于认识、真理和存在的见解,也就是手中他的短论,题为:《关于认识、真理和理念的沉思》(*Meditationes de cognitione, veritate et ideis*)(见1684年《莱比锡学术

---

②参见本书"附录:补充43"。
③生平——亚里士多德——当今(Leben – Aristoteles – heute)。
①标题为海德格尔所加。

纪事》)。

虑及真理和在真理中认识到的存在者,一项 cognitio[认识](notio[观念]),要么是模糊的(obscura),要么是明白的(clara)。Clara rursus vel confusa(verworren)vel distincta(deutlich)[明白的思维,抑或是混乱的,抑或是清楚的];清楚的思维复又分为 vel inadaequata(nicht ursprünglich)vel adaequata(ursprünglich)[不符合(并非原初)的,或符合(原初)的],后者又分为 symbolica vel intuitiva[象征的或直觉的];et quidem si cognitio simul adaequata et intuitiva sit, perfectissima est[并且,的确,如果认识同时是符合的和直觉的,它就是完善的认识]。

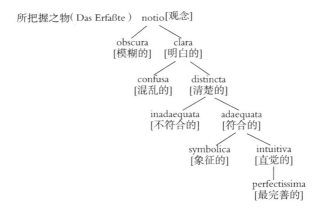

Obscura[est]notio, quae non sufficit ad rem repraesentatam agnoscendam[模糊的观念就是,不足以达成对表象之物的认知],一种概念性认识,由此认识出发,我未能如其所是地认识在先给予的存在者。② 譬如,我碰到一朵花或一只动物,我曾经见过它;我

---

② 卷四,页 422 =《莱布尼茨哲学著作集》。

虽然能够记得，我见过这样的事物，但我却没法认出，所碰到之物就是那一次所见之物，也就是说，与此同时无法将其 ab aliquo vicino discernere[与附近的某物（花或动物）区分开来]。这种情况也符合术语，譬如，亚里士多德流传下来的 entelechia[隐德莱希]或 causa[原因]，formalis[形式因]，materialis[质料因]，efficiens[动力因]，finalis[目的性]，这些术语都关涉 de quibus nullam certam definitionem habemus[我们对其没有确切定义的事物]。Unde propositio quoque obscura fit, quam notio talis ingreditur[因此，这样的观念所涉入的前提，也是模糊的]。原因和根据差不多可以理解，却未理解到如此程度，以至于可以称其为从概念上透彻表达了不同原因。

Clara[明白的（观念）]是一个概念（Begriff），它使得有区分的识别（Wiedererkennen）和规定成为可能。这样一种 notio[观念]，才是 clara[明白的（观念）]。

Confusa, cum scilicet non possum notas ad rem ab aliis discernendam sufficientes separatim enumerare[混乱（的思想），就是当时不能分别列举足以将一事物与其他事物分辨开来的标志]。尽管观念是明白的，却未达到清楚之程度，本质上有区分，却未明了具体和整体。所以，我们能够明白区分彼此的颜色、气味、味道，sed simplici sensuum testimonio, non vero notis enuntiabilibus[却是通过简单的感觉证据，而非就靠可以列举的标志]（概念性的、可以陈述的规定性）。所以，我们不能向盲人解释何为红，nisi eos in rem praesentem ducendo[除非将他们引入所表象的事物]。所以，[一个]画家或其他某个艺术家，确实能够评价某个艺术作品的优点和缺点，却无法用概念说出，让他不满之处究竟是什么。确实，他无法说出和表达这个什么;但的确有某物是确定的! 尽管 clara［明白］,却是 confusa［混乱的］。

Distincta circa omnia, quorum habemus definitionem nominalem, quae nihil aliud est, quam enuntiatio notarum sufficientium［清楚的所有事物,关于它们我们有名称定义,后者无非就是列举充足的标志］。我们所拥有的这样的 notiones distinctae［清楚的观念］,是关于数(Zahl)、大小(Größe)、形状(Gestalt),关于很多精神情状(害怕,希望),也关于这样的 notiones［观念］,这些 indefinibiles［未定的(观念)］:cognitio primitiva sive nota sui ipsius［原始的认识或自己本身的标志］。

Inadaequata［不符合的(观念)］,是 notae singulae componentes interdum clare quidem sed tamen confuse cognitae sunt［对构成性的具体标志的认识,尽管偶尔的确是明白的,但仍然是混乱的］;譬如,gravitas［重］,颜色,以及诸如此类,属于金子的概念。虽然,notae sufficientes enumeratae［列举了充足的标志］,它们本身是 clarae［明白的］,也从而,相关边界相对清楚,但其本身仍然 confusae［混乱］,其固有的结构性规定仍不清楚,从而,它们是明白的,却不是原初的认识。

Adaequata, cum vero id omne quod notitiam distinctam ingreditur, rursus distincte cognitum est, seu cum analysis ad finem usque producta habetur［符合(的思想),就是当对涉入清楚认知的每一个因素,都有清楚认识,或者当分析最终都富有成果］。莱布尼茨以为,人类的认识很难为此指出完美例证。人类的认识表明了表象的可能性(来源)! 纯粹可能性之 Realitas［真实性］! 可以通达??! 而非显象(Erscheinung)? 我们并不拥有任何我们有意识的实事之"理念"。真实定义（Realdefinition）和名称定义（Nominaldefinition）——对于它们而言，cognitio distincta[清楚的认识]还不够，除非[……]*，然而，何为 eo ipso identitas[与其本身同一]！

Symbolica（caeca）[象征（蒙蔽）的（思想）]：通过延伸分析，我们无法涵括符合的认识的所有规定性。Non totam simul naturam rei intuemur, sed rerum loco signis utimur, quorum explicationem in praesenti aliqua cogitatione compendii causa solemus praetermittere, scientes aut credentes nos eam habere in potestate[我们无法同时直观实事的整体本性，而只能代之以利用实事的迹象，对这些迹象的解释，在任何当前的认识中，为了简略起见，我们习惯于忽略它，我们知道或者相信有能力把握它]。③ 譬如，当我们设想一个有一千个相等的面的四角形（Viereck**）时，我们由此并未始终在观察面、相等、千这个数的本质，而是 vocabulis istis in animi utor loco idearum quas de iis habeo[在头脑中，用那些词汇代替了我们由这些词汇把握到的理念]。这样的认识，就发生在代数和算术中。

Intuitiva, ubi tamen licet, omnes（notionem valde compositam）ingredientes notiones simul cogitare[直觉性（观念），毕竟允许有，是同时认识到所有（观念非常复杂）涉入的观念]。这需要存在论—哲学的认识；存在论解释的 intuitiva adaequata idea[直觉的符合的

---

*此处有三个词无法识读。

③卷四，页423。

**[中译按]此处的 Viereck 为 Vieleck（多角形）之误，因为，一个 Viereck（四角形）不可能有"一千个面"。

理念]。视界,存在难题!

Notionis distinctae primitivae non alia datur cognitio, quam intuitiva, ut compositarum plerumque cogitatio non nisi symbolica est[给予原始的清楚的观念的认识,无非就是直觉的认识,正如关于复杂的和大多数事物思维,无非是象征性的]。

四十三、单子论存在论的基本特征①

(一)基本倾向

人们可以从外部观之,将莱布尼茨本人那里越来越清楚地在场的基本倾向,描述为对对立面的调和:1. 在纯粹力学—数学的自然观察与生物学的自然观察之间;2. 在原子式的存在者的分裂与空间填充的连续性之间;3. 在存在者的大全分解为某个实体的平均的统一性与个别的存在者的个体独立性之间。②

思维的主要特征:按其肯定性来观察所有可能意见,不断调和,不是以某种贫乏的方式,而是按照这种方式:问题提法,由预先给予之物和不断显露之物严格规定,并且最大可能地完全展开。

事实上,问题提法,由调和倾向所奠定,与之俱来的是:基本难题,在他那里,从根本上总是居于第二位。他是在寻求调和的统一性的过程中,偶然发现了这些基本难题,而非首先并且直接

---

① 标题为海德格尔所加。
② 参见本书"附录:补充44"。

按照肯定性的问题提法,推进到统一性所具有的基础。不仅根据指向自然之存在的取向,还有指向存在和生命之存在的多重存在论取向,单子论建构的方法是不同的。

(二)自然之存在论的取向的单子论进路③

通过描述笛卡尔的存在论的基本学说,已然详细表明了他对 res corporea[物体性实事]的解释。笛卡尔在 extensio[广延]中看到了其本质。所有关于物理事物的规定,都将被引回到作为纯粹数学的基本现象的 extensio[广延],也就是说,如此一来,我们 de nullo, nisi locali (motu) cogitamus ac de vi qua excitatur non inquiramus[什么也不能认识,除非我们认识位置(运动),而不探究激起位置运动的力]。从根本上将力的概念排除于自然的理念之外。更准确地说:笛卡尔尚不认识这个概念,并且尚未使其成为难题。相反,他在此标题之下来理解 qualitates occultae[隐秘的质性],与此同时,莱布尼茨恰恰试图从科学上创立动力学,并且从存在论上为其奠基。在此,开启了出自莱布尼茨的对立面。

首先,莱布尼茨在两篇论著中就此难题发表了看法:在 1686 和 1695 年的《莱比锡学术纪事》中,此外在其关于"物体的本质是否在于广延之中"问题的书信中(《大学者杂志》,1691,1693)。④力的大小,而非运动的量性,在自然中保持不变。但力的大小,并非由质量和速度的积($m \cdot v$)来规定,而是由质量和速度的二次方的积 $m \cdot v^2$ 来规定。莱布尼茨由此得出:因此,物体在广延之

---

③标题为海德格尔所加。
④《莱布尼茨拉丁语、法语、德语哲学著作全集》,页 112 以下。

外,必定有一个力,这个力的作用,必定能够由常量 m·v² 来度量。从而动摇了笛卡尔将数学上的物体和物理上的物体等而同之的做法。

这样,也就为物理性的存在者赋予了力量。但莱布尼茨走得更远;因为,首先,这可能给人这样的印象,他必定又会得到斯宾诺莎主义的好评:任何存在者,都是 corpus[身体]加 mens[心灵]。然而,莱布尼茨否认,广延完全属于实体之本质。物体的可分性证明,根本不存在最小的、不可分的原子,因为,原子总是广延的,所以,它是实体的集合。现实的实体,乃物体所由生,它们不可分、不可产生也不可摧毁,并且以某种方式,与灵魂相似。非空间性的和唯一本真的实体,莱布尼茨称其为 forma substantialis[形式实体],原力(force primitive),隐德莱希,最常见的简单说法,就是 substantia[实体],1696 年开始,就是单子。

术语 monas[单子]——形式统一性,首先,具有存在论上不确定的含义;omne ens est unum[每一个存在者都是一]——这也就意味着,它在存在论上是他者(Anderes)。"形而上学的要点"。物理之物,只是表面上不可分,数学之物,尽管存在于形式理念之中,但也只是⑤作为纯粹的空间规定性之模态(Modalität)。单子是自然之中的"真实的原子"。莱布尼茨究竟是从布鲁诺(G. Bruno)还是其他什么人那里采用了这个术语,尚不确定。

除了自然的力的规定性,莱布尼茨进一步指出,自然不会制造跳跃。从运动到静止的过渡,从差别到一致的过渡,都不是跳跃。运动和静止,差别和一致,都不是对立面,相反,静止是属于

---

⑤《莱布尼茨拉丁语、法语、德语哲学著作全集》,页 126。

运动的一种模棱两可的状况,同样,一致也是属于差别的一种模棱两可的状况。自然由连续性法则得到规定,对于莱布尼茨而言,这一法则变成了一种普遍的存在论法则。

空间和时间,与笛卡尔相反,莱布尼茨明确将其同等看待,它们是现实之物的纯粹的秩序形式,是有可能存在于现实对象之间的关系之总体。它们被当成了纯粹的可能性,当成了理想的、抽象的构型(Gebilde)。

莱布尼茨的著名论证的内容是:一项总和,只有当加数现实存在时,才可能现实存在。可是,现在空间和空间性的事物无限可分,空间不包含最后的部分;所以,广延的物体世界本身,实质上(substanziell)并非现实之物(而是一种 phaenomenon bene fundatum[完全确定的现象])。

在其 Initia rerum mathematicorum metaphysica[《数学的形而上学起源》]⑥中,莱布尼茨是如此定义现象的:Tempus est ordo existendi eorum, quae non sunt simul atque ordo est ordo mutationum generalis, ubi mutationum species non spectatur[时间是并非同时存在的事物存在的秩序,而秩序是变化的普遍秩序,在此秩序中变化的种类看不到]。(康德:秩序之所在[Worinnen der Ordnung]!)显象的形式。Spatium est ordo existendi seu ordo existendi inter ea, quae sunt simul[空间是存在的秩序或同时存在的事物当中的存在的秩序]。

Extensio est spatii magnitudo. Unde extensionem vulgo ipsi ex-

---

⑥《莱布尼茨数学著作集》卷七(Gerhardt, Leibniz, *Mathematische Schriften* VII, 1863),页 17 以下。

tenso confundant, et inter* substantiae considerant. Si spatii magnitudo (extensio) aequaliter continue minuatur, abit in punctum, cujus magnitudo nulla est[广延是空间之大小。因此,通常实体将广延注入广延之物本身,而实体仿佛已然隐伏其中。如果空间之大小(广延)持续等量缩小,它就会变为一个其中没有大小的点]。同样,他对 situs[位置]、quantitas[量性]、qualitas[质性]作了论述。

(三)单子作为形而上学的着力点

存在者的现实的统一性,就是作为形而上学着力点的单子。在力之理念中,预先确定了追求(Streben)、灵魂(Seele)。莱布尼茨强调,单子必定不只是靠与灵魂的类比才能得到理解,相反,他对单子的肯定性的形而上学特质的描述朝向 mens[心灵]、anima[灵魂]。由此概观他的体系,方能得到把握。同时需要注意,笛卡尔和斯宾诺莎关于 res cogitans[思维之物]的学说是如何走远,莱布尼茨又是如何更为原初地把握 res cogitans[思维之物]的。

在1694年的《莱比锡学术纪事》中,莱布尼茨发表了一篇小论文,在此讲座的头几个钟头,我由此论文中援引了一条关于形而上学的定理。论文的题目是"论第一哲学之改进和实体之观念"。Mihi vero in his (scilicet Metaphysicis) magis quam in ipsis Mathematicis, luce et certitudine opus videtur, quia res Mathematicae sua examina et comprobationes secum ferunt, quae causa est potissima successus, sed in Metaphysicis hoc commodo caremus[在我看来,的确,认为,在这些事物上(即形而上学事物上),而非在数学事物

---

*[中译按]此处原文为 instar[仿佛]。

上,更需要亮光和确定性,因为,数学事物自身带有其检验和证实,这是其成功的最有力原因,但在形而上学事物中,我们缺乏这种优势]。⑦ 莱布尼茨的(Leibnizens [?])存在论答案的透彻性之必要性(claritas[明晰]),nec popularibus sermonibus quicquam concedat[既没有将任何东西让渡于俗众的废话],也至少不应该对俗众的废话让步。存在论的指导线索的透彻性具有何种含义,莱布尼茨尤其以 substantia[实体]概念指明了这一点:quae tam foecunda est, ut inde veritates primariae, etiam circa Deum et mentes, et naturam corporum... consequantur. Cujus rei ut aliquem gustum dem, dicam interim, notionem virium seu virtutis (quam Germani vocant Krafft, Galli la force)... plurimum lucis afferre ad veram notionem substantiae intelligendam[它是如此丰富,以至于首要真理,甚至关于上帝和心灵、关于身体之本质……的真理,也都由此而来。为了给出某物的某种味道,就让我说说力或德性的观念(德国人称其为 Krafft,法国人称其为 la force)……为理解真正的实体之观念增加了很多亮光]。更进一步规定了存在论的力的概念。Differt enim vis activa a potentia nuda vulgo scholis cognita[因为,能动的力,不同于学者们通常所认为的纯粹的潜能]。这种 facultas [能力], propinqua agendi possibilitas, quae tamen aliqua excitatione et velut stimulo indiget, ut in actum transferatur[近乎将要活动的可能性,它仍然需要外在的激发或如刺激,以过渡到行为]。

Vis activa[能动的力]:Actum quendam sive ἐντελέχειαν continet, atque inter facultatem agendi actionemque ipsam medium est,

---

⑦《莱布尼茨哲学著作集》,卷 IV,页 469。

et conatum (Spinoza) involvit (Drang!); atque ita per se ipsum in operationem fertur; nec auxiliis indiget, sed sola sublatione impedimenti[包含某种行为或隐德莱希,它是行动的能力和行动本身之间的中介,也涉及努力(Drang[压力]!)(斯宾诺莎)⑧;并且如此它自身就会产生活动;无须辅助,但唯独要消除阻碍],譬如,一张紧绷的弓。

Ultima tamen ratio motus in materia est vis in creatione impressa, quae in unoquoque corpore inest[可是,物质运动的终极原因,是创造时加于其上的力,它内在于每一个物体之中]。Et hanc agendi virtutem omni substantiae inesse ajo, semperque aliquam ex ea actionem nasci[而我认为这种能动的德性,内在于每一种实体,并且总是由其中产生某种行动]。一种 substantia creata[受造的实体],从另一实体中获得的,non ipsam vim agendi, sed praeexistentis jam nisus sui, sive virtutes agendi, limites tantummodo ac determinationem accipere[不只是能动的力本身,还获得了其预先存在的努力,或能动的德性,以及限制和规定]。⑨

然而,在每个有限实体中,也同时存在被动性(Passivität),莱布尼茨称其为 materia prima[第一质料],与 materia secunda[第二质料]、质量(Masse)有别,后者显象为广延的某物。Materia prima[第一质料]:实体本身之中的限制,正是相应于其承载的力(欲

---

⑧参"关于实体的本性和交通的新体系:节3"(Système nouveau de la nature et de la communication des substances, §3)。段落关系依照 Erdmann 本。参《哲学著作集》(Gerhardt 本),卷 IV,页 478 以下。

⑨《哲学著作集》(Gerhardt 本),卷 IV,页 470。

求),实体会受到限制或解除限制。⑩

实体存在,他自身之中就有变化的根据。实体就是某物,它事关能力;无活动的存在不合情理。活动作为实体的本质,同时也是个体化的原则、区分的原则。存在无数的区分。物体,本身有广延,由其自身排除了某物,而且,它如此为其自身而存在,它就是单一的、分离的单子。⑪ 并非空洞的形式的统一性;它只能排除……而存在⑫,当有他者存在时。任何实体,就其自身而言都是个体化的。在存在本身的理念中,已然存有个体化之原则。

(四)实体性(Substanzialität)之单子论结构

需要对实体性之单子论结构更进一步作出规定。在对实体而言具有本质性的力(vis[力])中,存在者 appetitus[欲求]、趋势之规定。"属于内在原则之活动性堪称追求(Streben)。"⑬但这种趋势是属于感知、表象的这样一种趋势。表象从属于感知,感知的本质内容在于:它将表象中的所表象之物的复多性统一起来,也正是表象构成了分离的单子的存在。⑭

此外,必须在 vis activa[能动的力]的意义上来理解表象;从

---

⑩在[一些词无法识读]本身之中的限制,需要别有一种推动力。

⑪单子不可分,也就是说,某物外在于它们,而它们自身是闭锁的。

⑫参托马斯,Reditio in se ipsum[复归自身]。同时考虑到存在者的这一理由。

⑬《单子论》(*Monadologie*),节 15。

⑭表—象(Vor-stellen),即 re-praesentare[表—象];conatus[动能] = 趋势(Tendenz);有趋势的—沉迷的(tendenziell-ekstatische)、自身分离的、宇宙中的组织。

外部给予不了单子什么,相反,由其本身出发,任何单子都可以按符合其存在等级的方式,表象出世界。这种表—象总可以表象出某一视点(Augenpunkt)、观点(Gesichtspunkt)之下的世界(偏—爱[Vor-liebe])。世界之整体总是以某个视角来展示自身。然而,存在者之大全就是其余的单子。每个单子复又在其自身中、由其本身出发,反映出他者之全体。"因此,不是在对象中,而是在认识对象的不同方式中,单子拥有其界限。它们将一切以杂乱方式与无限之物、与整体联系起来,却通过有区分的视角之等级来划界并且彼此区别。"⑮

所有单子都有同样的 perceptum[感知内容],却仍然不同,并且尽管如此,却在任何单子中,都充满了一种确定的对某物的偏爱⑯,并且表象首先总是以不同方式共同—表象(mit-vorstellt)其自身。

感知之统觉(Apperzeption)是可变化的(wandelbar [?]),从最高的透视,直至全然模糊和昏眩。单子之区分,并不在于所表象之物的内容之量性,而在于统觉。与任何自我意识层次相匹配的是,所表象之物的明白清楚的认识之等级,也就是说,就其存在方式而言。

然而,必须将感知与统觉完全区分开来。正是在这一点上,笛卡尔派犯了大错,因为,他们完全无视未抵达自我意识的感知。这导致他们猜测:有思维的精神才是单子,并且既不存在动物灵

---

⑮《单子论》,节 60。模糊已然是一种对整全的自我—感觉(Sich-befinden)。

⑯《单子论》,节 24。

魂,也不存在隐德莱希。⑰ 睡眠中的单子具有 materia secunda[第二质料]。动物、植物没有理性,这是上帝的打算。

任何单子都表象存在者之大全,尽管大多杂乱无章。它们所表象之物,却根本并非通过某种影响、influxus physicus[物质之流]而获得;这从根本上是不可能的,因为,单子没有窗户。

任何单子都是一个中心,相对于此中心有远近。对于原初的单子上帝而言,却完全没有远近、没有视角。祂是无所不在的中心。祂的存在,也就是说,[祂的]vis activa[能动的力]不会受到混乱表象的阻碍,也无法有质料来规定,祂是 actus purus[纯粹的行为]。

当一个单子完全变得可知,从而把握了存在者之大全,那么,它本身就是上帝。但受造的单子,作为受造之物,本身之中就有一种阻力,也就是说,这样一来,就会在各个单子之间,并且在它们本身之中,持续存在的区分。关于物理性的存在,莱布尼茨作为持续性原则(Kontinuitätsprinzip)所建构的内容,对于他而言,就是一种普遍的形而上学的法则,它完全统治者存在者之大全。

在任何有倾向性感知中,都有对某种新的感知的欲求,任何当前都孕育着未来。⑱ 在单子之大全中,也就是说,从上帝直至虚无,存在一种持续的过渡。lex continuationis seriei suarum operationum[自身的活动之系列的持续的法则]普遍适用。除此原则之外,对于从属于大全的莱布尼茨式的存在论特质,还有关于含义的第二条原则,由单子概念中生发出来。只要分离自身属于单子

---

⑰《单子论》,节 14。

⑱《单子论》,节 22/3。

的本质，在世界上就不存在两个完全一样的客体。从质性上区分的事物，完全是一回事。这就是 principium identitatis indiscernibilium［不可区分的同一性之原则］的意涵。从而，莱布尼茨不知道纯粹的数的差异性，相反，他认为，不同一的事物，在质性上也已然是有差异的。

如果任何单子对其自身而言都是无窗的，并且任何单子仍然显明了存在者之大全，也从而显明了其自身和他者，那么，一种有秩序的相互关系又如何可能？并非通过相互影响，而是由于：单子本质上，先验地，是一致的，也就是说，它们是按照这种一致性受造的。莱布尼茨称这种先行的一致性和存在者彼此的协调性为前定和谐。他用一个比喻解释了他的见解，对这个比喻，在他的时代有多种探讨。两块表能够始终相符究竟基于何种根据？有三种可能性：1. 两块表通过一个机械装置耦合在一起，一块表的走时会对另一块表产生一种调节式的影响。2. 特地安排某人不断彼此校准这两块表。3. 两块表从一开始就有这样的精准性，并且工作如此完美，以至于人们可以信赖其持续匀速的走时。莱布尼茨选择了第三种可能性，因为，唯独这种可能性与存在者源于上帝相符合。第二种可能性，受到偶因论者的支持——他们得名于此——，上帝仿佛降格为一个时时调整和干涉的看守人。第一章情形，指笛卡尔的见解。

我们自己就是单子，并且核心单子就是灵魂，单子的统觉，使得对我的把握（Icherfassung）和对所感知之物对于我们的从属性的把握成为可能。并且，在我们按此方式思考我们自身的过程中，我们也这样把握存在、实体、简单之物和关联之物、非质料之物甚至上帝本身之观念，在此过程中，我们的表象是：现成约束于我们之中的事物,当中毫无限制地包含 via eminentiae[突显之方式]。因此,这种反身行为(主体,从而先验地),提供了我们理性认识的最主要对象。⑲

(五)我们理性认识的两个基本原理与两种真理

我们的理性认识基于两大原则:1. 基于矛盾之原则,"据此原则,我们认[为],所有包含某种矛盾的事物都是虚假的,而所有与虚假之物对立或矛盾的事物都是真实的。"2. 基于充足理由原则,"按此原则,我们承认,没有什么事情有可能是真实的和存在的,没有什么表达有可能是正确的,除非:有一个充足的理由,因此,事实如此而非如彼,尽管在大多数情况下,我们不愿承认这些理由。"(1. principium contradictionis[矛盾原则],2. principium rationis sufficientis[充足理由原则]。)

此外,存在两种真理:理性真理和事实真理。第一种真理是必然的,其对立面是不可能的。必然真理容许以分析方式来揭明其理由,也就是说,通过解析为更为简单的理念和真理,直至人们触及原初之物,veritas adaequata et intuitiva[符合和直觉的真理]。这种认识给予真实定义(Real-),也就是本质定义(Wesensdefinition)。此外,直觉不仅关涉形式法则,还关涉包含实事的本质关

---

⑲《单子论》,节 30。参克鲁修斯(Crusius),"形而上学的概念"(Begriff der Metaphysik),见克鲁修斯,《必然的理性—真理的构想,它们在何种程度上与偶然之物相对》(Christian August Crusii Entwurf der nothwendigen Vernunft-Wahrheiten, wiefern sie den zufälligen entgegen gesetzet werden. Leipzig 1753)。

系。数学、几何：定义，公理，假设；简单理念：原初的原则，无法也无须证明，同一的定理，其对立面包含一种明显的矛盾。[20]

然而，充足理由，还必须靠偶然或事实真理，也就是通过所有受造物的相互关系来揭示。在此，分解为特殊理由，有可能发展为无限制的特殊化。因为，这会进至无限，而人们并无此要求，所以，充足和最终的理由，外在于特殊和偶然之物的关联或序列。

事物最终的理由，必定在于某个必然的实体，在此实体中，变化的特征只会以显著方式，就像在其源头中那样，现成在手，我们称其为上帝。因为，这个实体正是所有特殊之物的一个充足理由，从特殊之物这方面而言，它们复又彼此处于普遍的关联之中，所以，只有一个上帝，祂是充足的。这唯一、无所不包、必然的实体，囊括了所有只是可能的真实性于其自身之中。

如果我们想到，上帝在传统存在论中，代表本真的存在者，那么，引向此存在者的 principium rationis sufficientis ［充足理由原则］，表明自身是一种或者根本就是存在论的基本原则。莱布尼茨首次明确建构［了］此原则，然而，尽管它的来源及［其］影响是模糊的，它与 principium contradictionis ［矛盾原则］的关系也是如此，从后者方面而言，它复又具有一个双重面相：时而是纯粹形式—逻辑的，时而是存在论的，时而又是两方面模糊混杂在一起，在亚里士多德那里也已然是如此了。对于莱布尼茨而言，原理并不仅仅具有下述意义上的逻辑含义：从属于任何判断的，必定是一项根据；莱布尼茨还从存在论角度理解此原则，尤其是：本体的，同时也就是逻辑的。Ratio ［理性］，在大多情况下，ratio realis

---

[20] 参见本书"附录：补充 45"。

[真实的理性] = causa[原因]。对于莱布尼茨而言,理由同时也是目的。㉑ 由此,理由在存在上是成问题的;这样来写作的一本书有一个确定的终点。

虽然莱布尼茨说:Omnis veritatis reddi posse rationem, hoc est notionem praedicati semper notioni sui subjecti vel expresse vel implicite inesse[每一种真理都可能回应理性,这就是说,所陈述之观念,或明或暗,总是内在于主体本身的观念之中]。

最终,这一原则,就像矛盾原则,就建基于单子论的开端。㉒ 因为,单子:1. 可能性之整体世界总是在其自身,2. 现实地具有某种确定的方式,这两方面同时存在(kompossibel),而这种确定的方式,通过内在于世界中的存在者的总体目的而具有可能性。但对单子的认识不是接受,而是表象!本质在于其自身,也就是说,在单子之为单子之中,预构了可能性和现实性两个原则。㉓

正如理论举止(Verhalten)在单子论中是分离的,实践举止也是如此。莱布尼茨也看到,人类实践的本质,不简单在于行事(Tun),而在于思索活动,也就是选择活动,也就是自由的活动。他比笛卡尔更为坚决地,并且从形而上学角度更具基础性地从限定出发,对自由作出规定。笛卡尔容许某种方式的 libertas indifferentiae[中性的自由]。莱布尼茨认为,这种自由,作为 aequilibrium arbitrii[决断之平衡],是一种妄想。他否定[?]这种可能性:人无

㉑参论文"论事物的根源"(De rerum originatione radicali),Erdmann 本,同前,节 48。

㉒Erdmann 本,页 109。

㉓参见本书"附录:补充 46"。

任何理由,就能作出这样那样的决定。

因为,世界上不存在完全相同的事物,所以,也[不能]从根本上将世界划分为相等的两半,面对这两个部分,可以完全中性地作出决断。意愿决定自身,由目的出发,由我们根本无法统觉的无尽的爱好和倾向出发。它们所建构的首先是不安。与之相应的是追求、本能和欲求。爱好,意愿,相应于混乱的表象,它们被称为非本真的 actiones[行动](斯宾诺莎),并由此被称为 passiones[激情](但≠感受性[Rezeptivität])。

(六)普遍和谐

本真的意愿在于表象、思维之透彻——上帝是最自由的本质。然而,Perceptio[感知]本身被规定为要靠欲求。任何真正的意志决断,因此都与意愿者的整体本质相对。虽然与斯宾诺莎有关,在莱布尼茨那里,从根本上还是两样的:限定不仅属于特有并且唯一的实体,也恰恰处在每一个分离的单子当中。基本目标(Grundziele [?])的内容:与单子的本质相应的欲求和活动,从而还有愉快和满足于这种存在的稳定性。但获得特有的本质,同时也是力求普遍和谐,也就是说,同时也是对他者之完善的意愿。

也正是在此,道德形而上学达到了其最终目的:上帝。与此同时,在莱布尼茨那里,上帝论不简单就是一种[关于]持有具支配性的信念的学说,它还与其存在论的基本问题和基础开端相关,就像在其先驱那里一样。

莱布尼茨曾致信耶稣会神父德波西(Des Bosses):Mea principia talia sunt, ut vix a se invicem divelli possint. Qui unum bene novit, novit omnia[我的原则是这样的原则:它们彼此不可能分

离。谁真知其一,他必定知道全部]。㉔

上帝是 actus purus[纯粹的行为],也就是说,祂之中并无可能性,但祂同时又思考了所有可能性和存在。相反,在受造的单子中,有 passio[激情]和 actio[行动]、可能性和现实性、materia[质料]和 forma[形式](经院哲学)。如何理解由存在论的真(veritas transcendentalis in Deo[上帝中的超越真理])向物理—本体的真实的过渡?㉕ 这里也有 continuatio[持续]之存在论原则。Essentia[本质]——existentia[存在],没有跳跃。

Deus ens, de cujus essentia sit existentia[上帝存在着,祂的存在就出自祂的本质]。Ut autem paulo distinctius explicemus, quomodo ex veritatibus aeternis sive essentialibus vel metaphysicis oriantur veritates temporales, contingentes sive physicae, primum agnoscere debemus eo ipso, quod aliquid potius existit quam nihil, aliquam in rebus possibilibus seu in ipsa possibilitate vel essentia esse exigentiam existentiae, vel (ut sic dicam) praetensionem ad existendum et, ut verbo complectar, essentiam per se tendere ad existentiam. Unde porro sequitur, omnia possibilia, seu essentiam vel realitatem possibilem exprimentia, pari jure ad essentiam tendere pro quantitate essentiae seu realitatis, vel pro gradu perfectionis quem involvunt; est enim perfectio nihil aliud quam essentiae quantitas[但我们为了更清楚地展示,如何由永恒或本质性或形而上学的真理,产生了时间中的、偶然

㉔Erdmann 本,同前,页 667。《莱布尼茨哲学著作集》,Gerhardt 本,卷二,页 412。

㉕参"论事物的根源",Erdmann 本,同前,页 147 以下。

的或物理学的真理,首先,我们应当知道这个事实,就是有物存在而不是虚无,在可能的事物中,或就可能性或本质而言,有属于存在之迫切性,或者(让我这么说),向存在者的展开,如俗话所言,本质自身倾向于存在。从而,进一步可以得出,所有可能的事物,或者表现本质或可能的真实性的事物,都有同等的权利,以本质或真实性之量性为取向,或根据其所包含的某种完满之等级,朝向本质;或朝某种因为,完满无非就是本质的量性]。[26] Et ut possibilitas est principium Essentiae, ita perfectio seu Essentiae gradus (per quem plurima sunt possibilia*) principium existentiae[也正如可能性就是本质之原则,同样,完满或本质之等级(由此最大多数的事物可能存在),就是存在的原则]。[27]

在同时发生的对存在之各种可能性的追求中,实存者的结合(Kombination von Existierendem)必定会实现,在此结合中,完善之最大可能的总和得以实现。由欲求存在的本质(Wesen)之冲突,最有可能使更多本质变为现实。这种存在—要求之争斗,仿佛展现在上帝面前。Ideae (possibilia) in Deo[理念(可能之物)在上帝之中],上帝在所有可能的结合中,选择出那个包含最大完善度的结合。(可能性本身,并不隶属于意志,只隶属于可能性之实现和实现本身。)但不可将这种选择理解为专断。上帝自己决定,作出最佳选择。但如果情况两样,单子之实体性就会附着于其对上帝的依赖性:这样的上帝本身是多余的。

---

[26]《莱布尼茨哲学著作集》,Gerhardt 本,卷七,页 303。

*[中译按]原文为 compossibilia[同时可能]。

[27] 同上,页 304。

批判：当然由此变得清楚的是：本真的实体、上帝，单子式的特质恰恰必须剥夺。界限和本质出于其自身。Materia prima[第一质料]——无限性！或者更确切地说，所有单子之为单子，在上帝中瓦解了。斯宾诺莎主义（莱辛就是这样解释斯宾诺莎哲学的）。

四十四、神正论

预先观察（Vorbetrachtung[?]）。对话，莱布尼茨和夏洛特王后，讨论了世界的完满和不完满。王后要求他记录这场对话。成为启蒙时代的流行读物。埃尔德曼（Erdmann）："这是他最微不足道的著作，因为，它只处理了他的体系最微不足道的方面；进而，因为，这本书，应（贵族出身的）王后的要求而写，为追求通俗，否弃了严谨和准确，在莱布尼茨的明眼看来，严谨和准确才有吸引力。"

对存在论的上帝存在证明的批判。疏忽：未指出上帝之可能性，也就是说，其本质的无矛盾性。莱布尼茨以参看指明了这一点：在上帝中，没有限制，没有限定，没有否定，没有对立和反对，完全无任何对立，从而有可能性。

上帝，属于 per eminentiam[突显]的，无限表象、无限意愿之单子，是 bonum[善]。因为，在任何方面都是自由的，否定地讲，无依赖性，肯定地讲，是绝对权力（absolute Macht）。托马斯：prima causa[始因]；莱布尼茨：权力，vis absoluta[绝对权力]！这种权力使得：对上帝的理解，变成了所有可能性之源泉，变成了所有现实之物的起源之意志（Wille zum Ursprung）。

权力——针对存在；ens［存在者］	父
智慧——针对真理；verum［真］	子
意志——针对善；bonum［善］	圣灵

权力是所有特征的基础，为其创新奠定了基础。

由从 essentia［本质］过渡到 existentia［存在］（exigentia exitentiae［存在之迫切性］）推断，事实上，现实的世界是所有可能的世界中最好的世界。但应该如何理解 malum［恶］呢？也就是说，面对恶，应该如何为上帝的本质和存在辩护呢？莱布尼茨探讨这个问题，完全采用了斯多亚派（Stoa）和教父学（Patristik）以降的传统论证方式。在作为受造的秩序——与上帝不同——的世界的本质中，世界是有限的，它匮乏某物、privatio［匮乏］。上帝并非此缺陷的 causa efficiens［有效原因］，而是 deficiens［无效（原因）］。上帝并未如此这般导致，这种属于本质上受造的存在者的不完满性（malum metaphysicum［形而上学的恶］）。Malum physicum［物理的恶］（痛苦），由 materia［质料］所决定。这些恶，使得功能、更高的善物成为了可能。道德的恶就是罪，这并非上帝的作为，而根植于自由的本质的无限性之本质中。自由是 malum［恶］（falsum［虚假］）、peccatum［罪过］之基础。

第五部分
迄今为止考察过的形而上学通过克里斯蒂安·沃尔夫及其学派的哲学努力直至康德的前批判时期所产生的影响[①]

Auswirkung der bisher betrachteten Metaphysik bis in die vorkritische Zeit Kants durch die philosophische Arbeit von Christian Wolff und seiner Schule

① 标题为海德格尔所加。

四十五、弁　言

新康德主义：康德的认识论解释的兴起。同样，笛卡尔和莱布尼茨也处在此方向上。形而上学和存在论作为教学体系处在背景中。与此相对，黑格尔学派，在沃尔夫（Wolff）那里，别有一番肯定性评价。自现象学和对象理论开始，认识难题才有了转变：对存在论的理解。由文德尔班学派出发，同时受到对象理论的确定影响：皮希勒（Pichler），《论沃尔夫的存在论》(*Über Christian Wolffs Ontologie*)。

沃尔夫（1679—1754），并未简单将莱布尼茨式的研究体系化，而是尝试建构一种全部认识和研究的独立自主的哲学百科全书。固然，他未能直接将莱布尼茨的核心学说——单子论——据为己有，完全相反，他使得普遍的存在论难题成为可能，同时与一个更为坚定的向早期传统（经院哲学）的回归具有内在关联。

在其德语著作中，与其拉丁语著作平行，他从根本上为建构德语哲学术语学做出了贡献。他的哲学，支配了启蒙时代和最初的哲学体系，这种哲学体系在大学中的势力得以扩大，他的哲学试图让哲学—科学思维摆脱神学的束缚（这种束缚，时至今日，部分地，还在持续，或者更准确地说，还在尝试，并且不止是在天主教方面，在天主教中，这样的束缚有意义，也有其肯定性法权）。

沃尔夫建构的哲学氛围,康德在其中长成,康德在其中并且与之相对而发展起来。②

沃尔夫学派的影响最大的一个对手,是克鲁西乌斯(Chr. Aug. Crusius,1712—1775),莱比锡大学神学家和哲学家。他力图使神学与哲学协调一致,并且对康德和兰佩特(Lambert)有显著影响。

四十六、克里斯蒂安·沃尔夫①

(一)生平②

1679年生于布雷斯劳(Breslau)。立志成为神学家,很快转向哲学,与莱布尼茨有接触,受其影响,1703年在莱比锡获得教职后,1706年获聘到哈勒,尽管起初是做数学教授。但他当时阅读了哲学的不同领域。由于他的讲座课易于理解及其学术划分,他获得了一个巨大的入口。他声名日隆,成为伦敦科学协会和柏林科学院成员。旋即陷入与哈勒的神学家们的争论。这些人警告神学家们不要参加哲学讲座课。(同样的情形,今日依然可见。)

神学家们的所谓[?]热心学生,朗格(Lange)和弗兰克(Frank)向他们的老师介绍,他们在沃尔夫那儿提到了什么,并递交了书面记录。最终,神学院要求一个王室委员会介入,委员会

---

②参见本书"附录:补充47"。
①标题为海德格尔所加。
②标题为海德格尔所加。

要沃尔夫的错误学说接受审查。沃尔夫一开始能够为自己辩护并保持克制。抵抗和争论变得尖锐。沃尔夫本人转而开始攻击。神学家们在柏林的煽动更为起劲。尽管他们恐吓巨大，1723年11月13日，一项王室的敕令送达哈勒，因其神学言辞与启示学说抵牾，沃尔夫"被剥夺了教职"，并且向其申明，"应在接到敕令48小时内离开哈勒，附加处罚他离开所有我们其他帝国土地"。他的主要对手神学家朗格，据说吓得昏睡三天，水米未沾牙。

第七天，沃尔夫离开了哈勒和帝国。他的旅行目的地已定，因为，他在灾难发生前已经获得了一份马堡的教职，尚未放弃。其间，他也曾获得到莱比锡和荷兰的邀请。但他还是决定待在马堡，三年后，他想转往莱[比锡]，因为，他其实并不喜欢待在马堡。但他尤其在此地开展了丰富的著述活动，完成了他的德语形而上学、拉丁语存在论和逻辑学。其他大学的神学家们的攻击变得尖锐；他们甚至试图在此地攻击沃尔夫，使得侯爵变得不采取果断措施。在此期间，普鲁士宫廷的看法变得有利于沃尔夫；弗里德里希大帝让他在国内通行无阻。

1739年，一项王室敕令要求教职候选人研究沃尔夫的学说。沃尔夫本人获得条件优厚的教职前文法兰克福（Frankfurt a. d. Oder）。自从侯爵死后，沃尔夫在马堡越发不再感到惬意，这教职就越显得诱人。弗里德里希大帝希望沃尔夫供职于科学院，可沃尔夫本人期望回到哈勒。最后，他回到哈勒的愿望得以实现。他进入哈勒，首先[？]是一次真正的胜利，而沃尔夫的希望是一如往日的学术影响。他错了。17年过去了，物是人非。

通过出版，他的哲学变得知名。但他的精力耗尽了。他的纯粹的表现,影响越来越大(Immer mehr［?］wirkte sein eitles Auftreten*)。他申明,不想在写作,而只作为 universi generis humani［人类整体的］教授发挥作用。孤寂和怒气败坏了他最后的岁月。卒于 1754 年。

(二)著作③

《关于知性的力量及其在认识真理过程中正确运用的理性思考》(*Vernünftige Gedanken von den Kräften des Verstandes und ihrem richtigen Gebrauch in der Erkenntnis der Wahrheit*, 1712)(逻辑学)。

《关于上帝、时间和人的灵魂,以及关于所有事物之整体的理性思考》(*Vernünftige Gedanken von Gott, der Welt und der Seele des Menschen, auch allen Dingen überhaupt*, 1719)(逻辑学)。

《关于人的作为和可以提升幸福的理性思考》(*Vernünftige Gedanken von der Menschen Tun und Lassen zur Beförderung der Glückseligkeit*, 1720)。

《关于人类社会生活的理性思考》(*Vernünftige Gedanken von dem gesellschaftlichen Leben der Menschen*, 1740)。④

《拉丁语著作集》(*Lateinische Schriften*, 23 starke Quartbände)。

《彻底研究并符合科学和生活之应用的理性哲学或科学的逻辑方法》(*Philosophia rationalis sive logica methodo scientifica pertractata et ad usum scientiarum atque vitae aptata*, 1728)。

---

* ［中译按］Aufreten 或为 Auftreten 之误。

③ 标题为海德格尔所加。

④ 参见本书"附录:补充 48"。

《第一哲学或存在论》(Philosophia prima sive ontologia, 1730)。
《宇宙论》(Cosmologia, 1731)。
《理性的心理学》(Psychologia rationalis, 1734)。
《自然神学》(Theologia naturalis, 2 Bände, 1736/1737)。
《实践哲学》(Philosophia practica, 1738/1739)。

德语著作:具有明白清晰的划分和严格推论根据和阐述的普遍体系。

他的拉丁语逻辑学著作,以一个 discursus praeliminaris[预备性讨论]为先导。其中有一项关于体系划分的讨论。他根据灵魂的基本能力, facultas cognoscitiva[认识能力]和 facultas appetitiva[欲求能力],划分了哲学的任务:实践和理论哲学[?]——后面这个术语,在沃尔夫本人那里还找不到。

(三)沃尔夫的理论哲学

理论哲学:神学,心理学,物理学(普遍宇宙论)。但所有这些学科都有共同的内容:它们研究本质(sie sind Wesen)。研究本质的是 Ontologia sive Philosophia Prima[存在论或第一哲学]。

它是基础,然后是宇宙论,接着是心理学,神学(在德语学院哲学中,普遍存在论放在最后,因为,它最难)。逻辑学仍然先行于所有这些学科,尽管逻辑学使用了出自普遍存在论和心理学的原理。用于课程(U.⑤)或用作 ratio studendi[研究程式],入门的。

沃尔夫的哲学是关于可能性本身的, possibilia[可能性]的科

---

⑤Unterricht?

学,也就是关于存在之根据和基础的科学,关于依据经验的可能性之特性和变化的科学。

可能的是本身不包含矛盾的事物。因此,哲学的最高基本原则是 principium contradictionis[矛盾原则]。因为现在矛盾原则被称为抽象、形式思维的原则(比较康德),哲学以此并且仅以此属于 ratio[程式]之原则为基础。理性主义——亦即教条式的理性主义(比较"理性思维……⑥")。

哲学有别于历史认识(关于纯粹事实)和数学认识(关于事物的量性规定)。

与理性认识有分别(scheidet⑦)的是实证认识。因此,也要区分经验认识和先验认识:a posteriori[后天的]——a priori[先天的],综合的——分析的。⑧

principium contradictionis[矛盾原则]是最上位原则,基本原则。双重表达:矛盾之物不可思议。同一个事物不可能既存在又不存在。沃尔夫探讨了作为最抽象的 termini ontologici[存在论术语]的 nihil[虚无]和 aliquid[某物]。虚无:没有概念与之符合。某物:有这样一个概念与之符合。两者之间无居间之物。⑨

由虚无的纯粹重复,绝不可能产生某物。反过来:何处确定

---

⑥一些速记词汇。

⑦识读不确定。

⑧参见本书"附录:补充49"。

⑨黑格尔:众所周知,作为某物(存在)和虚无之过渡的是生成之过渡,——逻辑学的核心。辩证法的进程,不只是逻辑研究的道路,也是向存在论研究本身之本质的过渡。

有某物,必定也可以确定有另一物(比较 transcendentia[先验之物])。可对沃尔夫而言,这个派生词有一个基本含义,因为,他说:由原理 ex nihilo nihil fit[由虚无产生虚无]之颠倒,得出了有充分根据的原理(在 ratio possibilitatis alterius[其他可能性之理由]的意义上)。根据是这样的,通过它人们能够理解,为何某物存在:"principium rationis sufficientis[充足理由之原则]要求,在任何事物中,都必定会见到某物,由此出发人们对诸原理给出证明,证明为何在任何事物中都存在某物。"⑩Omne ens est aliquid[每一个存在者都是某物]。某物存在,这是与另一物有别的根据;另一个什么作为另一物。因此,原则已然根植于 ens[存在者]的先验状态之中了。⑪ 更进一步,沃尔夫讨论了不确定之物和确定之物的概念,这两个概念不能与虚无和某物等而同之。因为,在不确定之物中,有与虚无相对的一种多(Plus);沃尔夫称其为可确定之物。这属于对 essentia[本质]的探讨。属于本质的是,它包含着一个事物的内在可能性。

就现实性(existentia[实在])而言,可能性作为 essentia[本质],只是 conditio sine qua non[必要条件]。但沃尔夫将实在本身刻画为 complementum possibilitatis[可能性之实现],刻画为对纯粹可能性的补充。现实性之原则,就是 principium individualitatis[个体性之原则];实存的只有个体。有一个 ens universale[普遍的存在者],只有当一个本质(essentia[本质])被认为并非是 omnimode determinata[所有形式的确定之物]。

---

⑩皮希勒(Pr.),《论沃尔夫的存在论》,页14,注释。
⑪可能性与现实性。

然后，沃尔夫尝试为经院哲学的先验之物作出详尽辩护。接着是对量性和质性、ordo［秩序］和 perfectio［完善］的研究。（先验之物只是作为 veritas［真理］的标志。）

沃尔夫完全是在莱布尼茨式的单子论的意义上，对简单实体的概念作了划界，只是：他将感知作为本质规定活动而抹去，从而当然损害了莱布尼茨的本真构想。

哲学上，就对灵魂（res cogitans［思维之物］）（理性心理学）的规定而言，沃尔夫又与笛卡尔关系密切，尽管如此，他赋予 cogito sum［我思故我在］完全不同的另一种含义。我们认为：这并非结论，而是关于任何 cogitatio［思考］中的 me esse［我在］的同时被给予之在的直觉的表达。沃尔夫则相反：自身的实在，只有通过一个三段论推理才能确凿无疑，这符合他的分析演绎方法。

Cogitare［思考］：cogito me cogitare［我思我在思］，而这是 essentia animae［灵魂的本质］。灵魂的基本能力就是 vis repraesentativa［表象力］，个别能力只是这种 vis［力］的 modificationes［变化］。沃尔夫甚至尝试，同样从 vis repraesentativa［表象力］中引出 appetitio［欲求］的不同形式。

Complementum possibilitatis［可能性之实现］。

四十七、克里斯蒂安·奥古斯特·克鲁西乌斯 (1715—1775)①

(一)限定形而上学的任务

他是沃尔夫的对手中,也是康德的同时代人中最卓越的一位。② 康德对这位哲学家评价很高。克鲁西乌斯当然也表述了一种极具本质性的认识:不仅有形式的基本原理,还有实质的基本原理——一个理念,后来康德在其先验哲学中才真正使其结出了硕果。

形而上学概念(参《必然的理性真理之方案,就其与偶然真理对立而言》[*Entwurf der notwendigen Vernunftwahrheiten, wiefern sie den zufälligen entgegengesetzt werden*, 1745])。主要著作③的题名,已然透露出一种形而上学之取向:尤其并不特别倾向于存在(Sein),而是倾向于存在之存在论的理解方式(die ontologische Erfassungsart des Seins),也就是理性。人们可能已然尝试过,在此可以发现与康德同样的问题提法。④ 但"必然的理性真理",对于克鲁西乌斯

---

①标题为海德格尔所加。
②他反对沃尔夫的概念。所有存在论;veritas transcendentalis[先验真理]不是作为规定 intellectio[理解]、comprehensio[理解] 的 veritas[真理][还有很多词无法识读]。
③克里斯蒂安·奥古斯特·克鲁西乌斯,《必然的理性真理之方案,就其与偶然之物对立而言》(Leipzig, 1745)。
④先验—哲学就是理性之科学。

而言,既非指由形式化的矛盾原则规范的确信无疑的原理,亦非指"关于理性的真理"(Wahrheiten über Vernunft)这个术语,也许按照他的看法,形而上学是关于理性的科学(Wissenschaft von der Vernunft)。

"必然真理,在此与这样的真理相对立:其对象尚不存在,或在规定一个世界时有可能采取其他方式,后两者被称为偶然真理。"思维之物的必然性之基础,"外"在于"事物的性质"之基础。"在世界的状态中有多少必然和偶然",这才是主题。必然性和偶然性不是判断的模态规定,而是本体之物的存在论特质。

以此必然性和偶然性之区分为背景,莱布尼茨式的对认识和真理的划分,不大会是纯粹可能性(possibilitates[可能性],essentiae[本质])和一种事实上的现实性之间的存在论的划分。另一方面,为何能够将这种可能性与理性及其真理等而同之,是因为我们知道:omne ens est verum[某一个存在者都是真实的]。其存在的产物,即 essentiae[本质],想来就在上帝之中。关于绝对真理的形而上学的科学。所以,形而上学是"普遍的基础科学",它包含着所有其他科学的基础。

存在论的方法,根据克鲁西乌斯,就是"对构成物的不断分析,这些构成物引起了我们的感觉",目标是获得"最简单的概念"。因此,当克鲁西乌斯研究一个真正的事物的概念时,他以此意指 essentia[本质](ratio[理性],forma[形式])。Ratio[理性] = λόγος[逻各斯]、λεγόμενον[所谓]、εἶδος[形式],也就是事先未主题化的概念。不只是回溯到上帝的精神和理解力,这又会导致同样的困难,也涉及 λόγος[逻各斯]在实存上有条件的模棱两可。克鲁西乌斯完全[?]明了"最简单的概念":实体,空间上的某处和外部,演替(Sukzession),因果性,内在空间上彼此外在(inner-räumliches Außereinander),统一性,否定,在此里面存在(Darin-nensein)(譬如,空间中的实体)。明言之:形式—存在论的和质料—存在论的结构;质料本身无差别。

与如此限定形而上学的任务关联的是,一种针对先验的数学认识,对形而上学的划界。以此划界,克鲁西乌斯为康德在其前批判著作中——研究自然神学和道德之基本原理的明晰性——并且尤其在纯粹理性批判的方法论上的大胆尝试,做好了准备。如果我们回忆起,笛卡尔将形而上学之理念与 intuitus [直觉] 和 mathesis universalis [普遍数学] 的 deductio [演绎] 联系起来,就会明白:必定会发生的情形是,意识到存在论和数学的边界。⑤ 克鲁西乌斯首先表明,几何定义(康德的结构理念),在数学中一个基本含义,按此含义,哲学是不可能的。

(二)上帝存在的证明问题(Frage)

在克鲁西乌斯那里,有一种强化了的对澄清形而上学之理念的追求。因此,尽管他并未清楚地看到这一点本身,在他那里,处在传统形而上学开端的不利因素暴露出来。它们是,譬如,推动了康德同时代立即大量出现的问题提法。在起初的观察中,也在托马斯的解释中,都暗示,对于古老的存在论,总有一个确定的存在者之领域,作为模范性的存在者在起作用:现成之物;进而,一个存在者被设定为本真的存在者:上帝;而且,在此开端,产生了

---

⑤ 而恰恰(gerade [?])更为简单的做法是,人们尝试,严格满足数学的认识。

按其实存探求此存在者本身的必然性。

按照托马斯的问题提法,他将上帝存在的证明,引向以因果性理念为指导线索的本体性的运动证明,从而进入存在论的问题提法的,正是这种上帝存在证明的本体性的运动证明。笛卡尔、斯宾诺莎和莱布尼茨,致力于存在论的上帝存在证明。这种不断反复着手的努力的隐秘推动力,我愿意认为在于:哲学思想家试图一数学公理和论证之理念为指导线索,从存在论上为存在论奠基。刺激这些努力的,正是古代存在论的开端,正是亚里士多德式的概念的双重性。这是否可能,又为何不或必须按照何种途径,为先验之物奠基,而这种奠基不可简单混同于本体和存在论之传统(die Tradition Ontisches und Ontologisches):这些才是根本难题,我们将在下学期的讲座课上系统处理这些问题。⑥

克鲁西乌斯恰恰没有采用存在论的上帝存在证明,而是加强从而重新进入了本体的上帝存在证明,也从而恢复了形而上学之理念中的矛盾性。因为,上帝存在的证明若要必然可能并且承载一切,只有当形而上学就是关于理性真理的科学,也就是说,[关于]上帝的科学。理性神学正是全部形而上学的基础,尽管后者反过来为前者提供基本概念。

当然,康德看到,由于存在论的上帝存在证明的不可能性,形而上学之理念也必须转变。这种看法,导致将沃尔夫的 ontologia

---

⑥海德格尔,《现象学之基本难题》(*Die Grundprobleme der Phänomenologie*. Gesamtausgabe, Band 24. Herausgegeben von Friedrich-Wilhelm von Herrmann. Frankfurt a. M. 1975)。[中译按]中译参见:[德]马丁·海德格尔,《现象学之基本问题》,丁耘译,上海:上海译文出版社,2008。

generalis[普遍存在论]转换为先验逻辑学。不过,难题只是看上去解决了。并非偶然的是,一开始就指向先验原型。Omnitudo realitatis[全部真实性],在此,尽管确实有调整,却仍然再次显露出了古老的存在论及其扎根于上帝概念之实情。⑦

（三）符号性认识

克鲁西乌斯不仅将对存在者的本体认识,同时纳入了形而上学,还在严格的理性的本质考察之外,认识到一种"符号性认识"。对其概念,当然不可与我们在莱布尼茨那里,在 cognitio symbolica[符号性认识]之名义下,以符合性认识(adäquaten Erkenntnis)之 modus[方式],所获知的情形混为一谈。

符号性认识,并不按其本身来把握存在者,而是通过按其本身并不存在的事物,通过尽管与其有关联的事物,来把握存在者。"我们以确定的根据,自然而然会发现,在某处也许还有肯定性的某物存在,或有可能存在,此物必定不同于我们能够思考其真实性质的事物。"(物自体,状态[Affektion]。)

符号性认识按其方式所领会之物,就是就存在者而言者(das am Seienden),克鲁西乌斯称其为"基本力量"(Grundkraft)(莱布尼茨:vis activa[能动的力]!)。在物质事物中,譬如,"不可入性"(Undurchdringlichkeit);在精神领域,譬如,"知性与意志"(Verstand und Wille)。"基础性的(物理性的)和精神性的基本力量之内在性质,我们未知,就此不可能获得直观认识。意愿,从形式上说是压力(Drang),却构成实体之本质,关于意愿,克鲁西乌斯认

---

⑦参见本书"附录:补充50"。

为:我们能够对意愿作出的解释,没有比通过其本身的效果等,走得更远的了。他意指,也许有一项以我们的表象为根据的研究。关于下面这一点,我们还完全无法揭示其余:我们是否一模一样地,完全意识到了此在和同一此在的复多性。"如此,使意志与其他力量得以明确区分,虽然关于当时在精神中前来的事物,我们并无直观认识。"

但与此同时,克鲁西乌斯恰恰将莱布尼茨的具本质性的单子论的认识,解释为"符号性认识"。基本力量本身还具有之物,"基本本质"(Grundwesen),更不可知。⑧

理性神学中的上帝认识,也具有符号特质:"肯定之物,也就是我们关于上帝所认识之物,部分地是某种具有相对性的事物,部分地是某种不确定的事物,我指的是,某种我们尽管具有关于它的普遍概念,但此概念尚未充满无限的规定性,而后者属于上帝的完善性。我们的上帝概念中的其余部分,都是否定性的,也正是通过其否定性的部分,我们必然会排除上帝的有限性。"

未限定的普遍的上帝概念,还让人学到了先验理想,后者应该是最高的存在论之规则。"在最完善的本质中,理性发现了其目标。"(克鲁西乌斯)根据康德,此上帝概念,从理论上,绝不可能按其真实性来表明,只有通过实践理性,此上帝概念才会获得一种特定的真实性,并且,这种实践性的上帝认识的可靠性,在任何方面应该都不会不及其他本体性认识。

---

⑧相应地,康德:"我们所认识的世界中的事物,只是作为原因之原因,或只是结果之原因,也只是结果,从而不是事物本身及其规定,由此可以生发出结果。""实体之物,就是物自体本身,也是未知之物。"

在存在论的基本概念中,克鲁西乌斯让空间和时间占据了一个突出位置。他描述的不是实体,而是"状况"(Umstände),"实存之抽象"(Abstrakta der Existenz),"不完善的事物"。"出自实存概念的两个主要公理正好是这样的:所有存在之物,必然存在于任何地方,或必然可以在任何空间中……发现;进而,所有存在之物,任何一时都存在,或存在于任何时间。"具有空间性的,不仅是物质实体,还有精神实体;尽管后者在空间中没有广延,它们还是以其方式充满了空间。这也适用于神圣实体。无限空间就是神圣的无所不在之范围。上帝"遍在一切领域",这意指:在所有只要有可能的"任何地方"。正如神圣的知性就是本质的一种抽象,相应地,空间也是实在之抽象。所有实体之一,不可能是空洞的空间。何处无受造物,何处就有上帝,上帝遍在一切领域。

(四)过渡到康德

相反,康德恰恰与克鲁西乌斯形成对照,也正是从和他的争辩中,康德得出了其关于空间和时间的现象特质的主题:直观之形式,秩序之所在(Worinnen der Ordnung):1. 非经验概念,亦非借自经验(从个别的空间上确定的事物中抽绎出来的)。更确切地说,2. 一种必然的表象,[这]是所有经验性的外在直观的基础(表象:既非直观,亦非概念;虽然不是经验概念,也许却是推理概念[diskursiver])。3. 所有个别空间,都只处在一个唯一的空间之中,个别空间的界限,本身也是空间性的;因此,从根本上并不存在讨论的现成基础。4. 一个无限的被给予的大小,也就是说,直观,所直观之物。空间同时还有时间:其优先地位。但空间仍然是有限制的。

先验美学。它的建构与一个基本的任务有关：先天综合判断如何可能？这是科学的形而上学的认识方式。所认识之物和当展示之物(zu Erschließende)：存在者的质料的先天规定,对于康德而言；传统上却是：自然。什么从属于自然整体之理念的完整包含实事的规定性？范畴和基本原理。先验逻辑：分析,辩证法。分析：1. 分析概念,2. 分析基本原理。形而上学的范畴演绎,先验演绎。1. 我—兼备(Ich-verbinde)之统一性的形式,2. 包含实事的肯定性的自然认识之条件。

这个我思,先验哲学的最高点,不在时间之中。理解力发现自身在理论上和实践上外在于时间。所以,康德首先必须指明被忽略的难点：空间和时间本身,如何从属于存在着的事物。但这就引起(erhebt[?])了并非不具有根本性的问题：如果空间和时间是主观的,主体的这种规定,如何与主体性之本质相比？

康德哲学的这一基本问题,尚未得到解决,甚至尚未提出：这是有原因的,我们现在理解了这些原因。因为,这 ego[我],这 cogitatio[思],对于笛卡尔和莱布尼茨而言,直接可以通达,并且显而易见,不存在需要更进一步追问这个存在者之存在的理由。⑨

四十八、过渡到存在问题(Seinsfrage)
发端之难题(Problem)

引人注目的是：永久的是,关于存在和关于存在的科学,存在论和形而上学[谈论(die Rede)]；尽管从未经验：存在意指什么。

---

⑨参见本书"附录：补充51"。

没有回答。甚至不需要发现问题。情况不明;本身尚未得到理解! 这个问题意指什么? 为了能够提[出]这个问题,需要什么?

偶尔,解释直达一个真实的形成的界限。存在:永久在场(当前)。一直,保持,持续,当前。时间规定! 为何出自时间?

什么是时间,什么又是承担并且能够承担这种基础功能的时间? 这样做够吗:将时间作为先后次序来把握,从而由这种庸常的时间观念出发来理解存在? 或者,有一个更为原初的时间概念,源于庸常的时间概念? 并且,如何才可以获得此概念?

此在——时间性。

然而,如果此在是一个存在者,并且其存在就是时间性,那么,此在就[具有]一个先于所有存在者的本体上的优先地位——在存在论方面。只是如此,还是说在本体方面也如此? 此在的存在就是生存(Existenz)。生存存在论(Existenzialontologie),根植于本体的优先地位。这种生活上的优先地位。追问存在,在于哲学;追问存在者,在于实证科学——根植于生存?

附 录

Anhang

增 补

补充1(针对[1]页)①

"谁以理性方式看待世界,世界也会以理性方式看待他。"② 黑格尔首先思考的是属于历史的世界。应用于讲座主题及其任务容易。谁以哲学方式看待哲学史,哲学史也会以哲学方式,甚至更好,通过哲思(philosophierend),看待他。

然而,除了以哲学方式,人们如何可能以其他方式看待哲学史?哲学史还真并不就是哲人传记及其时代的精神史。人们要依赖于作品和著述,描述其内容和叙述其次第,举出其主要观点和语句,恰如其分地显明其相对于前起后继的思想家的高明之处。

人们能够如此行事,并且事实上大多也是如此行事的。但这样的内容,有可能仍然是一堆奇闻逸事的汇集,如果所报告的还是如此详尽的关于思想家著述的内容摘要。何以保证,著述的内

---

① 在默尔辛(Hermann Mörchen)的课堂笔记中,讲座是以这段话开启的。
② 拉松(Lasson),《世界哲学史引论》(Einleitung in die Philosophie der Weltgeschichte),页7。

容已完全穷尽并触及生活?③ 什么也不能保证,除非是确确实实的问题;而且,这些问题不能是随便什么问题,而必须是针对哲学研究的中心难题之理解(Problemverstand)生发出来的问题。这些问题必须与哲学的难题性的原初活动保持同样的牵引方向。这一点从根本上完全理所当然,只不过理所当然也许是哲学最大的敌人。

然而,这是以何种眼光来观察近代哲学史呢?无论如何要这样:我们要让我们有可能,回复到近代哲学的基础问题,从而通晓哲学的难题性本身。我们将以何种眼光看问题,如果我们更切近讲座的题名,就会更清楚。

补充2(针对[1]页)

讲座题名的含义:近代哲学的难题,由其古代哲学的基础出发来理解,具有中世纪形而上学的习传形式。

[海德格尔划掉了这段话:]尽管:并非着手研究古代哲学。也并不是要指责近代哲学依附性,而是要为理解主导性难题,获得一个确定的观察立场。

譬如,康德的先验哲学和传统存在论。不仅"先验"这个词语概念(Wortbegriff)及其题名无法理解,而且这些实事都无法理解:直观形式,思维形式,范畴,感性,知性,理性,人类学,上帝概念,上帝存在的证明之批判。

---

③ 人们还(dann [?])知道:笛卡尔——他就是那个说 cogito sum[我思故我在]的人,帕斯卡尔(Pascal)反对怀疑论,莱布尼茨是单子论的先驱,康德是那个创造绝对命令的人。

莱布尼茨:单子,实体学说。斯宾诺莎,笛卡尔。尽管因此而具有基础,但由此出发还是无法作出解释。

补充3(针对[2]页)

讲座题名。意指,我们要从托马斯开始来观察近代哲学史;不是指,近代哲学的历史起点,就所托马斯;而是指,按照其未显明或显明了的基础,要由此出发来理解近代哲学。扼要重述:"普遍形而上学",划分,ens summum[最高的存在者],ens absolutum[绝对的存在者],Deus[上帝]。

对存在科学的划分,在托马斯那里初露端倪,自由分类学(Systematik),后来坚持到底的是苏阿雷兹。并非形而上学难题的内容——本质之物(das Wesentliche[?]),保持同一——,而是难题性之方式(Stil),正是古典性(das Antike),未从根本上受到修正。

从托马斯到康德;正如开端,目标按照基本难题,也更为清楚地指明了某物。Πρώτη αρχή[第一本原],基础,奠基于何处;某物在何处拥有其可能性,什么使得就其存在而言的存在者得以可能,并且作为可能性,就其本质来刻画存在本身。

因此,莱布尼茨的 prima possibilia[原初可能性],possibile[可能之物];可能性,多义性(vieldeutig[?])。使成为可能之物(Das Ermöglichende),近代的存在者之存在,在其所是的意义上,按其"实事性"(Sachheit),真实性。

康德,先验统觉,先验理想。

补充4(针对[7]页)

康德,先验统觉,先验理想。

笛卡尔:哲学的难题性和认识整体之基础,具有 cogito, ergo sum[我思,故我在]之绝对确定性。自我意识,也就是说,cogitare [思],作为 ego cogito[我思]之思,作为基础性原理的"我思"。

根据康德:"从而,统觉的综合统一性,就是最高点,人们必须将全部知性的运用,甚至将全部逻辑,并且按此逻辑将先验哲学,附着于这个最高点,这种能力一定就是知性本身。"①

思就是我思;所有可思之物和所思之物,其统一性都在于我—思。

统觉——感知;朴素的领会;带有为此(mit dazu)的领会属于领会本身的,当我领会时——带有为此。这种共同—综合属于统觉之统一性。

所有知性运用,也就是说,所有非科学的和科学的思,所有逻辑,也就是说,基于思之规则的思索,以及先验哲学。

先验——超越,要放到外面来的事物(was hinausliegt),还有使其可能作为按其存在对这样那样的存在者作出规定之物。一种对这种超越之物的认识是先验的,也就是说,对这个规定了要认识的存在者本身之存在的认识是先验的。"我称所有这样的认识都是先验的:与其说它们完全致力于对象,不如说它们完全致

---

① 《纯粹理性批判》,第二版,页133注释。(Immanuel Kant: *Kritik der reinen Vernunft*. Nach der ersten und zweiten Original-Ausgabe neu herausgegeben von Raymund Schmidt. Leipzig 1926.)

力于我们认识对象的方式,就这种认识方式是先天可能的而言。"②

并非致力于对象,致力于存在者,而是致力于先天地使关于此对象的认识成为可能之物;也就是说,致力于已然预先规定了这个存在者之为存在者的事物。(比较莱布尼茨:possibilia[可能之物],可能性,使其可能性之物。将这些予以表明,并且形成概念。)"这样的概念之体系,过去就意指先验—哲学。"③

补充5(针对[14]页)

数学和新的科学理想——对于哲学而言,亦复如此。科学已然是先天的。哲学的严格和显而易见,先于数学的严格和显而易见,只不过:哲学缺乏符号语言(Zeichensprache)。"数学家痛苦地看到,他的,按他的说法,他还坚固的、方石构筑的高楼的最大部分,都陷入了云雾。"①

基础动摇,更好的做法:当然是重新寻找!症候:科学概念动摇,很久以来未有足够严格的规定。

除了内容上的具体的难题,存在、自然、人(Mensch),还有真理之难题。

由此指明方向,推动观察,但并非完全定向于哲学。这很有

---

②《纯粹理性批判》,第二版,页25,"引论"。
③同上,页27(=第二版,页27):"先验哲学就是一种科学之理念……"
①威尔(H. Weyl),《数学哲学》(*Philosophie der Mathematik*),页44。指《数学哲学与自然科学》(Hermann Weyl: *Philosophie der Mathematik und Naturwissenschaft*. 1. Auflage, München 1928)。

可能:历史以哲学方式对待我们,尽管我们并不如此对待它,因为,我们并不知道,何为哲学。——我们究竟知道不知道?

补充6(针对[26]页)

昨日一小时课程的目标:按照一种对科学概念的生存论解释,以实证方式为理念划界。过渡,实证性的主题化:一、新的存在理解;二、解除限制,现成之物的普遍概念。

在此决定了:工具关系及其本质规定变暗;物质,世界点(Weltpunkt),空间—时间;次要质性——消失……颜色在乙醚的振动中,声音在空气的振动中,但这只是结果,不是主题化的基础。发现现成之物,唯一目的是,按其本—身(An-sich),如其本身之所是,揭示现成之物。

康德的科学理念,按此理念,古希腊以来和近代西方科学的发展,以数学的自然科学为定向。他的希腊的普通科学概念——θεωρεῖν[静观]。《纯粹理性批判》(Kr. d. r. V. B 33)中的观点。主体间性(intersubjektivität)之难题。实证科学。

补充7(针对[27]页)

客体只有以在—此—世—存在(In-der-Welt-sein)为根据,方可领会;在此根据之内,从形式上,某物可以确定,就像一个客体与一个主题之关系,在此:主体,在这种情况下,本身也只是像一个客体一样,被当作我—客体(Ich-Objekt),而两者之间的关系,客观上,也是一种现成之物。

补充8(针对[29]页[海德格尔划掉了此页码])

科学。存在——主题。作为任何存在者的存在,并不都是主题。通过经验和认识,同时理解了(mitverstanden)存在。通过存在概念,来同时理解(mitverstehen)存在者。两者的这种原初的统一性,就是可能性之基础:哲学能够主导科学;另一方面,从科学本身当中,生发出了追问存在的可能动因。

哲学——定义(Definition [?])。批判科学,κρίνειν[分开]。批判是批判科学的唯一任务。唯一:两千年来尽力于此。其速度和进步法则,与实证科学的速度和进步法则,完全两样。

基本任务,我们如今才将其理解为,清楚地内在于现象学的任务。追问存在整体的意义,存在要通过区分来展现(erschlossen);此区分本身和由此所需要的研究的方法论特质。

补充9(针对[29]页)

批判科学是一种区分,区分构成其本质,其每一步骤,都要按此来刻画其特质。这是一种行事方式,使得批判科学根本不同于任何实证科学。

补充10(针对[29]页)

批判科学不会走出并进而(hinaus und fort)走向作为另一存在者的某一超越之物(庸常的形而上学概念),而是会进入存在者,从内部出发来理解"存在"。存在是最亲近者(das Nächste),尽管对于普遍知性而言,又处在最远处。存在及其创始,从内在出发,长存(nachleben)于哲学之中。除了存在者,存在不会扩展为并建立一个嵌套系统,而是将此在本身置于这光柱(Lichtkegel)及其源泉——本能——之中。然后,此在由此出发而生存并且生存于此,并且,也就是说,存在者每一次都会按照其真正的存在向他揭开。

选择和生存——根据此实际情况,我总是已然作出了决断。某一种区别在于存在者,但原本在于存在。批判科学作为生存状态的区分之氛围(Milieu des existenziellen Unterschieds)!科学概念。

补充11("实证科学"——针对[29]页)

实证科学的概念。实证科学——以存在者为定向(ontisch gerichtet)——也正是在此,上升到其领域的最普遍内容和此领域本身。自然,空间,时间——res[实事]。完全有理由,着眼于此来规定,何物现成,何以知道。究竟什么是空间,并且,也就是说,同样,它如何存在,不是难题。实证科学研究存在着的空间,也认为它存在着。在此对存在者的认识中,实证科学关于存在(um das Sein)有了认识,却没有关于存在的概念。实证和先验科学;古老意义上的先验,亦如康德意义上的先验。

为此,前提是什么?主题化的完整概念,通过主题化的时间性和主题化之可能性的生存论奠基达成。康德,胡塞尔;但更具原则性(prinzipieller),同时又不同(und zugleich differenziert*)。

情况理解(Bewandtnisverstehen),重要性(Bedeutsamkeit)。

只有当存在者之发现性(Entdecktheit)明确得到把握(称谓

---

* 一些词无法识读。

[heißt]?），对存在理解的明确表达和领域划界才有可能。发现性和存在！展示性（Erschlossenheit）。为了"只"展示和发现。这个"只"，对于任何属于地方性（Regionalität）的理解，恰恰是闭锁的（verschließend）。也就是说，只有生存论上的在—此—世—存在，才存在着，才具体与关涉内在于世界的存在者的例证相关。

世界的展示性（Welterschlossenheit）调整自身，以总是适合生存论上的先天（das existenziale Apriori），为的是内在于世界的存在者的全部存在。

补充12（"存在者层次和存在论层次的普遍之物"——针对[31]页）

存在者层次的普遍之物和存在论层次的 Universale[普遍之物]！存在者层次和存在论层次的普遍之物。包含实事的最高领域！此领域为场地（Feld）划界，内在于此场地，如今才会获得存在论上的共相（Universalien）。生命整体；在存在者层次上转动，却是存在论层次的普遍之物。什么使得此存在者就其存在而言成为可能。这本身是新问题的开端，与此相对，在存在者层次上，最终的事物具有现实的、地方性的特质。通过再如此推进存在者层次上的普遍化，我无法达成存在论上的规定。尽管我能列举存在者层次上的普遍品质，却仍然无法说出存在论上的概念。研究的不同眼界。

补充13（针对[51]页）

Unum[一]；参《论潜能》"问题九，条目7"中关于 unum[一]的分析。划分：unum quod convertitur cum ente[可用存在者来替

换的一]——unum quod est principium numeris[作为数的开端的一]——similiter de nullo, quod circuit omne genus[宛如与无分离的,环绕每一个属的一]——复多性;与作为 principium[开端]的 unum[一]quod opponitur[对立],多;multitudo[复多性]和 numerus[数],也就是说,species quantitatis[从属于量性的种]。

Est autem qaedam divisio quae omnino genus quantitatis excedit, quae scilicet est per aliquam oppositionem formalem, quae nullam quantitatem concernit[还有一种分离,完全超出了量性的属,也就是说,这种分离靠的是某种形式对比,这种分离不详审任何量性]——unum privatio divisionis[一是分离之匮乏]; indivisio[不分],或者更准确地说,indistinctio[不区分]——multitudo hanc divisionem consequens[复多性就是这种分离之后果]——unum, quod hanc divisionem privat[剥夺了这种分离的一]——sunt maioris communitatis et ambitus quam genus quantitatis[它们都属于作为量性的属的更大的共享和范围]。Est autem et alia divisio secundum quantitatem, quae genus quantitatis non transcendit[还有另一种分离的根据是量性,这种分离没有超越量性](art. 7 c, p. 191 b V., tom. VIII)。

Multitudo consequens hanc divisionem unitas eam privans, sunt in genere quantitatis[复多性出于这种分离,而统一性剥夺了这种分离,它们内在于量性的属]。这种 unum[一]: aliquid transcendentale addit supra id, de quo dicitur[某种增加于所说之物上的先验之物],这只是附加之物,并不在 ens[存在者]之中,quod habet rationem mensurae[具有衡量的根据]。这个 numerus ex unitate constitutus, aliquid eiusdem[由统一性构成的数,某物属于同一

个数]。

Unum transcendentale non addit supra ens nisi negationem divisionis[先验的一,不会附加于存在者之上,除非否定分离]。

Multum[多]——res multas distinctionem, quae in hoc attenditur quod una eorum non est alia; id habent non ex aliquo superadditio sed ex propriis formis[实事有很大区分,这种区分被应用于这一点:它们的一种区分并非另一种区分;它们有此情形,并非出于某种附加于其上之物,而是出于固有的形式]——qua res[实事靠此区分]。

Unum addit unum negationem; in se indivisum. Multitudo addit diversas negationes; in se divisum, ab alio divisum[一附加一种否定;其本身之中没有不分之物。复多性附加各种否定;本身之中有分离之物,此分离之物与另一物分离]。

Unum[一]:privatio divisionis[分离之匮乏],缺乏某种区分;肯定(positiv):modus expressus[表达方式]或与其本身的统一性(Einigkeit)、同一性(Selbigkeit)之肯定的确定性。

Unum[一]——privatio divisionis[分离之匮乏]——indivisio[不分]——或者更准确地说,indistinctio[不区分]。

Unum numeri[属于数的一],相应地:privatio rationis mensurae[匮乏衡量之根据],最小的量(Maß),作为多的 multitudo[复多性]之界限。"一"(Eins)。

任一事物和任何数,都以 unum transcendentale[先验的一]为前提,在 qua ens[靠数的存在者]中,有同一性。统一性(Einigkeit),统一(Einheit)。统一复又作为同一性属于一种共同(Zusammen):属于全部(der Summe),属于整体诸片段(der Stücke),

属于整体(des Ganzen),属于整体诸部分(der Teile)。

补充 14(针对[51]页)

ens in se[就其本身而言的存在者]——ab aliud[就其与他者的关系而言的存在者]:就其本身(an sich)——就其与他者的关系(mit Bezug auf anderes)

ens per se[自为存在者]——per accidens[偶然的存在者]:自为(für sich)——secundum quid[有所据]——与某一他者有关(mit einem anderen)

ens a se[由己的存在者]——ab alio[由他的存在者]:由己(aus sich)(就其本身而言并且由己[an und für sich])——由于某一他者(aus einem anderen)

补充 15(针对[52]页)

actus[行为]

ens est unus actus est esse[存在者是一,行为是存在]

ens, essentia, esse[存在者,本质,存在]——sicut vivens, vita, vivere[正如生者,生命,生活]

essentia: principium quo ens est[本质:存在者所依赖之原则]

vita significat actum in abstracto[生命指抽象的行为]

vivere significat actum in concreto[生活指具体的行为]

补充 16("先验演绎"针对[53]页)

原则上 II 理解更为清楚,但也同时暴露了开端之错综复杂。已然居于次要地位:omne ens[每一个存在者]=ens creatum[受造的存在者］，也就是说，不是对存在者的存在论表达，而是关于其来源于另一存在者的一种存在者层次的表达。准确地说：存在概念未得到澄清。

先前已有的存在论，1. 关于存在整体的普遍的最初的科学，2. 神学，比较康德，先验理想：1. 某物就其本身而言的绝对纯粹客体化。2. 作为 ens creatum［受造的存在者］，(1) 绝非不可比拟，而是已然按照未明言的根据，将存在者客体化为绝对者；首先是作为 creatum［受造的］存在者；也就是说，(2) 某种意义上，对未曾提出的对存在之意义的追问，给出了不明确的回答。

然而，真理难题的普遍开端，复又失去了其存在论含义。因为，verum［真］如今其实是离开了存在者及其存在，变成了一个特殊的存在者的一个规定。Intellectus［理智］甚至还变成了同一个特殊的存在者的一种确定的举止方式（Verhaltungsweise）（compositio［综合］–divisio［划分］）；尤有进者，对存在和真理之整体的追问，作为普遍—存在论的追问，变成了这样一种 metaphysica specialis［特殊形而上学］，理性神学，却又没有达到真理之难题性的偶然设定的开端之原初地基。

Veritas quae remanet destructis rebus, est veritas intellectus divini［实事毁灭后仍然存留的真理，就是属于神圣理智的真理］。（［关于真理的辩难，问题 1，］art. 4 ad 3。）

Cognitum est in cognoscente per modum cognoscentis［所知通过应有的认识之方式而在于认识者］。

补充 17（针对［54］页）

Essentia-res［本质—实事］。Id, secundum quam esse dicitur

[它,根据本质被认为存在]。

任何存在者,都是一个什么—存在(Was-sein)。

存在完全既非什么—存在,亦非这种—存在(Daß-sein)。这种抽象可能吗?

Ens sumitur ab actu essendi[存在者由应当存在者之行为获得](qu. 1, a. 1, c.)。

Ens indivisum[不可分的存在者],没有对立分别,而是其本身;与其本身同一。

补充18(针对[55]页)

Res[实事]——omne ens verum[每一个存在者都是真的],但并非因其本身而是真的,而是 in ordine ad animam[处在与灵魂的关系之中]。尽管任何 res[实事]都是真的,但最终仍然不是原初的。在任何实事中,都有真理本身和可能性:它能是真的。在此,宣告了基本困难,这些困难,按照划分原则,通过更为敏锐的关注(Zusehen),已然变得可见。尽管对于托马斯而言没有难题,但对于我们而言有;并非因为,我们有其他所谓立足点,并非因为,我们有前提获得哲学原理(Lehrsätze),而是因为,我们通过从根本上追问中世纪和古希腊存在论之前提,可以获得难题。只是以入门方式(in Grundzügen),并且是为了生动的理解。

补充19(针对[58]页)

Duplex est operatio intellectus: una, qua cognoscit quod quid est quae vocatur indivisibilium intelligentia[理智的活动是双重的:一重活动,是认识什么是对所谓不可分的领悟](ἡ τῶν ἀδιαιρέτων νόησις[对不可分之物的领悟],De anima Γ6, 430 a 26)。Simplex apprehensio[简单领会],intellectus formans quidditates[理智建构实质],简单领会的对象,primum, quod in unaquaque re percipitur, est essentia[首先,在任一事物中感知到的,就是本质]。

Alia, quae componit et dividit[另一重活动,是综合与划分]。《神学大全》(S. th. I qu. 85, art. 5)。Intellectus humanus necesse habet intelligere componendo et dividendo... non statim in prima apprehensione capit perfectam rei cognitionem; sed primo apprehendit aliquid de ipsa, puta quidditatem ipsius rei quae est primum et proprium objectum intellectus; et deinde intelligit proprietates et accidentia, et habitudines circumstantes rei essentiam. Et secundum hoc necesse habet unum apprehensum alii componere (attribuere) et dividere (removere) et ex una compositione vel divisione ad aliam procedere; quod est ratiocinari[人类理智,必然会通过综合与划分来理解……尽管无法在最初的领会中,直接达成其对实事的完美认识;而是起初对其有某种领会,譬如,认识了实事本身的实质,这才是理智首要和真正的对象;接着,人类理智理解了围绕着实事之本质的属性、偶性和习性。按此,人类理智必然拥有一种对另一重综合(归类)和划分(去除)的领会,由一重划分或综合,进到另一重,这就是推理]。

Intellectus humanus intelligit discurrendo[人类理智通过应有之讨论来理解]。Simplex apprehensio[简单领会]——conceptum discursionis[讨论之概念]。(比较康德的空间和时间论证。无边界。"致赫尔兹的书信"[Brief an Marcus Herz]。)

Homo[人]——res generabiles, quae non statim perfectionem

suam habent, sed eam successive acquirunt[普遍的实事,不会直接获得其完美,而是以渐进方式获得]。反之:Intellectus autem divinus et angelicus cognoscit quidem compositionem et divisionem, non tamen componendo et dividendo et ratiocinando, sed per intellectum simplicis quidditatis[神的理智和天使的理智,的确知道综合、划分和推理,但不是通过应有之综合、划分和推理,而是通过属于单纯本质之理智而达成]。(《神学大全》[I qu. 85 art. 5; cf. *S. th*. I qu. 58 art. 3]。)

Non statim in prima apprehensione alicujus primi apprehensi potest inspicere quidquid in eo virtute continetur; quod contingit ex debilitate luminis intellectualis in nobis[不可能直接在对首先领会到的某物的首次领会中,查看到任何在其中包含德性的事物;这是由于我们之中的理智之光的迟钝]。(同上[I qu. 58, art. 4])(Debilitas[迟钝]——比较康德。)

Similitudo rei recipitur in intellectu secundum modum intellectus et non secundum modum rei. Unde compositioni et divisioni intellectus respondet quidem aliquid ex parte rei; tamen non eodem modo se habet in re sicut in intellectu[实事的相似性,是在理智中,按照理智之方式获得的,而非按照实事之方式获得的。从而,通过综合与划分,理智的确是对出自实事之部分的某种内容作出回应;但并非以与在理智中同样的方式]。

... differt compositio intellectus a compositione rei; nam ea quae componuntur in re, sunt diversa; compositio autem intellectus est signum identis eorum quae componuntur[理智中的综合,不同于实事中的综合;另一方面,综合于实事之中的事物也是不同的;但理智

中综合是综合之物之同一性的标志]。(《神学大全》[Ⅰ qu. 85 art. 5 ad 3]。)

补充20(针对[62]页)

Aeternitas[永恒], aevum[无限绵延]。De aeternitate Dei[论上帝的永恒], de tempore et aevum[论时间和无限绵延]。参《神学大全》(Ⅰ qu. 10, art. 1—6)。De aeternitate Dei[论上帝的永恒]。《反异教大全》卷一章15：Quod Deus est aeternus[上帝是永恒的]；章16—18：De aeternitate mundi[论世界的永恒]。Tempus in libris Physicorum[《〈物理学〉义疏》(lib. Ⅳ lectiones 15—23)中的时间]。Opuscula[《杂著》]：De tempore[论时间], de instantibus[论片刻]。

Sent. Ⅰ[《〈箴言录〉义疏》,卷一]

    dist. Ⅷ qu. 2[分析八,问题2]

        art. 1[条1]：Utrum definitio aeternitatis a Boetio posita sit conveniens[波埃修提出的永恒之定义是否契合]。

        art. 2[条2]：Utrum aeternitas tantum conveniat Deo[永恒是否只与上帝契合]。

        art. 3[条3]：Utrum verba temporalia possunt dici de Deo[时间性的言辞是否能够谈论上帝]。

    dist. XIX qu. 2[分析十九,问题2]

        art. 1[条1]：Utrum aeternitas sit substantia Dei[永恒是否就是上帝的实体]。

        art. 2[条2]：Utrum nunc aeternitatis sit ipse aeternitas[属于永恒之现在是否就是永恒本身]。

Sent. II dist. II qu. 1[《〈箴言录〉义疏》,卷二,分析二,问题1]

art. 1[条1]:Utrum aevum sit idem quod aeternitas[无限绵延是否与永恒是一回事]。

art. 2[条2]:Utrum aevum sit tantum unum[无限绵延是否只是一]。

art. 3[条3]:Utrum duratio Angeli ante mundum inceperit[天使的持续的开始是否先于世界]。

补充21(针对[78]页)

上帝认识——本真意义上的自我认识——世界之整体——reditio in se ipsum[复归自身]——primus[首要之物]和最完美之物。

存在难题,真理,有赖于上帝。但这个存在者是存在论上的summum ens[最高的存在者]。要更为具体地指明后者,要依赖上帝概念和上帝存在的证明。

真理——存在——上帝的存在——现成之物——自然——人的(Mensch[?])存在＝持久在场性。否定,无意义(Nichtigkeit),相反运动,产生和通过不在场性而消亡,不在场—存在(Abwesend-sein),变化。无(Das Nichten),无从而必然是缺乏,毁灭(Verderb)。

总结。关于存在者和存在整体——verum[真],intellectus[理智],Deus[上帝]。现成之物的时间;现成之物的永恒性的相应的概念。并非出于特定的上帝存在方式。后者从存在论上出自古希腊的存在论。从存在论上不可作为自然物来思考。永恒性是现成之物的时间的一种理想化,根本不是出于原初的时间性,后者尚未得到认识。

信仰——启示。缺乏方法论—概念性难题提法，从根本上在所有领域都缺乏，而古希腊的存在论体系化了，这是以有自我理解的方式做的，具有决定性影响。

补充22(针对[79]页)

哲学作为存在论科学，从根本上是无神的(gottlos)，也就是说，从根本上讲：作为存在论科学，它无法决定，这个存在者存在或不存在。无—神论(A-theismus)。它本身包含关于此的(hierüber)任何一种存在者层次的陈述，既不否定上帝的存在，也不证明上帝的存在。这就是命题的批判(kritische [?])意义：哲学是无神论的。

然而，另一方面，由此必要划分产生了具根本性的后果。我说追随(das Folgende)只是神学的门外汉和观望者之所为。如果上帝只是作为存在者可以通达，只要祂以可通达方式使其本身成为自我启示的启示者，那么，对于基督教神学的概念，这意味着：它本质上是新约神学，也就是说，它同时也是历史中的上帝的神学。基督教的神学，只是作为新约的、历史神学，方才可能。

补充23(针对[80]页)

不动的使动者，不变，简易(einfach)，是 actus purus[纯粹的行为]，是事物的变化性的纯粹的对立面，是存在论上绝对的事物，尽管在存在者层次上，被理解为精神和生命。与历史性存在相对的一种可能性,就是绝对的历史性。①

是否上帝存在中的运动、缺乏、需要,就是一种匮乏?究竟原初意义上的匮乏是不是一种匮乏,一种毁灭?现成之物的存在论的一种偏见。善的历史性概念,与自由无关②,也就是说,它不是生存论概念,而是真实概念。Bonum[善]——malum[恶]——privatio[匮乏](不在场)。

补充 24(针对[89]页)

Dicendum, quod Deum esse et alia hujusmodi[应当说,上帝存在,而其他这样的内容](对其神性和神创立教会的启示), quae per rationem naturalem nota possunt esse de Deo, ut dicitur Rom. 1., non sunt articuli fidei, sed praeambula ad articulos. Sic enim fides praesupponit cognitionem naturalem, sicut gratia naturam et ut perfectio perfectibile[这些能够通过自然理性获得的关于上帝的认识,如《罗马书》卷一中所言,不是信条,而是先于信条,这是因为,信条预设了自然的认识,正如自然的恩典,并且作为可以完善的完善]。①

补充 25(针对[89]页)

比较安瑟尔谟《独白》章 3(*Monologium* cap. 3);"前言"(Pro-

---

①奥古斯丁(Augustinus),《论三位一体》(*De trinitate*)。上帝——十字架上的基督的绝对的历史性。
②Ber. 157[?].[中译按]此处照录原文。
①《神学大全》(*S. th.* I qu. 2 art. 2 ad 1)。

slogium)。

奥古斯丁,《论自由决断》(De libero arbitrio),卷二章 13 节 36。《论三位一体》,卷八章 3 节 4 和 5。《论上帝之城》(De civitate Dei),卷八章 6。

笛卡尔,《沉思》,卷五。

莱布尼茨,《单子论》,节 45,先验证明。

康德——何处哲学最终是现实的哲学。此难题具有存在论意图。比较:《支持一种上帝之此在的证明的唯一可能证据》(Der einzig mögliche Beweisgrund zu einer Demonstration des Daseins Gottes, 1763)。此在=现成之在。

第一部分的四重考察,指明了从字面上往往相互一致的难题,如托马斯在《神学大全》中所拟就的难题,亦如这些难题由此转入了近代哲学。

康德反对存在论的上帝证明——但这不意味着,他反对经院哲学,而意味着他针对笛卡尔、莱布尼茨、门德尔松(Mendelssohn)。1. 因为,这在经院哲学中,并未普遍讲习;2. 就经院哲学本身而言,存在论的上帝证明,遭到托马斯最尖锐的拒绝。关于某一存在者的本质:它存在(daß es ist)。最完善的存在者,它什么都不缺,从而恰恰不是现成之在。纯粹形式概念的推断。然而,这样一个存在者究竟是否出自,这是个问题!!

补充 26(针对[90]页)

上帝认识之难题的出发点是两个命题:1. 上帝的实存并非自明和已被给予;2. 虽然以某种方式可知,却恰恰因此而需要一种本真的证明。Demonstratio quia[溯因证明]。

补充 27（针对[99]页）

objectum[客体]概念：secundum rationem objecti["根据客体之原因"]，考虑到结果（Woraufhin）本身的特质和意义，一项行为指向此结果本身。Objectum[客体]≠就是确定的存在者层次上存在着的事物，而是一个结构，此结构从属于自身—指—向（Sich-Richten-auf），本质上与任何自身—指—向相对抗的（entgegenge-worfen）事物，就是这种对抗（Entgegenwurf）的方式和方法。譬如，所期待之物本身，我们的希望之所向，在不同情况下，有可能是完全不同的事物。希望中的关系之所向（Worauf），在全部所期待之物那里，却完全具有一个彻底同一的结构。

所期待之物本身，结构上与所害怕之物本身不同，后者又与所爱之物本身不同，同样也与所追求之物本身不同。追求的对象，属于任何追求，它可以是不确定的，所以，我们不能说"我们本真地想要什么"。但作为追求之所向的，却是 appetibile bonum[可欲求的善]！

存在者，在其追求中，对 finis[目的]而言是敞开的，quasi se agens et ducens in finem, speciem recipit ex fine[如驱动自身和将自身引向目的，由目的获得了种]。其去存在的方式，也就是说，生存，由目标本身和抵达它的（das Sein zu ihm）存在所决定。

补充 28（针对[100]页）

总结。在我们的说明中，古代和近代的难题性是联系在一起的，但并非以一种单纯连接的方式联系在一起，而是与此在之核心联系在一起。这并非又是主体和意识的联系，而恰恰是此在之存在难题,并且一而言之,就是存在之整体,所以,由此出发,古典哲学方才变得可以理解。生存,此在的历史性。

补充29(针对[102]页)

参《尼各马可伦理学》(Eth. Nic. A 3, 1095 b 14 ff):βίος ἀπολαυστικός[享乐生活]——vita voluptuosa[享乐生活];因事因地制宜的技艺(Kunst der Gelegenheit und Umstände),关涉最新和持续变化的事物,忙忙碌碌,犹豫不决,关涉周围世界提供的事物——出自其中;βίος πολιτικός[政治生活]——vita activa[实践生活]:关涉外在活动(Wesen),伴随并处在劳作之中,名望(Ansehen),荣誉;βίος θεωρητικός[静观生活]——vita contemplativa[沉思生活]:关涉本真之物,ἀεὶ ὄν[永恒的存在者],纯粹的思考——哲学!

补充30("beatitudo[幸福]"针对[102]页)

Actus recipiunt species ex fine[行为由目的获得种]。从而,beatitudo[幸福]要作双重规定:1. qua actus (usus, adeptio, possessio)[行为(用,达成,拥有)的原因],2. qua ex fine, res quod beatum facit, in quo consistit beatitudo[出于目的之原因,造成幸福之人的实事,幸福就在于此]。参《神学大全》(S. th. II 1 qu. 3)。

1. Beatitudo est quoddam animae bonum inhaerens[幸福是某种内在于灵魂的善]。不是 ipsa anima[灵魂本身];因为,这种善 est, ut in potentia existens[存在,如实存于潜能之中];non habet rationem ultimi finis[无终极目的之理由];此外,这样的 bonum est: bo-

num perfectum complens appetitum, in quo consistit beatitudo[善存在:完善满足了欲求,幸福就在于完善]。

2. Quantum ad ipsam adeptionem et possessionem beatitudinis[以至于幸福的达成和拥有本身]。此外,aliquid animae[灵魂中的某物]从属于 beatitudo[幸福]——就 beatitudo est aliquid animae[幸福是灵魂中的某物而言]。

总结。1. quantum ad objectum[至于客体],作为确定的 causa[原因]的 beatitudo[幸福],是 aliquid increatum, ἀεί, perfectum[某种非受造物,永恒,完善]。Res[实事],beatitudo[幸福];2. Quantum ad usum[至于用],也就是说,ipsam essentiam[至于本质本身],其去存在的方式是 aliquid creatum[某种受造物]。①

Perfectum[完善之物],implens appetitus est actus[行为是完成的欲求]。现实性。从而,beatitudo consistit in actu[幸福在于行为]。Ultimus actus[终极行为],本质上通过作为得到规定的事物的最高的现实性,就是 operatio[活动]。

幸福存在于何种 operatio hominis[人的活动]之中?查明其本质:intellectus[理智],voluntas[意愿]。在两者的何种活动中,或者更准确地说,何种活动优先?本真的 operatio[活动]似乎立于 voluntas[意愿]之中。从而,operatio beatitudinis est voluntas[幸福之活动就是意愿]!只不过,何为 beatitudo[幸福]? Consecutio finis ultimi[终极目的之结果],达到(das Erreichen von),得到(Gelangen zu)。Consecutio non consistit in actu voluntatis[结果并不在于意愿之行为],因为,voluntas fertur in finem[意愿被引入目的],

---

①条1。

1. ad absentem, cum ipsum desiderat [当渴望它时,它不在场],
2. ad praesentem, cum in ipso requiescens delectatur [当安于其中感到快乐时,它在场]。

Beatitudo [幸福]。

Delectatio autem advenit voluntati ex hoc, quod finis est praesens [然而,快乐抵达意愿,出于目的之在场]。并非反过来,某物 praesens [在场],是由于 voluntas delectatur in ipso [意愿在其中得到了满足]。(《神学大全》,卷二,第一部分,问题 3 至 4。)

然而,在场只是通过 apprehensio [领会],通过把握式领会(begreifendes Erfassen) 而达成。Finis autem est finis intelligibilis [然而,目的是可以理解的目的]。从而,praesens fit per actum intellectus [在场通过理智之行为而实现]。从而,essentia beatitudinis in actu intellectus consistit [幸福之本质在于理智之行为]。Consummatio autem beatitudinis est gaudium [然而,幸福之圆满就是快乐]。奥古斯丁《忏悔录》(Confessiones X [cap. 23]):Beatitudo est gaudium de veritate [幸福是对真理感到快乐]。如果说幸福在于 intellectus [理智],那就要问,在于 intellectus practicus [实践理智]还是 intellectus speculativus (θεωρητικός) [思辨(静观)理智] [条 5]。显而易见 in optima operatione [于至善的活动]。Optimum [至善]总是 respectu objecti [针对客体的] operatio [活动];然而,optimum objectum [至善的客体]就是 Deus [上帝]。后者不是创制和获取的可能对象;已然存在着,只是要去观察。从而,in contemplatione divinorum maxime consistit beatitudo [幸福最大限度地在于对神圣事物的沉思]。

Contemplatio [沉思] = visio divinae essentiae [对神圣本质的

看];quod quid est aliquid![某物之为某物]! primae causae![最初的原因]! Delectatio concomitans[快乐相随]。快乐本身(qu. IV art. 2)in quadam quietatione(Beruhigung)voluntatis[在于某种满意]。然而,对于我们而言,只有 propter bonitatem ejus, in quo quietatur[通过在其中得到满足之物的善性],方才可能。从而,delectatio ex bonitate operationis procedit[快乐出自活动之善性]。

1. Consecutio[结果]在于 visio[看]/perfecta cognitio[完美的认识]。而也(Sondern auch[？])。

2. Comprehensio[理解],抓住、保持于此;finis praesentiam respicit[目的观照在场];intentio alicujus rei, quae jam praesentialiter habetur(consequens aliquem: eum tenere)[已然以在场方式得到把握的某个实事的意向(导致某个实事:抓住它)]。

3. Fruitio, quietatio amantis in amato[享受,爱人对情人心满意足]。②

补充 31(针对[105]页)

Substantia infinita ac finitae*[无限和有限实体]。永恒真理之难题。(参"致梅森:Deus causa efficiens et totalis veritatum aeternarum[上帝是永恒真理的有效的和全部的原因]",1630年4月15日,《笛卡尔全集》,卷一,页145。)他想在其物理学中为一些形而上学难题奠基,并且尤其指明:数学真理由上帝所创造,也依赖于

---

② 参《神学大全》,卷二,第一部分,问题 11,条 1-4:De fruitione, quae est actus voluntatis[论作为意愿之行为的享受]。

*[中译按]此处 finitae 或为 finita 之误。

上帝,就像其他受造的存在者那样。然而,如果数学真理出自上帝的恩典,依赖于其意志:那么,它们不是失去了变化之可能吗? 意外情况下会两样和不再有效吗?然而,上帝的意志不变。只是,如果上帝不变—永恒—同一,意志和理智,又如何自由呢?

补充32(针对[111]页)

经院哲学 奥古斯丁	神学的	
物理学 数学	宇宙论的	思辨数学之领域
人文主义和 文艺复兴	人类学的	

补充33(针对[122]页)

Comprehensio[理解],比较上文,页208,补充1。

Beatitudinis consecutio[幸福之结果], comprehensio[理解], [一个词无法识读], praesentia respicere[观照在场之物]。按此:看起来通过意义可以领会之物,从根本上通过 inspectio mentis[心中检查], facultas judicandi[判断者的能力]可以通达。然而, mens[心]本身绝对肯定。从而,我看到了这蜡。什么对您而言 evidenter[显而易见],是对蜡的领会,还是对领会本身的领会?这一点显而易见,也就是说,基于对蜡的看,我本身 existiere[实存],要比蜡之现成,其实更为确定。比较《哲学原理》(*Princ.* I, 8)文本,页25。

补充 34（针对[125]页）

分类结果：布伦塔诺（Brentano）。在其《关于经验立场的心理学》①中，他对心理现象实施分类。

《论道德认识的起源》。②

可变的（Wandelbar [?]）判断——赞赏（Anerkennen），
｜
认识

拒斥（Verwerfen）——应当（Sollen）——价值（Wert）——表明立场（Stellungnehmen）
｜
对象 =

补充 35（"realitas objectiva[客观真实性]"针对[127]页）

总的来说，idea[理念]之 totum[整体]有三重现实性：

1. percipere[感知之现实性]，
2. 作为 objiciens[对象]的 perceptum[所感知之物]，
3. 作为 objecta[对象物]的 perceptum[所感知之物]，realitas extra[外在真实性]——realitas objective[客观真实性]：realitas objiciens[对象真实性]，objectum[客体]。

---

① 布伦塔诺，《关于经验立场的心理学》(*Psychologie vom empirischen Standpunkt. Erstausgabe Leipzig 1874, 2 Bücher in 1 Band. 1924—1925 erweiterte Ausgabe u. d. T. : Psychologie vom empirischen Standpunkt. Hg. v. O. Kraus*)。

② 布伦塔诺，《论道德认识的起源》(*Vom Ursprung sittlicher Erkenntnis. Leipzig 1889*)。

两个连续的原理的双重含义:

I. Modus essendi, quo (realitas actualis rei extra; res) est objective in intellectu; non transfusione[应当存在者的方式,按此方式(外在实事的现实的真实性;实事)客观存在于理智之中;没有混淆]。①

II. Realitas, quam (realitas, quae est in idea tantum objective) considero in meis ideis[真实性,我就在我的理念中思考(如此客观存在于理念之中的真实性)]。

关于I. idea[理念]本身,qua[凭借它], modus essendi[应当存在者的方式]获得了 perceptum[所感知之物]。

补充36(针对[132]页)

Non posse errare[不可能犯错]——

posse non errare[可能不犯错]——

posse errare[可能犯错]。

Facultas errandi sed non in finem erroris[有犯错的能力,但靠错误无法达成目的]。

自由的指数,我本身的最高存在规定的指数,最高存在规定使我自己与上帝最为相像。然而,在自由中,我才有可能性从我出发作出服从或反对之抉择。

Libertas indifferentiae[中性的自由]。

---

①42 Mitte.

补充 37（针对[137]页）

作为 certum[确定之物]和 regula generalis[普遍规范]的真理之理念。出自《哲学原理》(*Principia* I, n. 45)的对 clare et distincte [明白又清楚]的说明。

存在＝clare et distincte[明白又清楚]的有思之在(Gedacht-sein)，有思性(Gedachtheit)本身。因为，我就是"我思"，在这件事情上，"思"必须从更为特殊的意义上去理解；ἀεί[永恒]与 certum [确定之物]。

1. 为所有认识安排了优先地位。

2. 认识本身作为无可置疑性。是否不怀疑和不会不确定，对于实存理解，恰恰有可能肯定具有建构性(gerade konstitutiv sein können positiv für Existenzverstehen)。生存状态上就是事实上 (Existenziell faktisch)——生存论上就是先天地(existenzial apriorisch)。

3. 需要认识的存在者，其本身并非是按其存在预先被给予的——展开性(Erschlossenheit)！ Verdecktheit(遮蔽性)。

4. 对存在的预先标示(Vorzeichnung von Sein)，也在 clara et distincta perceptio[明白又清楚的感知]之中，extensio[广延]。

5. ego 的存在论的不确定性，却又具有优先地位，尽管本身作为 cogitare[思]，"思"。同时还有全部"世界"的存在。自然科学。

又及(N.B.)：尽管主体具有优先地位——但也疏忽了(1)地方性的存在问题，(2)存在问题之整体。

6. 先驱，古代存在论，具有何种方式？Certum[确定的]——

verum[真实的]——ens creatum[受造的存在者]。

补充38("笛卡尔—批判"针对[144]页)

为什么会疏忽?因为,cogito sum[我思故我在]是完全显而易见的和形式上的。人们紧抓住确定性,而未抓住这个什么(das Was)。从而我得到了保证(gesichert),人们接纳了这一点,从而似乎其存在,连同这种确定意义上的确定之在(Gewißsein),也得到了澄清并且得到了保障!Cogito[我思]显而易见,因为,ἀεὶ ὄν[永恒在者]和这种领会是本真的认识。与此相对,ego[我]恰恰是历史性的,对corpus[身体]的认识,也首先是历史—日常的认识。

一个完全未受到重视的尺度,衡量的是对世界之中的存在者的追问。然而,必然由此在本身中建立的这个,却不简单依赖于此在。相反,为什么?并且,笛卡尔为什么会提出不合理和无根据的要求。健全的人类理智的权利,并非因为人类理智就是它,而是根据人类理智,此在之存在公开其自身,当它生存着(existierend)追问世界时。

补充39("笛卡尔—批判"①针对[144]页)

1. res cogitans[思维之物]就存在而言是不确定的(现成之物)。
2. 存在源于mundus[世界],我首先孤独在其中的世界。
3. 以certum[确定之物]为指导线索的经验之照面。

---

① 比较与胡塞尔相对立的划界。

4. 相应地对 res extensa[广延之物]的规定。

5. Veritas formalis in judicio proprie[形式化的真理全在于判断]！

对 ἀληθεύειν[解蔽]认识错误。

补充 40（"ἀρχή[本原]，αἴτιον[原因]，理由，**原因**"，针对[151]页）

理由（Grund），时而是形式上普遍的，时而只是原因（Ursache），时而只是理由。

经院哲学中的 4 因。

苏阿雷兹,《形而上学的辩驳》（disp. XII, section 1, 2, 3）。

笛卡尔也还是没有区分 causa[原因]和 ratio[理由]。Nulla res existit, de qua non possit quaeri, quenam sit causa, cur existat. Hoc enim de ipso Deo quaeri potest, non quod indigeat ulla causa ut existat, sed quia ipsa ejus naturae immensitas est causa sive ratio, propter quam ulla causa indiget ad existendum[不存在任何不能探究其何以存在的原因的事物。因为，连上帝本身也能探究这一点，并非因为祂需要一个存在的原因，而是因为祂的本性的无限就是原因，或者，祂不需要任何由以存在的理由]。Responsiones ad secundam objectionem in meditationes de prima philosophia. Axioma I[《第一哲学沉思录》中"对第二个反驳的回应：公理一"]。上帝的无限性，对于主体而言是认识的理由：不需要原因。

Causa sui: In conceptu entis summe perfecti existentia necessaria continetur[其原因：在最完善的存在者之概念中，就包含着必然存在]。

莱布尼茨,参"补充"。

沃尔夫,《第一哲学或存在论》,页 881-884。①

Principium: id quod in se continet rationem alterius[开端：其中包含他物之原因]。

1. principium fiendi: ratio actualitas alterius; causa impulsiva sive ratio voluntatem determinans[会发生的事物的开端：理由就是他物现实性；动因或理由决定意愿]; 2. principium essendi; ratio possibilitatis alterius[应当存在者的开端；他物的可能性之理由]; 3. principium cognoscendi[将被认识者的开端]。——'Ενέργεια[活动状态], δύναμις[能力], αἰτία[原因]。

康德：充足理由律。不是所思和所述的存在者的理由,而是信仰真理之理由,当其为真的(Für-wahr-haltens)理由。确定性原则。理由：什么由此得到保证,得到辩护。真理必须有保证,认识必须是确定的。此要求由充足理由律所表明。

充足理由律作为因果原则。出于真实者,就是真实的；不真实者(Unwahres)之所由出,是不真实的。A ratione ad rationatum, a negatione rationati ad negationem rationis[从理由到有理由之物,从有理由之物之否定到理由之否定]——valet consequenter[是恰当的]。

从康德以来,充足理由律,在确定性的原则意义上,是逻辑学性质的(logisch)！在莱布尼茨那里,是存在论性质的(ontologisch)！

---

①沃尔夫,《第一哲学或存在论》(*Philosophia prima sive Ontologia*, Leipzig 1729)。

补充 41（针对[154]页）

关于属性概念，争议已久：埃尔德曼。

埃尔德曼为此想从解释主体方面来理解主体的观察方式，什么也不属于实体本身。相反，《伦理学》第一部分，命题 IV[补充：demonstratio（证明）]：attributa extra intellectum[属性超越于理智之外]。《伦理学》第一部分，命题 IX：quo plus realitatis aut esse unaquaeque res habet, eo plura attributa ipsi competunt[任一实事拥有更多真实性和存在，符合它本身的属性就越多]。比较[第一部分]定义 VI：Substantia constans infinitis attributis[具有无限属性的实体]。

补充 42（针对[159]页）

```
                    从而也是由此出发
                    精神之本质, intellectio[理解]
                            │
substantia — mens — affectus — veritas    potentia intellectus
 [实体]    [心灵]   [情感]   [真理]        [理智之潜能]
```

补充 43（针对[170]页）

莱布尼茨的出版，不仅历史地看是一种责任，而且如今仍然具有体系上的重要性。对其水平的理解，与对亚里士多德理解相当。前十年的限制，认识论，现象学的—存在论的难题。马堡学派。卡西尔（Cassirer），莱布尼茨。

补充 44（针对[174]页）

莱布尼茨：按照习传的存在理念和最高存在者（上帝）理念之

视界,并且按照与此理念相应的存在论之理念,不仅发展出数学的特定的普遍性,而且出自生活和生存的个体性,都要按存在论来把握。

补充45(针对[184]页)

inclusio realis[真实的包含],质料存在论的预构(materialontologische Präformation)。这种预—构(Vor-bildung[？])作为时间性—历史性的合法性(Gesetzlichkeit)。Visio libera[自由的看]!在莱布尼茨的分析中,出自形式化的分析以及——反对主题化—先天的分析——同时包含合法性。

补充46(针对[185]页)

最终,用于上帝的,以 principium rationis sufficientis[充足理由原则]为指导线索的,只是托马斯所运用的存在论的上帝存在证明,对此我们已有这样的说明(Angabe[？]):causa[原因]和 ens realissimum[最真实的存在者]。参见论文 De rerum originatione radicali["论事物的根源"](埃尔德曼,节48,页147及其以下)。ratio sufficiens[充足理由]原则,或多或少是明确的,这也是哲学所给予的。前形式(Vorform),古希腊的 λόγον διδόναι[给予言辞],rationem reddere[说出理由],给出解释(Rechenschaft geben)。然而,λόγος[言辞]大多是 λεγόμενον[所言],εἶδος[型],essentia[本质]。笛卡尔。

补充47(针对[192]页)

看看康德在出版《纯粹理性批判》(1781)前的主要著述的题

目,就已经足够了。

Principiorum primorum cognitionis metaphysicae nova dilucidatio[《对形而上学认识的首要原则的新说明》],1755。

　　Sectio I: De principio contradictionis[第一部分:论矛盾律]。

　　Sectio II: De principio rationis determinantis, vulgo sufficientis[第二部分:论限定的、普遍充足的理由律]。

　　Sectio III: Bina principia cognitionis metaphysicae... e principio rationis determinantis fluentia[第三部分:形而上学认识的双重原则……由限定理由律得出]。(Principium coexistentiae eorum, quae nun sunt simul[当下同时存在之物的共在之原则]。)

Monadologia physica[《物理学的单子论》],1756。

《支持一种上帝之此在的证明的唯一可能证据》,1763。

《自然神学和道德之明晰性研究》(Untersuchung über die Deutlichkeit der Grundsätze der natürlichen Theologie und Moral),1763。

《尝试,在世界智慧中引入否定性的程度之概念》(Versuch, den Begriff der negativen Größen in die Weltweisheit einzuführen),1767。

De mundi sensibilis atque intelligibilis forma et principiis[《论感性世界和可理解的形式与原则》],1770。①

---

①康德的教学工作:以沃尔夫学派的手册为指导线索的讲座课。

补充 48（针对[194]页）

Rationale［合乎理性的］，先天的认识。康德在其关于形而上学的讲座课上说："存在论研究所有事物之整体。"存在论是"一门关于我们所有的先天认识的纯粹基础性的学说"。①

补充 49（针对[196]页）

康德的基础性发现：哲学—存在论的认识是先验—先天的认识，但仍非存在论上的形式—逻辑的认识。由此而来的是纯粹理性批判的基本问题，此基本问题摊开了一门科学的形而上学之可能性的难题：先天综合判断如何可能？包含实事的本质认识如何可能？——本真地作为对 omnitudo realitatis［全部真实性］先验认识。

（科学的形而上学何时成了现象学？）

补充 50（针对[201]页）

"从托马斯·阿奎那到康德，页79及其以下。"讲座最后的三重目标：1. 简单标明的康德的对手和同代人，在康德那里，形而上

---

① 波里茨，页18/19（Pölitz, S. 18/19）。［中译按］这里指康德《哲学的宗教理论讲座》（Kant, Immanuel. *Vorlesungen über die philosophische Religionslehre.* Hrsg. von Karl Heinrich Ludwig Pölitz. 2. Aufl. Leipzig: Taubert'sche Buchhandlung, 1830）。据说，波里茨（Karl Heinrich Ludwig Pölitz）从康德在哥尼斯堡大学的同僚那里得到并编辑出版了康德的这部讲课稿（1782—1783，冬季学期）。

学的难题尖锐化了。2. 与此相关的是基本难题的综合取向。3. 展望"现象学之基本问题"(1927年)[全集,卷24]中的体系化的问题提法。

补充51(针对[204]页[附属于"康德"])

我与持久性(Ich und Beharrlichkeit)1

在内在感知中,不会遇见任何持久之物([B]292①)。变化只有在此前提下方才可能,比较第一版123页(A123),持续和恒久的我。内在经验只有以外在经验为根据方才可能! 从而——经验性的自我意识"证实了"处在外在于我的空间中的对象之此在,康德:"证实了对外在事物之此在的直接意识",第二版276页注释([B]276)。

1. 康德持有一种对有意义和具有必然性(sinnvoll und notwendig)的证明——一种建立的最真实的对经验性的显象复多性(Erscheinungsmannigfaltigkeit)之整体的证明——"主要素材!"(Hauptstoff)——外在知觉之表象;作为显象的内在之物,是在同一个平面上与外在事物一同看到的,也就是说,所有事物的发生都内在于现成之物——绝非解释学的解释(hermeneutische Interpretation)。2. 他所实施的证明,以笛卡尔的(Descartschen)立场为根据。笛卡尔(Cartesius),根据康德,只持有一种对无疑(ungezweifelt)的经验性陈述:我在(《纯粹理性批判》第二版页274[(B)274])。

参"前言"注释。康德将其作为哲学和普遍人类理性的一桩

---

①《纯粹理性批判》第二版,页292。

丑闻：必须依赖信仰来假定外在事物的此在，也没有任何足够的证据能反驳怀疑。

"内在经验本身完全只是间接的，也只有通过外在经验方才可能"（《纯粹理性批判》第二版页 279 [（B）279]）②，因为，外在经验给予了一个持久之物，这是规定时间中的某物的前提。但时间本身复又已然作出了这个假定：持久之物。证明之基础："时间"：内在经验。

此在＝同一事物的全部规定之根据（Bestimmungsgründe）是诸表象（Vorstellungen），表象（Vorstellen）。后者本身只处在时间之中，从而，它需要持久的某物，此物本身与表象不同。这个我（Das Ich）？本身是一个表象（Selbst ein Vorstellen）!？

内在感知及其所给予之物，必须通过知性方可确定地认识客体。从而，内在感知本身及其所给予之物，要能够是真实的，就必须假定外在世界之真实性。

我自己意识到我的此在，也就是我的现成之在。康德证明世界之存在，是通过此在的现成之在的存在，反之亦然，也就是说，他完全什么都没有证明，什么也不可能证明，也不该证明什么，而应当看到，从现象上讲，什么才是这种往返证明（Hin- und Zurückbeweisen）的基础。

对于一项外在经验的可能性而言，内在和外在存在的真实

---

②海德格尔并未一字一句引述康德；他涉及《纯粹理性批判》第二版页 277 和 278 以下。"……这就使得，内在经验本身只是间接的，并且只有通过外在经验方才可能。"（页 277）"在此想要证明的只是，内在经验完全只有通过外在经验方才可能。"（页 278 以下）

性,必然联系在一起。这一点确定无疑！然而,问题是:人们是否必须首先将其分离,以便然后又重新强调这种联系,或是否从现象上讲,这种联系是存在于其本身之中的原初的某物,康德只是在其证明中绕开了这一点。时间性。

在对观念论(Idealismus)的反驳中,并且在"前言"注释中,由自我建构的必要性中,产生了一种德行(Tugend)。持久性缺失,因此,他为此设想了这个世界。世界也从而证明了自身。在何种前提下,此论证是有说服力的？

我与持久性 2

这个**我—客体**(Ich-Objekt)是基于质料之持续性的统一性(经验,确定的)。然而,质料的持续性基于统觉之先验统一性(1.类比)。从而,我—客体之[统一性]却存在于我—主体之统一性之中。并且,一切都具有不可理解性(Und alles Unverständlichkeit),因为,规定之统一性是不清楚的:持续之物的同一性(Selbigkeit),以及统一性(Einheit)或同一性(Identität),完全同一性(Selbigkeit)。并且,这是不清楚的,因为,知性的时间结构,此在的一切,都是遮蔽的。(此在,也就是说,我的此在,通过表象得到规定:笛卡尔。未得到把握[Unbegriffen]！)并且,不清楚的是同一性之时间性存在,关于冲突、否定甚或与此在的内在关联,生存(Existenz)从而还有感性。

康德持守存在论上未澄清的人类学,未进入 humanitas[人性]的明白的问题性。先于所有能力(Vermögen)及诸如此类及我—

中心点(Ich-Pol):在其中—存在(In-Sein)和操心(Sorge)。③

我的此在并非时间中的表象关联(Vorstellungszusammenhang),贴在一个"我思"之上,也就是说,我的此在,按照其存在,并不像内在感知中的表象之在可以确定,就像"我"并非特有的现象!"我性"(Ichheit)在现象上并非"完全处在时间之中的一个某物的理念"。

外在现实性与内在现实性的共同现成之在,甚或康德从内在现实性的存在方式出发通过演绎展示的必然之物,完全不同于现象,我们这次从现象学上就存在强调了现象,将其作为在—此—世—存在(In-der-Welt-sein)。康德完全根本未达此现象维度。对外在事物连同内在事物的必然的现成之在的证明,最终是走出一种完全不同的难题关联的一条出路。

康德看入(sieht in)表象的纯粹的前起后继,精神之物的纯粹的前起后继。最近处的事物,必然处在前起后继之理念中的持久之物,同样都要到灵魂中去寻找,在作为实体的灵魂中去寻找。然而,这条路,被康德以其最为独特的对认识的解释阻断了。从而,只剩下走入外在世界这条出路——并且,这条出路也会抵达所希望的、对外在世界的必然的现成之在的证明。然而,康德从根本上忽略了对所有自我活动(Sichbewegen)的一种形而上学的

---

③参舍勒(Scheler)第二部分(II. 299)是正确的。马克斯·舍勒(Max Scheler),《伦理学中的形式主义和实质的价值伦理学》,第二部分(*Der Formalismus in der Ethik und die materiale Wertethik.* II. Teil),首发于《哲学与现象学研究年鉴》第二卷(*Jahrbuch für Philosophie und phänomenologische Forschung.* Hrsg. von Edmund Husserl. Zweiter Band, Halle a. d. S.: Niemeyer 1916)。

存在论证明。他由时间及其结构概念出发,推断出一个存在者,就其存在方式而言,这个存在者应当符合此概念。

三重内容落入批判:

1. 他从总体上(überhaupt)要求并且实施了对世界的现成之在的一项证明。

2. 他将应按其现成之在来证明之物,仅仅理解为存在者,此存在者与内在事物一道都是现成的。

3. 他从一个纯粹概念出发实施了证明。

正如康德基于某物与某物相关的纯粹现成之在来解释先验统觉,他也这样解释外在和内在显象之复多性的相互—共同—现成之在。

于是,我与此总体世界(Gesamtwelt)的关系是完全模糊的。然而,如果我完全当前(Wenn Ich aber schlechthin Gegenwärtigen)——那就是向世界存在(dann Sein zur Welt)。当前之明亮(Reluzenz)在于世界—现成性。向世界存在是外在世界突显之前提,也是内在本性(Natur)按其现成性突显之前提。

已指明:"我思"这个措辞有何种特质。在此意义上的一种说(Ein Sagen):以此,我(das Ich)按其原初现成之在照面,也就是说,对于一种说出的规定而言(für ein aussagendes Bestimmen),却尚未主题化,而是可能通达(zugangmöglich[?]),按照其作为我(als Ich)的在场性,也就是说,就像:究竟为何某物能被给予,或者更准确地说,为何其思之所思(das Gedachte seines Denkens)就是所给予之所思(gegebenes Gedachtes)。

也已证实,在何种程度上统觉之综合就是唯一的综合:

1. 如果同一性,对于任何结合都具有建构性的同一性,与一个要结合之物处在这样的结合本身之中。结合本身是作为我与眺望这个我所得之某物(etwas Hinblicknahme auf dieses Ich)的结合,也就是说,对我的理解,并且当我就是这个我时,究竟拥有某物(Verstehen des Ich und als Ich ist das Ich habe etwas überhaupt)。我,这个所为(das Wofür),为此对象性之物(Gegenständliches[?])究竟能够存在。

2.如果他者不是随便哪个所给予的某物,而完全是附加之物和可给予之物(das Zugebende und Gebbare)。

此综合是任何判断的任何具体综合的基础,也就是说,它在任何判断中先行完成,并且从而,它是先验之物,对于关于自然的先天的基础性表述而言,对于从属于自然的基本概念而言,这是纯粹知性概念,作为建立于各种个别的纯粹知性行为(结合行为)中的统一性之概念。问题是,纯粹的知性原理和知性概念可能具有何种方式,它们恰恰将自然的包含实事的本质先行规定为先天的原理。尽管只是在主体之中,它们如何可能意指,确实包含实事之物,绝非任意之物,而是对自然具有建构性的事物?什么是尤其首先唯一和纯粹先天地被给予这些理智行为、我思之物?被给予性之普遍先天性(das universale Apriori)说到底就是时间。首先需要指明,在何种程度上时间就是普遍的先天性。暂时的只是内在感知之形式(Fo.[rm] d.[es] i.[nneren] S.[inns])。

时间的功能

我思和自然。对观念论的反驳。在图式化学说(Lehre vom Schematismus)中更进一步透入时间的功能。纯粹理性批判与此图式化学说一荣俱荣,一损俱损。

[图式化—难题]

阿迪克斯（Adickes），尤其是科学院版中"康德遗作"研究的领军人物，在其《纯粹理性批判》编本中补充指出："在我看来，绝不可赋予关于图式化学说的部分以科学价值，因为，后来只是出于体系化的理由，在'纲要'中插入了这部分内容。"④然而，另一方面，如今这样教条和盲目简单地图式化学说的重要性，还不够，相反，重要的是理解现象，康德触碰到了现象，却没有办法解决它们。

然而，这种理解，只有当我们取得关于结构的暂时定向时，方才可能，而这些结构，在图式（Schema）、图像（Bild）、感性化（Versinnlichung）的名义下，被引向了语言。

1. 对具有映像（Abbilden）方式的显象的感性化。一幅图像，映像（Abbild），表现出其本身所不是的某物。这是其最近和最初的图像功能（Bildfunktion）。一幅映像，作为突显之物，同时作为映像之映像，对它的复写，却能够表现出其所是，也就是说，将自己表明为样本——尤其是照片的样本。作为这种样本，它是属于照片概念的一个"图像"（ein "Bild" des Begriffes Photographie），它让我们看到，某种像照片这样的事物，看上去如何。这是一幅"图像"之概念，它与映像不同，却与其相关。一幅图像作为映像（画[Gemälde]），也是属于"映像"概念之"图像"。

---

④阿迪克斯，《康德研究》，1918，页338。[中译按]阿迪克斯（Erich Adickes，1866—1928），德国哲学家，康德研究专家，先后任基尔大学、明斯特大学、图宾根大学哲学教授。科学院版和赖默尔版（Georg Reimer）《康德全集》中"康德遗作"的主要编者。

映出之像（Das Abbildende）就是画作（Gemäldeding），由画布构成，以彩笔作成。这个映出之画作，也能够被观察和研究：根据其保藏之等级，它是好还是坏，是否受损，是否后来修复过。通过观察画一作，我首先看到的是映出之像本身，是图像事物（Bildding）。

然而，映出之像，梵高（van Gogh）的《向日葵》（Sonnenblumen），未受损，若这幅画以某种方式受损，那就表现出受损的向日葵。但这种情况的发生，并非由于是我造成了一个受损的图像事物。映出之像本身，在天然的最接近的图像理解中，是作为第一眼看上去的这个自我表明之物。

图式⑤：属于直观再现（Vergegenwärtigung）的行事方式之表象，规则之表象。规则：我必须如此这般行事，以便顾及我的表现之所在，使应表现之物变得可见。在规则之表象中，有对给予规则之物（das Regelgebende）关注，也有对立于作为可构形之物的受规范之形态（geregelten Gestaltung als Gestaltbares）之下的事物的关注。规则之表象将概念与其所表达之物联系在一起。有赖于感性概念的图像关系就是图式。图像在那里只有通过图式方才可能。这个所表达的直观之物，从而本身按照其规定性，受规则规范，也就是说，受起规则作用的概念之根据的规范。

通过规则之表象，我并非为其本身而思考纯粹概念，而是按照某种满足纯粹概念的直观表达的方式之规范功能，来思考纯粹概念。而恰恰涉及某种综合的关注之所向。然而，规则是综合之

---

⑤ 与"图像"和"图式"相关。风景之"图像"，当它通过颜色显出自身时，并非非作为映像，而是作为图像，我们只是描绘图像。

规则;以综合方式规范了作为关注之所向的统一性。

问题是:对于纯粹的知性概念而言,有没有一种表现之方式(即先天直观之物),将纯粹的知性概念由其本身出发预先标示出来,并且纯粹的知性概念可以按此方式先天地规定自身?有没有某物,在其中纯粹的知性概念可以先天地表达自身?有没有一种规则,也就是说,规则之根据,能够先天地规范一种表达,以至于这种表达先天地存在,也就是说,不关涉显象?

这其中有什么:在一种从根本上不关涉显象的直观表达之理念中?在具有一种"纯粹图像"的表达之理念中?"显象"是一种经验直观的不确定对象。经验性的直观是这样一种直观,它通过经验来关涉对象(34⑥)。经验表象(Empfindungsvorstellungen),通过当前(一个实事之在场)发挥作用。⑦ 经验:"通过对象之当前(在场)所表象的主体完成状态之变化。"⑧如果直观表达,本应当是先天的,本身与显象无关,也就是说,它们不能将自身缩减为在场的对象,并且它们尤其应当……⑨

讨论不同方式的感性化。

显象的,也就是说,存在者的感性化,存在者本身是可以直接(direkt)直观的。这里是映像——拓片(Abklatsch)作为极端情况。经验性的感性的概念的感性化,然后是概念和形式化的概

---

⑥《纯粹理性批判》,第二版,页34。

⑦II, 315.

⑧VI, 318.[中译按]这段文字出自"康德遗作"《对人类学的反思》(Reflexionen zur Anthropologie)。

⑨文本在纸片底边上中断了。

念。纯粹感性概念的感性化；不确定的概念，几何概念，算数概念。

就这些概念而言，特点是：这个"纯粹"感性的概念意指什么？总是完全作为一种情况之映像的感性化不可能发生吗？虽然这种情况靠经验概念的感性化是完全有可能的。一个如此这般表象的狍子（Reh），在这样那样的周围世界中是可能的，表现有可能从根本上是复制（Wiedergabe）。

一个画成的三角形，绝不可能复制一个确定的几何学的三角形，除非一个确定的几何学的三角形，在几何学上无关乎一个确定的等边三角形或一个确定的直角三角形之含义——这是确定的，按照可能的变化的独特方面，也就是，各方面的情况。

就概念的感性化，无关乎获得一个作为映像的图像，而作为图式—图像的图像别有所指。并且，图像的这一含义需要澄清：分析，数之图像（Bild der Zahl）意指什么……

就数5294，[情况]并非是要按此方式，按一目了然的方式来感性化，却有一种可能性穿过相应的很多点，在此并无本质之物，并无具有一种一目了然性的点之保留物，而有进展之规则和进展中的图像的规定之规则。

理解纯粹知性概念之感性化的准备。图像，指明其自身的图像，species[形象/种]。成像不受约束（Bildgebung frei）：synthesis speciosa[形象综合/种的综合]。不是简单的使—自我—给予（Sich-geben-lassen），从而依赖于某一现成之物的在场，而是在场之物，它不需[要]现成，一种确定的在场性。

图式：一种成像之规则，一种自我指明（Sichzeigen）之规则，一种概念之规则。图像并非映像，却关乎概念，就关系要靠概念来规范而言。

纯粹的图式。

编者后记

《哲学史:从托马斯·阿奎那到康德》,是海德格尔于1926/1927学年冬季学期在马堡举办的每周四小时的讲座课。讲座课始于11月2日。

讲课稿**正文**,与编在"附录"中的"补充"一样,以一份复印件为唯一根据,这份复印件的手稿原件,与马尔巴赫德国文献档案(Deutschen Literaturarchiv Marbach)中的海德格尔全部遗作中的一样。原稿包括81张对开页,一些未标注页码的对开页,还有大量随附的纸片。

原稿页面以横排方式书写。正文以德文撰写,间或插入一些速记。大量拉丁语引文,还有单个拉丁语词汇,海德格尔复又采用了拉丁语书写法,以希腊字母书写的引文,大部分,尽管并非完全如此,都加了着重标记。

编者将复印件与原稿作了对比。由此可以确定,海德格尔为了节省纸张,使用了一些稿纸的背面,这些稿纸一定属于《存在与时间》的草稿。

一张附加的纸片,加了如下按语:"本讲座起初是由所谓必修课所要求的'通常的'(übliche)概论课(Übersichtskolleg)。尽管它试图展示从托马斯·阿奎那到康德的哲学史之轮廓。"对"通常的"和"尽管"的强调,导致这样的猜测:海德格尔讲授这门哲学史课程,并非没有某种保留。理由显然与1926年夏季学期的讲座之理由完全一样。① 同样,外在形式也表明,其与先前的讲座具有显而易见的相似性:造句不长;收入传记内容,对于海德格尔而言,非同寻常地广泛;大篇幅的引述,未给予彻底解释;包含大量所谓二手文献。

对于这个讲座都适用的是,它们都草拟于《存在与时间》杀青之际。海德格尔所提及的"必修课",显然不大受欢迎,如1926年4月24日"致雅斯贝尔斯"(an Karl Jaspers)的一封书信,可以显示这一点:"我已于4月1日着手付印我的论文'存在与时间'。[……]我的决定是正确的,但让我恼火的只是即将到来的学期,还有市侩气,它如今又笼罩住了一个人。"②

* * *

本讲座包括一个"引言"和五大部分。就用第一句话,海德格尔脱离了哲学史上通常的时期划分,按通常的时期划分,近代哲

---

①就此,参见海德格尔《古代哲学的基本概念》(*Die Grundbegriffe der antiken Philosophie*. Vorlesung Sommersemester 1926. Gesamtausgabe, Band 22. Frankfurt a. M. 1993. Herausgegeben von Franz-Karl Blust. Nachwort des Herausgebers, bes. S. 333f)。[中译按]中译本参见[德]海德格尔,《古代哲学的基本概念》,朱清华译,西安:西北大学出版社,2020。

②《海德格尔与雅斯贝尔斯往来书信集:1920—1963》(*Martin Heidegger, Karl Jaspers: Briefwechsel 1920—1963*. Herausgegeben von Walter Biemel und Hans Saner. Frankfurt a. M. und München/Zürich 1990, S. 62)。

学始于笛卡尔。与此相对,海德格尔以托马斯·阿奎那为开端,从而揭明:近代哲学,经过经院哲学中的"有思想的精神的天主教",可以追溯到古代哲学,并在这里找到其根源。选择落在托马斯头上,是因为他对古代哲学有可靠理解,并且尤其拥有亚里士多德的 πρώτη φιλοσοφία[第一哲学]。在十分详尽地研究托马斯的同时,随着讲座的进展,表述的篇幅则逐步减少。

奠基性的转变,发生在笛卡尔之前,关涉人与世界、与其自身和与上帝的关系:人与世界的关系,基于自然的科学发现;人与人的关系,靠文艺复兴的新的生存意识;人与上帝的关系,就人的生存的可能性不再出于信仰而言,由生存本身所决定。

尽管所列举的著作家——包括沃尔夫和克鲁西乌斯——都以一种新的对哲学的奠基为目标,存在问题本身,却一如在古代那样,未成为难题。海德格尔以此提示结束了讲座,从而使讲座预先指向了《存在与时间》中的主导问题。

* * *

本讲课稿,以原稿复印本为根据,作了转写,并逐字逐句对照了蒂特延(Hartmut Tietjen)于 1977/1978 年编辑的抄本。对这个抄本中的错误作了校正,解决了尚未识读的大部分文本段落。还有为数不少的段落,解码阻力极大,因为,对于重构意义关联必不可少的文本处境,往往不可考。尽管作出了极大的努力,在极少数情况下,要获得明确的解读是不可能的,因此,少数段落必须作为不可识读的内容予以保留。这一点,编者在脚注中以方括号作了注释,这么做是对的,若不能达到确切之程度;在此,方括号中还会附上一个问号。还有一些插入的速记内容,也未予解读。

除了蒂特延的抄本,还有一份出自默尔辛的**课堂笔记**可供使用,确切地说,它保存在一份 1976 制作的打字稿转写本中。这个复本开头有如下"评述":"课堂笔记的电报文体,某种程度上,通过插入系词或其他此类词语,往往将简短的阐述(Verdeutlichungen)前移,但也只是将明确出自其含义的那些阐述前移。文体上的困难(并非总能够看得出来,它们是否出于抄写),无非按照常规来排除。大量的重复,符合海德格尔特有的讲座风格,只要笔记没有删除,就予以保留。缩写词汇,都完整拼写出来,标点符号,常常按照含义作了改动。文本中的遗漏(做笔记时忽略的句子和句子成分),只要能看得出来,就以小点予以指示。文本中不确定的地方,偶尔用括号提出另一选项。"

这份课堂笔记,能够被编者只是十分有限地加以使用,出于很多理由。一个理由,关乎没有一份由海德格尔本人认可的课堂笔记,所以,加上它并不符合编辑指导原则。此外,这份随堂笔记,与原稿相比,可以显明遗漏,但也已有补充和润色。所以,这个可以流利阅读的文本,尽管在识读个别词语时富有助益,但在大多数情况下未予调用,因为,不可将其与原稿等而同之。

关于**划分**主体文本——也就是不包括"补充"的讲课稿——编者的做法是:海德格尔的标题,有时候是现成的,予以保留,或者为了明示而稍作补充。原稿中无标题之处,由编者予以补充;同时,相应的标题构造,尽可能由随后的文本作出推断。

在标题中小心插入**标点符号**,当涉及明显写错的地方时。大量破折号,表达一种特殊的用法,海德格尔以此通常只是将各小段连接起来作为提示词。事实证明,这样做是必要的:为了明示含义关联,以句号来划分连成一体的文本。引文,尽可能根据海德格尔本人手书予以推断。此外,则以他所引述的原始文本为根据。

"**增补**"部分的次序,有利情况下,出自海德格尔本人的指示。若得不到指示,则由编者根据内容的内在关联来作出决定。

* * *

蒂特延博士先生,从一开始,就以相当大的审慎和耐心,伴随着我对此文本的识读。在与他共同紧张工作中,我们对照手稿多遍复核抄件,以其可辨认性为出发点,对单个词语作了研究。为他的巨大帮助和他专业内行的建议,我要献给他我真诚的谢意。我的感谢,进一步要献给赫尔曼·海德格尔博士先生(Herrn Dr. Hermann Heidegger)、尤塔·海德格尔夫人(Frau Jutta Heidegger)、冯·赫尔曼教授博士先生(Herrn Prof. Dr. Friedrich-Wilhelm von Herrmann)和德特勒夫·海德格尔先生(Herrn Detlev Heidegger),她/他们承担了绝非微不足道的劳苦,反复识读我不能识读的文本段落,并小心核对已完成的底稿。所有提到的这些人,我特别要感谢她/他们坚定不移的忍耐,她/他们给予了我这种坚定不移的忍耐。为校读文句,我要感谢考利安多私人讲师博士女士(Frau Priv.-Doz. Dr. P.-L. Coriando)、冯·卢克特彻尔博士先生(Herrn Dr. Peter v. Ruckteschell)和冯·卢克特彻尔女士(Frau Helene v. Ruckteschell)。

赫尔穆特·维特(Helmuth Vetter)
维也纳,2006 年 7 月

译后记

《哲学史：从托马斯·阿奎那到康德》，是海德格尔于1926/1927学年冬季学期，在马堡举办的每周四小时的讲座课，列入克劳斯特曼出版社（Vittorio Klostermann Verlag）"海德格尔全集"（Martin Heidegger Gesamtausgabe）第23卷（Geschichte der Philosophie von Thomas von Aquin bis Kant, 2006），中译本据此德文本译出。

本书包括一个"引言"和五大部分，以及出自海德格尔手稿的"附录"即51则"补充"。在这部讲稿中，海德格尔超越常见的以笛卡尔为近代哲学开端的哲学史分期，将托马斯·阿奎那作为近代哲学的开端，认为托马斯通过亚里士多德，对古典哲学有可靠理解，而"我（Ich）之基本难题……以及近代哲学的难题性，只有从中世纪出发，而且只有从中世纪关于存在的普遍学说（ὄν[存在者], λόγος[言辞], 存在论[Ontologie]）出发，才能得到理解。此学说的基础，由笛卡尔所接受，直到在黑格尔逻辑学中产生影响。"在彻底研究了托马斯之后，讲稿论述笛卡尔、斯宾诺莎、莱布尼茨、沃尔夫和克鲁西乌斯诸位哲人的篇幅，逐步递减，最后只用不足一页的文本简论康德。

此讲稿与《存在与时间》的关系，自然是我们关注的要点，就此德文本"编者后记"已有介绍,读者对照两著参看,亦可明了。正如德文本编者所指出的那样,在海德格尔看来,从托马斯·阿奎那到康德,哲人的目的都是为哲学重新奠基,但在这些哲人那里,存在问题本身,仍如在古代那样,并未成为难题——讲稿以此指引结束,预示了《存在与时间》的主导性问题。

我们深知,哲人著述是出于友爱,译者的使命就是传递友爱:感谢"精神译丛"主编徐晔、陈越两位先生信赖交托,正是他们的友爱,让拙译成为了哲学友爱的见证!感谢责任编辑任洁女士的辛劳,感谢马来社长、张萍总编的关切!

拙译从诸位海德格尔译者前辈师友大家获益良多,然错谬之处难免,祈请方家指教。二印修订了几处明显错误,全善有待来日。

黄瑞成
于渝州九译馆
2017 年 8 月
2021 年 11 月修订

著作权合同登记号：陕版出图字 25-2016-0196

图书在版编目（CIP）数据

哲学史：从托马斯·阿奎那到康德／（德）马丁·海德格尔著；黄瑞成译. —西安：西北大学出版社，2018.11（2021.11 重印）

（精神译丛／徐晔，陈越主编）

ISBN 978-7-5604-4001-9

Ⅰ.①哲… Ⅱ.①马… ②黄… Ⅲ.①哲学史—世界 ②海德格尔（Heidegger,Martin 1889—1976）—哲学思想—文集 Ⅳ.①B1②B516.54

中国版本图书馆 CIP 数据核字（2018）第 262775 号

哲学史：从托马斯·阿奎那到康德

［德］马丁·海德格尔 著

黄瑞成 译

出版发行	西北大学出版社
地　　址	西安市太白北路 229 号
邮　　编	710069
电　　话	029-88302590
经　　销	全国新华书店
印　　装	陕西博文印务有限责任公司
开　　本	889 毫米×1194 毫米　1/32
印　　张	11.75
字　　数	250 千
版　　次	2018 年 11 月第 1 版　2021 年 11 月第 2 次印刷
书　　号	ISBN 978-7-5604-4001-9
定　　价	72.00 元

本版图书如有印装质量问题，请拨打电话 029-88302966 予以调换。

Geschichte der Philosophie von Thomas von Aquin bis Kant
By Martin Heidegger
Edited by Helmuth Vetter
Copyright © Vittorio Klostermann GmbH, Frankfurt am Main 2006.
Chinese simplified translation copyright © 2018
By Northwest University Press Co., Ltd.
ALL RIGHTS RESERVED

精神译丛（加*者为已出品种）

第一辑

*从莱布尼茨出发的逻辑学的形而上学始基　　海德格尔
*德国观念论与当前哲学的困境　　海德格尔
*正常与病态　　康吉莱姆
*孟德斯鸠：政治与历史　　阿尔都塞
*论再生产　　阿尔都塞
*斯宾诺莎与政治　　巴利巴尔
*词语的肉身：书写的政治　　朗西埃
*歧义：政治与哲学　　朗西埃
*例外状态　　阿甘本
*来临中的共同体　　阿甘本

第二辑

*海德格尔——贫困时代的思想家　　洛维特
*政治与历史：从马基雅维利到马克思　　阿尔都塞
　论哲学　　阿尔都塞
*赠予死亡　　德里达
*恶的透明性：关于诸多极端现象的随笔　　鲍德里亚
*权利的时代　　博比奥
*民主的未来　　博比奥
　帝国与民族：1985—2005年重要作品　　查特吉
*政治社会的世系：后殖民民主研究　　查特吉
*民族与美学　　柄谷行人

第三辑

*哲学史：从托马斯·阿奎那到康德	海德格尔
试论布莱希特	本雅明
*论拉辛	巴尔特
马基雅维利的孤独	阿尔都塞
写给非哲学家的哲学入门	阿尔都塞
*康德的批判哲学	德勒兹
*无知的教师：智力解放五讲	朗西埃
*野蛮的反常：巴鲁赫·斯宾诺莎那里的权力与力量	奈格里
狄俄尼索斯的劳动：对国家形式的批判	哈特 奈格里
免疫体：对生命的保护与否定	埃斯波西托

第四辑

*古代哲学的基本概念	海德格尔
黑格尔精神现象学的起源与结构	伊波利特
卢梭三讲	阿尔都塞
野兽与主权者（第一卷 2001—2002年研讨班）	德里达
野兽与主权者（第二卷 2002—2003年研讨班）	德里达
黑格尔或斯宾诺莎	马舍雷
第三人称：生命政治与非人哲学	埃斯波西托
二：政治神学机制与思想的位置	埃斯波西托
领导权与社会主义战略：走向激进的民主政治	拉克劳 穆夫
德勒兹：哲学学徒期	哈特

第五辑

基督教的绝对性与宗教史	特洛尔奇
生命科学史中的意识形态与合理性	康吉莱姆
哲学与政治文集（第一卷）	阿尔都塞
疯癫，语言，文学	福柯
追随斯宾诺莎：关于斯宾诺莎学诸学说与历史的研究	马舍雷
斯宾诺莎《伦理学》导读（卷一·解放之途）	马舍雷
斯宾诺莎《伦理学》导读（卷二·论心灵）	马舍雷
拉帕里斯的真理：语言学、符号学与哲学	佩舍
速度与政治	维利里奥
《狱中札记》新选	葛兰西